数字教育背景下
高中化学教学设计与实践研究

厉 凯 赵 锋 王培波 著

河北大学出版社

·保 定·

出 版 人：刘相美
责任编辑：李丽华
装帧设计：张彦琪
责任校对：陈浩苏
责任印制：常 凯

图书在版编目(CIP)数据

数字教育背景下高中化学教学设计与实践研究/厉凯，赵锋，王培波著. --保定 ：河北大学出版社，2024. 8. --ISBN 978-7-5666-2465-9

Ⅰ. G633. 82

中国国家版本馆 CIP 数据核字第 20245E9G98 号

出版发行：河北大学出版社

地址：河北省保定市七一东路 2666 号　邮编：071000

电话：0312－5073019　0312－5073029

邮箱：hbdxcbs818@163.com　网址：www.hbdxcbs.com

经　　销：全国新华书店
印　　刷：河北纪元数字印刷有限公司
幅面尺寸：787mm × 1092mm　1/16
印　　张：15.75
字　　数：217 千字
版　　次：2025 年 6 月第 1 版
印　　次：2025 年 6 月第 1 次印刷
书　　号：ISBN 978-7-5666-2465-9
定　　价：40.00 元

前 言

数字时代背景下，传统的教学模式已经不能满足如今的教学需求，高中化学教学开始逐渐向着多元化的方向发展，化学课堂教学设计也应该随着新的教学模式而改变。目前，提高教师职业的专业化水准，已成为世界各国教育改革所关注的核心。在当前素质教育的实施以及新课程改革正处于逐步推进、走向深化的关键时期，教师专业发展怎样适应数字教育发展的这一新形势、新要求，已经越来越成为一个不容忽视的问题。因此，化学教师对于课堂的把控能力和教学设计能力需要不断提升，以便适应新的教学要求。

化学教学设计能力是化学教师专业化的重要体现，是检验教师教学能力的重要组成部分，如何高效地进行化学教学设计，是我们一直思考的问题。教学设计能力的内涵十分广泛，包括制定恰当教学目标的技能，恰当教材内容的能力，分析学生特征的技能等。它融合了教育学、心理学、教学论和化学学科的知识，需要教师根据不同的教学环境和学生水平进行调整，是教学智慧综合展现的过程。就化学而言，知识量不断更新，科学不断发展，教师也不可能把所有知识教给学生，教师在教学中应该重视学生获得的基础知识和技能，以及其能为他们终身学习和发展提供多少有用的理念和科学素养，而不是事实性知识的多少，即教学设计应以基于学生基本化学观念的建构为目标，这是新课程标准所强调的，也是提高学生科学素养较有效的途径。

本书在写作过程中，参阅了不少专家学者的研究成果和国内同类教材的文献资料，在此向各版教材和被引用文献资料的作者表示诚挚的谢意！由于作者知识水平和时间有限，书中难免存在错误或者遗漏之处，敬请广大读者、学者批评指正。

目 录

第一章　数字化教育概述

第一节　数字化教育的内涵阐释

在新的时代背景下，积极推动数字教育国际合作，凝聚教育变革共识，提振全球合作发展信心，共创美好教育未来。那么，什么是数字教育的内涵，其发展目标与路径是什么？可以从以下几个方面谈谈对数字教育的理解。

一、数字化教育的内涵

发展数字化教育要不断丰富数字教育应用场景，推动数字技术与传统教育融合发展，创新教育理念、方法、形态，让数字技术为教育能、更好地服务于育人的本质。而且数字化转型是世界范围内教育转型的重要载体和方向，数字教育是应对危机挑战、开启光明未来的重要途径和举措。

数字化转型进程中，数字技术与教育深度融合，催生数字教育。微观上是指数字化教育教学流程重组，通过运用大数据、人工智能等核心数据技术，开发智能学伴、Al 助教等个性实用的新应用模块，提供更优质更便捷、更高效的教育服务，提升学习者数字素养和能力，实现教育法在化、个性化、精准化，打造“人人皆学、时时可学、处处能学”的无界教学；宏观上是指教育支撑系统重塑，通过改革创新办学模式、教学方式、管理体制、保障机制等方面，革新教育理念、再造教育流程、重构教育内容、重组教育结构、创新教育模式，构建以学生发展为中心，连接、开放、共享、个性化、智能化的教育新格局。

二、数字化教育的发展目标

大会提出，数字教育应是公平包容、更有质量、适合人人，绿色发展、开放合作的教育。在落地实践中，我们应明确数字教育是建立在知识层面之上、价值与能力并重的教育，发展目标是以教育数字化引领教育现代化，构建与数字时代相适应的全面、公平、高质量、可持续的终身教育体系，培养全面化、自由化、个性化发展的数字时代新人。主要涵盖六个方面内容。

一是构建终身教育体系。强调教育以人为本、完善全民终身学习推进机制，构建以学习者为导向的数字资源共享平台，构建覆盖各级各类人群、形式灵活适切的终身学习服务体系，满足个人多样化需求，贯彻因材施教的教育理念，助推教育高质量发展。

二是改革人才培养模式。强调关键技能习得，注重提升学生数字素养与能力，即培养具备学科知识跨界融合能力、沟通与协作精神、批判性思维、复杂问题研究解决、团队合作意识、创意与创新性、计算思维，以及掌握低碳、环保、可持续发展的绿色技能的数字时代新人。

三是赋能教学与评测。强调以知识与数据双驱动提升教育教学和评价效能，打造创造性、沉浸性和适切性的课堂教学，重塑个性化、精准化、科学化的全过程伴随式教育评价，拨动课堂教学与评价发生深层次变革实现兼顾规模化与个性化的教育教学过程。

四是支撑科学与治理。强调公平包容、开放合作、更高质量、绿色持续的数字办学新形态，紧密围绕数字技术的创新运用和数据的集成整合，开展基于大数据驱动、人工智能辅助的教育分析与决策，提高顶层设计的前瞻性和引领性，传承合作包容共赢的理念，全面实现教育办学体系与办学能力的现代化。

五是创新管理与保障。强调建立互联互通、即时高效、动态共享的数字管理与保障体系，遵循需求牵引应用导的原则，释放教育资源活力，集成运用数字技术，整合多元力量，以教育智能化助推教育管理高效化，打造数字化管理体制与保障机制新范式，共筑数字化管理与保障体系新形态。

六是注重隐私与安全。强调协调、透明、深度的安全隐私保护，加强培养全民数字素养和信息安全意识，推动信息安全规则协调统一，明确数据透明体系建立，加快信息安全法治建设，完善监管机构与安全制度体制。

三、数字化教育未来发展路径

大会提出，我国將深化实施教育数字化战略行动，一体推进资源数字化、管理智能化、成长个性化、学习社会化，以教育数字化带动学习型社会、学习型大国建设迈出新步伐。面向未来，数字教育需要在实践中不断推进，持续创新革新，积小能为大能，由量变而质变。未来教育数字化转型和数字教育发展应着重把握四个方面。

一是构建数字教育资源体系，助力数字资源跨界互通。优质数字教育资源共建共享是发展数字教育的关键一环，应充分发挥数字资源优势，建立统一、安全、便捷的数字资源传播交换通道，实现跨地域、跨领域跨部门数字资源覆盖与共享。支持教学与科研并进发展，整合企业资源，促进资源流动共享，推动数字资源体系建设，提高资源配置和交换的效率与效益；向公众提供数字工具包，包含系列数字技术支持的技术平台、资源工具、数字软件等，提供更加可及、适切、优质的资源。

二是打造数据大脑，开展数据驱动的评价数字教育依托数字技术记录教学过程中的学生数据、学习过程数据、过程数据、学生学习习惯等，全面赋能师生动态数据的监测、感知、采集和分析，建立教育基本数据库，强化大数据支撑的教育教学多元过程评价，开展教师画像、学生画像、课程质量等评价活动，助推数据驱动的教育过程评价体系构建，促进建立智能化、科学化、全方位的教育评价系统。

三是夯实教师数字素养和技能，助推“数字教师”培养。推动人工智能＋教师队伍建设，推进人机共教新方式，实施数字技术支持下的各项教学活动探索技术支持下的教学新模式、新方法；建立教师数字素养评价标准和测评体系，开展动态监测，并纳入教师考核评价；保障教育从业者数字技能、数字素养研修机会，提供数字教育、数字培训、数字支持，全面提升教师教学能力与数字素养。帮助教师提升数字素养，习得数字技能，适应数字技术改革，加快教师专业可持续发展。

四是强化数字教育多维互通，推进多边参与合作机制。国家层面规划战略布局，明确发展高质量、高包容的数字教育措施，制定长期战略重点与行动路径，研制相关数字治理标准，提供资金、政策等支持。地方政府与分支部门贯彻落实，明确地方教育发展特色，按需细化实施关键要素，落实具俐行动。企业、机构、高校形成多级联动，开展数字教育产品资源研发，提供更为精准化、个性化、智慧化的数字教育服务。加强国际数字交流与合作，建立跨国数字教育组织，搭建国际沟通交流平台，努力构建利益共同体，积极探索开放、包容、协作、共享的世界数字教育生态圈。

数字教育践行数字化转型，统筹运用数字技术，探索公平、优质、高效、个性、智慧、面向未来的教育，将改变传统的教育模式，拓展教育可及性，在一定程度上促进教育公平发展，有效提高教育质量，提升教育效率，使教育变得更加包容公平、更高质量、更适合人人、更加绿色、更加开放合作。未来应全面探索数字教育新形态、新机制、新模式，建设以数字化为支撑的高质量教育体系，培养适应数字社会的创新人才，从而更好地实现数字教育的发展目标。

四、数字化特点

在数字化的时代，数字教育成为教育领域的热门话题。随着科技的快速发展，传统的教育方式正面临着许多挑战和变革。数字教育作为一种全新的教育模式，通过结合教育和科技，为学生提供更加个性化、便捷和高效的学习体验。

第二节　数字化教育的特点分析

一、数字化教育的特点

数字化教育是利用各种数字化技术，如互联网、计算机、智能设备等，来促进教学和学习过程的一种教育模式。它不仅仅限于传统的课堂教学，还包括在线教育、远程教育等多种形式。数字教育具有以下几个显著的特点。

（一）个性化学习

数字化教育可以根据学生的兴趣、能力和学习风格进行个性化定制，使学习更加符合每个学生的需求。

（二）跨时空学习

学生可以在任何时间、任何地点通过互联网进行学习，不再受限于传统的教室和课程表。

（三）互动性和参与度高

数字教育提供了丰富的多媒体教学资源，学生可以通过互动的方式参与其中，增加学习的乐趣和效果。

（四）数据驱动的教学

数字化的教学平台可以收集和分析学生的学习数据，帮助教师更好地了解学生的学习情况，进行个性化的辅导和指导。

二、数字化教育的应用领域

数字化教育已经广泛应用于各个教育领域，包括早期教育、基础教育、职业教育等。

（一）早期教育

通过数字化的教学工具和资源，提供更加丰富、多样化的学习内容，帮助儿童开拓视野、培养兴趣，促进早期教育的全面发展。

（二）基础教育

数字教育可以为学生提供更加直观、生动的学习材料，帮助学生理解抽象概念和复杂知识，提高学习效果和兴趣。

（三）职业教育

数字教育为职业教育提供了更加灵活、个性化的学习方式。学生可以通过在线学习平台学习专业知识和技能，提高自身竞争力和职业发展。

三、数字教育的挑战与发展方向

为了推动数字教育的发展，可以从以下几个方面进行努力。

第一，加强基础设施建设，提供更好的网络和设备支持，缩小数字鸿沟。

第二，提供全面的教师培训，提高教师的数字素养和教学能力。

第三，加强研究和创新，推动数字教育技术的发展和应用。

第四，加强合作，打破界限，共享教育资源，促进数字教育的普及和发展。

数字教育正引领着教育的变革和发展。只有紧跟时代的步伐，充分发挥数字化技术的优势，才能为学生提供更加优质、高效的教育服务，培养出更多的优秀人才。

四、数字化教学设计特点

数字化教学设计是指将现代信息技术与教学相结合，利用计算机、互联网和多媒体等技术手段，提供更加丰富、灵活、个性化的教学环境和教学资源，以提高教学效果和学生学习兴趣的一种教学方式。数字化教学设计具有以下特点。

（一）多媒体教学

数字化教学设计利用多媒体技术，可以将文本、图像、声音、视频等多种信息形式进行整合，使教学内容更加生动，直观、易于理解。教师可以通过多媒体教学软件，将抽象的概念用图像、动画、实物模型等形式进行展示，帮助学生更好地理解和记忆知识。

（二）个性化教学

数字化教学设计可以根据学生的个体差异和学习需求，提供个性化的教学资源和学习路径。通过学生学习数据的分析教师可以了解每个学生的学习情况和学习偏好，针对不同的学生制定相应的教学策略和教学资源，以满足学生的个性化学习需求。

（三）互动性教学

数字化教学设计可以通过各种互动手段，增强师生之间的互动和学生之间的互动。教师可以利用在线讨论、个性化作业、即时评价等方式与学生进行互动，激发学生的学习兴趣和学习动力。学生之间也可以通过在线合作学习、小组讨论等方式进行互动，促进合作学习和共同构建知识。

（四）实时反馈

数字化教学设计可以及时获取学生的学习情况和学习进展，为教师提供实时反馈和个性化指导。教师可以通过学习管理系统、在线测验等手段，实时监测学生的学习情况，及时调整教学策略和教学资源，帮助学生更好地掌握知识。

（五）资源共享

数字化教学设计可以通过网络平台，实现教学资源的共享和共建。教师可以将自己设计的优质教学资源上传到网络平台上，与其他教师分享。学生也可以通过网络平台获取到丰富多样的学习资源，扩展学习的广度和深度。

数字化教学设计在教育教学中具有重要的意义。首先，它可以提供更加灵活多样的教学方式和教学资源，满足学生个性化学习需求。其次，它可以激发学生的学习兴趣，增强学生的学习动力。再次它可以提高教学效果，促进学生深入理解和运用知识。最后，它可以培养学生的信息素养和创新思维，适应信息社会的发展需求。

数字化教学设计通过利用现代信息技术，提供多媒体教学、个性化教学、互动性教学、实时反馈和资源共享等特点，为教学活动注入数字化教学设计通过利用现代信息技术，提供多媒体教学、个性化教学、互动性教学、实时反馈和资源共享等特点，为教学活动注入了新的活力。它不仅提供了更加丰富、灵活、个性化的教学环境和教学资源，也为教师和学生提供了更多的教学工具和学习机会，对于提高教学质量和学生学习效果具有重要的意义。

第二章　高中化学教学基础理论

第一节　化学教学的指导理论

一、辩证唯物主义认识论及自然科学方法论

化学教学过程是特殊的认识过程其特殊性在于它是个体（学生）对化学学科知识的认识过程它具有间接性、引导性和教育性。因此辩证唯物主义认识论及自然科学方法论、一般教学理论和学习理论是指导化学教学的基础理论。

（一）辩证唯物主义认识论

辩证唯物主义认识论认为认识是人脑对客观事物的能动的反映这种能动作用表现为认识的两个“飞跃”即由感性认识到理性认识的“飞跃”由理性认识到实践的“飞跃”。辩证唯物主义认识论把教学当作自有其客观规律的过程来研究。教学就其本质或主要内容而言乃是教师把人类已知的科学真理创造条件转化为学生的真知同时引导学生把知识转化为能力的一种特殊形式的认识过程。教学是由教师领导身心发展尚未成熟的学生主要通过学习知识去间接认识世界、发展自身。由成年人按照儿童不同年龄时期能够接受的形式来教他们认识并且首先教他们学会成年人已经认识的东西包括认识的方法和认识的结果同时把发展他们的认识能力作为专门的任务和工作。化学教学过程，从本质上讲是一种认识过程。从根本上说它是受认识规律制约的。辩证唯物主义认识论及据此发展形成的教学认识论揭示了认识过程的一般规律为人们理解教学过

程提供了理论基础。

（二）自然科学方法论

辩证唯物主义认识论是通过自然科学方法论来具体实现它对自然科学的指导作用的。对于自然科学基础知识的教学来说要做到引导学生实现认识上的两个“飞跃”和学习上的两个“转化”关键因素在于要正确运用自然科学方法论。自然科学方法论是联结哲学和自然科学的一条纽带。自然科学方法论认为科学的认识过程和相应的科学方法应该是按照由浅入深、由低级到高级的辩证过程发展和运用的。根据辩证唯物主义认识论可总结出科学认识过程的一般程序。

现代科学教育改革非常重视学生学习方式的转变尤其鼓励学生在自然科学的学习过程中更多地参与科学探究活动强调在探究学习活动中培养科学探究能力这就使能力的培养与知识技能的获得、方法策略的掌握、情感态度价值观的形成有机地统一起来。就认识过程来看科学探究原是指科学家研究自然界的科学规律时所进行的科学研究活动，在这里是指将科学家的探究方式引入学生的学习活动让学生以类似科学探究的方式学习科学。学生在进行探究性学习时将运用到观察、实验条件控制、测定、数据处理、分类等具体方法随后在此基础上进行一定的比较、归纳形成初步的结论。结论不一定符合预期从而产生了新问题在无法用已有知识进行确切解释时学生便产生了解决问题的欲望为解决问题学生将运用回忆、比较、推理等方法根据模糊的感性认识甚至是可能错误的认识提出一定的假设进而再次从事探究活动进行相应验证其结果可能符合假设也可能不符合若不符合又将重新提出假设设计实验、进行验证。这样的过程并不是简单地累积或循环在认识层面上讲学生的认识是在不断发展、进步的。其中包含着一个由浅入深、由模糊到清晰、由假设到验证、由错误到正确的过程其实也就是一个从感性到理性、从理性到实践并不断螺旋上升的过程。

科学探究活动的基本环节和步骤可概括为：发现问题、提出假设、验证假设、形成结论、交流质疑等的循环往复和螺旋上升。不难发现科学探究活动的认识过程体现了自然科学方法论的观点。

作为一种特殊认识过程的化学教学必须运用自然科学方法论遵循认识规律结合学科特征和教学特征具体解决教学实际中的各种问题。这样就可以做到既体现辩证唯物主义认识论对教学过程的指导作用又避免将教学认识论等同于哲学认识论的简单化倾向。具体地说化学教学总是从引导学生认识具体的物质和现象开始从运用已经获得的知识开始从已知到未知由感性认识到理性认识进而通过实践（主要是学习实践）活动去运用化学知识、发展认识能力。例如让学生进行观察、实验；记录和处理实验数据；运用比较和分类、分析和综合、推理和判断等逻辑思维方法；运用假说等方法探究化学知识。在教学形式上要创造条件让学生动脑、动口和动手让他们通过感觉器官进行思维加工以实现教学过程中的两个“飞跃”和两个“转化”。

二、教学理论

教学理论是依据教育学和心理学等原理探索教学现象较深层次的普遍规律并为解决具体教学问题提供指导的理论。化学教学理论是建立在一般教学理论之上的。历史上特别是近现代形成了不少教学理论它们对化学教学理论有深刻的影响也是指导化学教学的基础理论。这些理论主要有下列几种：

（一）赫尔巴特传统教学论

赫尔巴特（Johann Friedrich Herbart 1776—1841）德国著名教育学家传统教育理论的主要代表人。在教育史上第一次建立了以心理学为基础的教学理论。他非常重视“兴趣”在教学过程中的作用并认为教学的最终目的是培养人的道德品质。他创立了“形式阶段说”把教学过程分为四个阶段：

（1）明了—给学生明确地讲授新知识并使学生在学习过程中集中“注意”。

（2）联想—让学生把新知识和旧知识联系起来在心理上学生“期

待”教师给予提示。

(3) 系统—要求学生把新旧知识系统化并在新旧观念联合的基础上做出概括和总结学生在逐步“探索”中完成任务。

(4) 方法—要求学生把所学知识用于实际学生的心理特征是“行动”。赫尔巴特的“四阶段论”后来被他的后继者修改发展成为预备、提示、联系、总结和应用的“五段教学法”。

(二) 杜威的实用主义教学论

杜威美国著名教育家实用主义教育思想的创始人。他批评赫尔巴特的“重教轻学”的做法在教学内容上主张以亲身经验代替书本知识；在教学组织形式上反对传统的课堂教学认为班级授课制“消极地对待学生机械地使学生集合在一起课程和教法划一”。杜威重视学生“能动的活动”提出“教育即生活”“学校即社会”的教育主张。他认为教学应按照学生的思维过程进行并指出“教学法的要素和思维的要素是相同的”。这些要素就是：

(1) 学生要有一个真实的经验情境—要有一个对活动本身感兴趣的连续活动。

(2) 在这个情境内部产生一个真实的问题作为思维的刺激物。

(3) 他要占有知识资料从事必要的观察对付这个问题。

(4) 他必须负责一步一步地展开他所想出的解决问题的办法。

(5) 他要有机会通过应用来检验他的想法使这些想法意义明确并且自己去发现它们是否有效。

(三) 凯洛夫的新传统教学论

凯洛夫尽力以唯物论和辩证法来研究教育学，逐步形成新的教学理论体系。他认为教学过程是一个特殊的认识过程，包括教师的教和学生的学两个方面；他提倡并发展完善了班级授课制度，并认为课堂教学是教学工作的基本组织形式；教师在教学过程中要考虑学生的年龄特点，把最基本的知识传授给学生，同时要发展学生的某些能力；教学方法决定于教学任务和教学内容，但教学方法不是唯一的而是多种多样的。

（四）赞可夫的发展性教学论

赞可夫以“教学与发展的关系”为课题进行了长达二十年的研究提出了学生的“一般发展”的思想。他认为“一般发展”即“心理活动的多方面的发展”强调个性发展的整体性和动态性以此为指导思想他还提出实验教学论体系的原则：

第一，以高难度进行教学的原则。教材要有一定的难度以引起学生的注意使学生在克服困难中获得知识。当然要掌握难度的分寸要限于“最近发展区”但不能降低到“现有发展水平”。

第二，以高速度进行教学的原则。对教材要进行多方面的理解提高学习知识的质量。

第三，理论知识起主导作用原则。教学要教给学生规律性知识使其举一反三。

第四，使学生理解学习过程的原则。让学生学会学习逐步成为学习的主体。

第五，使全班学生都得到发展的原则。

（五）布鲁姆的掌握学习教学论

布鲁姆的“掌握学习”基于这样的一种设想：如果教学是系统而切合实际的；如果学生面临学习困难的时候能得到帮助；如果学生的学习具有足够的实践达到掌握；如果对掌握能规定出明确的标准那么绝大多数学生的学习能力可以达到很高的水平。布鲁姆的掌握学习在实施上分为两个阶段：准备阶段和操作阶段。

布鲁姆还认为在学校教育中评价占有十分重要的地位。但是传统评价的目的实际上是给学生分等分类而对改进教学工作和实现教育目标所起的作用很小对学生的人格和性格发展产生不利的影响因此应该使用适应并发展每个学生的能力以改进教学工作为中心的教育评价方式。根据“掌握学习”的教学模式和步骤布鲁姆把教育评价分为诊断性评价、形成性评价、总结性评价三类。

（六）苏霍姆林斯基“活的教育学”思想

苏霍姆林斯基苏联教育实践家和教育理论家，他特别重视培养学生的个性要求，把每个学生培养成个性全面和谐发展的人。“教育的最重要的任务之一就是：不要让任何一颗心灵里的火药味被点燃而要使一切天赋和才能都能最充分地发挥出来”；他提倡对学生进行道德教育让学生有“同情心”“责任心”；他认为“一个人从社会得到了什么以及给予了社会什么这两者之间应保持一种严格的和谐”；他也很重视智育，认为智育具有双重任务即掌握知识、发展智力，通过智育要让学生形成科学的世界观，要“培养人在整个一生中丰富自己的智慧的需要和把知识应用于实践的需要”；他把劳动教育看成学校教育的一个重要组成部分，认为劳动是“一般发展”和“个性全面发展”不可缺少的途径。

（七）瓦根舍因、克拉夫基的范例教学论

瓦根舍因、克拉夫基是德国教育家。所谓范例教学指通过一些典型的问题和例子使学生进行独立地学习。其主要内容包括：

第一，三个特性：“基本性”“基础性”和“范例性”；

第二，三个统一：即“问题解决学习与系统学习的统一”“掌握知识与发展能力的统一”“主体与客体的统一”；

第三，五个分析：即“分析此内容表示并阐明了什么并能掌握哪些基本知识”“分析学生掌握的知识和形成的能力在其智力活动方面的作用”“分析该课题对学生未来的意义”“分析内容的结构”“分析哪些因素使学生掌握教学内容”；

第四，四个阶段：即范例地阐明“个”—用典型的事例阐明事物的本质特征范例地阐明“类”—通过归纳分析掌握事物的普遍特征范例地掌握“规律”范例地获得有关世界的和生活的“经验”。

教学论是研究教学一般规律的科学。以上这些经典的教学理论虽然学术主张不同，关注重点各异但其研究对象都是教学。这些理论探讨了教学的过程与本质、教学目的与任务、教学原则与方法、教学管理与评价、教师与学生等一系列问题提出了各自的学说与主张为化学教学理论

研究与建构奠定了基础。

第二节 化学教学特征与教学原则

一、化学教学的特征

以实验为基础是化学教学的基本特征。我们可以从学科的根本属性和化学教学的实践经验两个角度来论证这一基本特征。

化学学科是以实验为基础的一门自然科学。实验使化学成为一门科学。化学以客观事物为研究对象以发现客观规律为目标具有客观性、验证性、系统性三大特征。大量实验事实为化学理论的形成提供了依据理论的形成与发展还需经实验事实的检验。纵观化学科学发展的历史前进的每一步都离不开化学实验。化学学科是在实验的基础上产生并发展起来的实验是化学理论产生的直接源泉是检验化学理论是否正确的标准也是提高化学科学认识能力、促进化学科学持续发展的重要动力。

化学教学的特征是化学学科特征在教学中的反映也是辩证唯物主义认识论在化学教学中的体现是化学教学区别于其他学科的标志之一。化学学科以实验为基础辩证唯物主义认识论强调感性认识的基础性因此以实验为基础也是化学教学的基本特征。

化学实验在化学教学中具有不可替代的重要作用。广大化学教师的教学实践说明化学实验有助于提供丰富的感性知识有助于激发学习兴趣有助于创设认知冲突从而帮助学生正确地形成化学概念牢固地掌握化学知识提高观察问题、分析问题、解决问题的能力。化学实验还是培养学生实验技能和实践意识的主要途径让学生亲自动手实践一方面可以学习和掌握各种实验操作技能另一方面还能帮助学生形成通过实践探索和认识客观事物的意识。化学实验还有助于培养学生实事求是、严肃认真的科学精神和态度。离开了化学实验的化学教学将会是无源之水、无本之木无法达成提高学生科学素养的教学目标。

那么在教学中如何体现“以实验为基础”这一化学教学的特征呢？我们认为主要应该通过以下几个方面：

（1）让学生做实验和观察现象体验通过实验探究规律的过程。

（2）结合实验事实和实验过程让学生认识化学概念和理论的形成过程。

（3）结合典型化学史实让学生了解化学科学的发展进程。

（4）让学生通过实验并运用已学的知识解决问题从而巩固知识、发展能力培养科学态度、科学方法和正确的价值观念。

二、化学教学原则

（一）突出学生的主体性或主动性原则

依据国际科学教育和化学课程改革的趋势以及国内化学课程的现状和基础教育课程改革的指导思想以提高学生的科学素养为主旨；重视科学、技术与社会的相互联系；倡导以科学探究为主的多样化的学习方式；强化评价的诊断激励与发展功能。

教育的根本目的是育人对象是学生因此要以学生为本一切为了学生为了学生的一切创造适合学生的教育而不是选拔适合教育的学生在整个教育教学中要贯彻以教师为主导以学生为主体以培养学生的创新精神和全面发展为主线的思想。

素质教育的内容之一是促使学生主动地发展生动活泼地发展让学生主动学习只有促使学生积极主动地参与教学过程才能使教学更好地促进学生的智力发展。学生是学习活动的主人学生的积极学习是成功学习的基础只有学生主动学习、主动认知、主动获取教学内容、主动吸收人类积累的精神财富他们才能认识世界促进自身的发展。教学是由教和学相互联动、有机结合而组成的学生是参与者、演员教师应设计教学的环境组织和吸引学生积极主动地参与教学过程而不是我讲你听我问你答从眼前看学生讲五分钟可能不如教师讲五分钟的效果好但要看长远一些要考虑若干年后的效果。因此课堂教学改革的根本任务是转弊为利要按照现代教学运行机制变换传统的班级授课制组织形式减少教师在课堂上的讲授时间调动学生参与教学的积极性，发挥学生自主探究的能动性使课堂教学焕发出生机。实现教学形式的转变一要最大限度地减少教师的讲授；二要最大限度地满足学生自主发展的需要；三要尽可能做到学生在“活动”中学习在“主动”中发展在“合作”中增知在“探究”中创新。要充分体现学生的自主性：规律让学生自主发现方法让学生自主寻找思路让学生自主探究问题让学生自主解决。

（二）激发兴趣和培养自信原则

从心理学角度来看学生对某种事物的认识与实践的倾向性心理特征就表现为兴趣。兴趣的产生和学生的认知活动密切相关同时也伴随愉悦的情感体验这种倾向性的心理特征一旦长期稳定存在就会成为取之不尽的原动力。

教育心理学认为：决定学生学习兴趣的内在机制有两个方面一是学生所从事的学习价值有多大二是学生在学习活动中成功的把握有多大。如果某学生认为没有成功的希望即使这项学习再有价值也不会让他产生兴趣因为这是没有结果的事情。反之如果学习没有价值即使有 100% 的成功希望他也不会积极投身于学习。同时还要注重培养学生的自信心自信心的获得是学生对自身主体性认识的重要表现。在学习实践活动中，让学生不断接受肯定性的反馈与激励学生就会表现出较强的自我意识对自身做出积极的认识和评价在学习中采取积极主动的态度发挥主体的能动作用。教师在教学中对学生学习中的言与行要多给予肯定积极引导尤其在普通班的教育中要以质见长以智取胜坚持以赞扬为主及时肯定微小进步让学生感受成功的喜悦通过一次次小的成功奠定学生自信心的基础让他们对自己、对明天充满信心因为充满信心是创新的基础。

（三）注重探究式原则

科学探究是一种重要而有效的学习方式内容标准对各主题的学习提出了探究活动的具体建议旨在转变学生的学习方式使学生积极主动地获取化学知识激发学习兴趣，培养创新精神和实践能力。我们要将科学探究作为义务教育阶段化学课程的重要学习内容在内容标准中单独设立主题明确地提出发展科学探究能力所包含的内容与培养目标。因此我们要在教学中把培养学生的科学探究能力作为重中之重。

所谓探究就其本意来说是探讨和研究。探讨就是探求学问、探求真理和探本求源；研究就是研讨问题、追根求源和多方寻求答案解决疑问。现在我们常说教学要创新怎么创新？许多人感到迷离其实创新就在我们身边创新就在一个个探究实践活动中用理论去指导实践在实践的基础上再总结出新的理论推动事业不断向前发展，这就是我们所讲的创新活动这就是我们提倡的探究式教学。教师要注重引导学生主动发现和提出问题并通过积极地探究解决问题。如“将分别蘸有浓氨水和浓盐酸的玻璃棒互相靠近出现‘空中生烟’的奇景”教师可引导学生在感叹这一实验现象的同时思考“为什么出现这样的景象?”等问题激发学生进一步探究的兴趣和欲望。

在探究教学中要重视对学生进行科学方法教育。进行教学法指导教师要把握三点：一是真正知道学生需要什么；二要知道怎么做能使学生探究的问题达到“最近发展区”；三要知道教学法指导的根本目的是使学生愿学、乐学、会学、善学。教师要深入研究教材提炼教学内容中的某些方法要素并在教学设计中予以渗透让学生在探究活动中体验科学方法的运用如对化学现象进行分类或提出有关的假设、设计实验和控制实验条件进行探究等。

学生的知识背景不同思考问题的方式也可能不同他们对同一个问题的认识角度和认识水平也存在差异。学生可对知识产生发展的过程进行探究；可在新旧知识的联结点上探究；可在学生质疑问难处探究；可在解决实践问题上探究；还可在事物的求新、求异、求变上探究。总之对知识的理解程度不同会引发探究对问题的思维方式不同也会导致不同的探究。值得注意的是学生对知识的探究并不像科学家探究那样要发明创造些什么学生的探究是在教师的激励、启发和诱导之下运用科学的方法去探究他们暂时还未理解和掌握的知识。学生探究遵循的规律是从不知到知从知之不多到知之甚多从学会知识到会学知识和会用知识再把知识转化为能力。学生探究知识的过程就是学生利用原有知识经验去解决教材中包含的未知因素通过“学、思、疑、问、探”等多种方式去挖掘自己的内在潜力既获得新知又增长能力。在探究教学中教师要有目的地组织学生相互交流和讨论这样既有利于培养学生交流与合作的能力也有利于发展学生的评价能力。要提倡以小组为单位的探究活动。如分组完成“调查家庭金属废弃物的种类讨论回收的价值和可能性”等课题。在探究实践中教师应高度关注情感态度与价值观方面的课程目标的落实。

（四）培养学生的问题意识原则

学生通过亲身经历和体验科学探究活动激发学习化学的兴趣增进对科学的情感，理解科学的本质学习科学探究的方法初步形成科学探究能力。

科学探究是一种重要的学习方式也是义务教育阶段化学课程的重要内容对发展学生的科学素养具有不可替代的作用。而提出问题是科学探究的基础因此要大力培养学生的问题意识。学起于思思源于疑认知心理学研究表明：“怀疑是探求真理的前提和基础。”在备课和教学时教师要站在学生的角度进行心理换位模拟学生提问启发学生。

（五）理论联系实际原则

化学课程内容的选择依据学生的已有经验和心理发展水平反映化学学科内容特点，重视科学、技术与社会的联系确定了“科学探究”“身边的化学物质”“物质构成的奥秘”“物质的化学变化”“化学与社会发展”五个内容主题规定了具体的课程内容标准。这些内容是学生终身学习和适应现代社会生活所必需的化学基础知识也是对学生进行情感态度和价值观教育的载体。所以教学中要突出理论联系实际原则培养学生学以致用的能力。

化学与日常生活、生产、环境、卫生、健康等联系非常密切我们学习化学就是要综合运用化学知识全面解决实际问题这就要求我们不仅要系统地传授化学知识而且还要适时地引导学生关心社会、了解社会并学会尝试根据自己所掌握的化学知识解决社会中有关的化学问题使其在科学的探究过程中培养兴趣、发展智力提高观察能力、分析能力、独立思考及解决问题的能力同时学会科学的学习方法和思维方法。

要注意从学生熟悉的身边现象入手引导他们发现问题、展开探究以获得有关的知识和经验。要紧密结合学生的生活实际使他们感受身边的化学物质和化学变化增强学习的兴趣加深他们对化学知识在生活实际中应用的认识。对于与学生生活实际紧密联系的物质及其变化现象要注意在教学中寻找新的视角和切入点使学生形成新的认识。例如水是学生生活中最熟悉的物质在水的教学中可以引导学生从化学的视角出发认识生活中的"水"探究水的组成和性质了解水的污染和污染源、水的净化和纯化等。

在衣、食、住、行等方面存在着大量与化学有关的素材如燃料和燃烧、溶液、酸、碱、盐、有机物和各种材料等。教学中可以根据学生的具体情况及教学需要收集和筛选素材不断充实教学内容。

（六）重视化学实验原则

"活动与探究建议"是为了突出学生的实践活动充分发挥学生实验能力而设置的。化学实验是进行科学探究的重要方式学生具备基本的化学实验能力是学习化学和进行探究活动的基础和保证。

化学是一门以实验为基础的自然科学实验是化学赖以生存和发展的基础是化学的灵魂。要改变重理论轻实验、重结论轻过程的现象要着重培养学生的化学科学素质及各种能力就应把重点放在实验功能的开发上。有的学者把实验的功能精辟地概括为 10 个字：获知（获取化学知识和技能）；激趣（激发学生学习化学的兴趣和科学探索精神）；求真（培养学生勇于探索、实事求是的科学品质及实践出真知实践是检验真理的唯一标准的科学精神和科学态度）；循理（训练学生研究应用化学知识与化学技能的方法、规律和思维）；育德（养成诚实、严谨、合作、谦逊、刻苦等科学品质和科学态度）。在教学中，演示实验要鲜明、生动具有真实性要能激发学生学习的兴趣和培养学生观察能力；要通过实验巧妙地创设问题情境有的放矢地设置疑问让学生带着问题去观察、思考；要尽可能地把演示实验改为在教师指导下的探索性试验以培养学生认识事物掌握知识的方法。

（七）创设问题情景原则

“可供选择的学习情景素材”包括与学习内容相关的各种背景资料如化学史料、日常生活中生动的自然现象和化学史实、化学科学与技术发展及应用的重大成就、化学对社会发展影响的事件等。这些素材旨在帮助教师理解课程目标教师可在相关主题的教学中利用这些素材来创设学习情境充分调动学生学习的主动性和积极性帮助学生理解学习内容体验化学与技术、社会的紧密联系引导学生认识化学在促进社会可持续发展中的作用。创设学习情境可以增强学习的针对性有利于发挥情感在教学中的作用激发学生的兴趣使学习更为有效。在创设学习情境时应力求真实、生动、直观而又富于启迪性。演示实验、化学问题、小故事、科学史实、新闻报道、实物、图片、模型和影像资料等都可以用于创设学习情境。

在教学中教师要善于引导学生从真实的情景中发现问题有针对性地展开讨论提出解决问题的思路使学生的认识逐步得到发展。如组织小组辩论“常用的几种燃料中哪一种最理想?”试验“活性炭和明矾的净水作用”；观看录像“硬水对人们生活的影响”等都可以为学生学习有关知识提供良好的基础。

第三节　化学教学过程与教学方法

一、化学教学过程

化学教学过程是化学教师教和学生学的统一的活动过程是教师引导学生掌握化学基础知识和基本技能发展能力形成正确情感态度和价值观

的特殊的认识过程。

化学教学过程是教和学的双边活动过程。教学不是教师一个人的活动学生是教师教学的对象更是学习的主体同时也是课堂教学活动的主体之一。成功的教学是符合学生的认知特点能够调动学生的积极性让学生主动地参与活动是有利于学生自主建构正确的认知结构的活动是有利于学生发展的活动。相反脱离学生参与、忽视学生的感受与理解的教学往往事倍功半甚至一无所获。在教学过程中学生聆听教师的讲解遵循教师的引导完成教师布置的任务；教师倾听学生的言语观察学生的反应根据学生来调整自己的教学或加快或减慢或详细或简练；学生的思想是不可预测的是变化多端和充满灵气的学生提问或回答对教师就可能是启发也可能生成新的教学资源；教学的过程也是教师学习、进步的过程。同时师生之间的感情、情绪也彼此互动：教师的激情将振奋学生的斗志教师的投入将换来学生的配合；学生的活跃将刺激教师的热情学生的痛苦将带来教师的苦恼。总之教学活动中师生之间相互作用、相互影响、相互制约。

化学教学活动又是特殊的认识过程。首先是认识对象的特殊性。化学教学中学生的认识对象是化学的基础知识和基本技能这些知识是人类经过漫长岁月已经获得的对学生而言是间接经验。其次是认识方式的特殊性。化学教学中学生的认识过程是在教师指导下进行的。教师综合考虑教学内容、教学条件、学生已有认知水平等因素设计出合适的教学方案从而带领学生完成学习任务。这样的认识过程不同于科学家、艺术家、成年人等的个体认识过程是由教师引导未成熟的主体通过学习知识、初步探究去认识世界把大量间接经验和少量直接经验变为学生个体的精神财富发展学生自身的特殊认识过程。最后是认识目标的特殊性。化学教学中学生的认识目标不仅是化学基础知识和基本技能还包括过程方法和情感态度价值观。在化学教学中学生不仅要学习人类已知的知识还要得到探究未知的体验初步得到社会交往的锻炼形成对科学正面的情感和态度。

构成化学教学过程的基本因素有四个：教师、学生、教学内容和教学条件。前两个是人的因素后两个是物的因素人的因素是决定因素物的因素可以通过人的因素的作用发生变化。在四个因素中教师是起决定性作用的主要因素。有效的教学过程是教师精心安排教学内容、充分利用教学条件和着力发挥学生主观能动性的过程。

二、化学教学方法

化学教学方法是化学教师在教学过程中为了完成教学任务所采用的工作方式和学生在教师指导下的学习方式。

化学教学活动由教师、学生、教学内容和教学手段四个因素组成教学手段包括教学方法和教学物质条件。这几个因素各有各的作用它们作为一个有机的整体决定着教学活动的进行。但是在一个具体的班级教师和学生是固定的教学内容（主要由教学大纲和教材决定）和教学物质条件（主要由学校经济条件决定）大体上也可以看作是固定的只有教学方法是灵活易变的因素。化学教师可以根据教学内容学生的认知水平、兴趣、爱好和学校的物质条件选择或创造合适的教学方法来保证取得好的教学效果。当然如果教学方法不合适就会事倍功半影响教学效果。因此化学教学方法是化学教师发挥聪明才智、进行创造性劳动的重要领域是化学教学改革的活跃因素。

我国的教学论常用分析法研究教学把教学体系分解成课程教材、教学原则、教学组织形式和教学方法几个因素分别加以研究然后在教学实际中综合应用。按照这种方法划分出来的化学教学方法有讲授法、谈话法、讨论法、演示法、实验法、练习法、读书指导法等。

为了讨论方便我们把用分析法研究教学得出的化学教学方法叫作第一类化学教学方法；把用综合法研究教学得出的化学教学方法叫作第二类化学教学方法。

（一）第一类化学教学方法

1. 讲授法

讲授法是教师通过口头语言对学生系统地传授知识的一种方法。运用这种方法教师可以将化学知识系统地传授给学生使学生能在较短的时间内获得较多的知识。它能运用启发的方式对学生提出问题引起他们积极思考并指出解决问题的途径发展学生的抽象思维。讲授法是历史上流传下来的一种最主要的教学方法也是当前化学教学中最基本的方法。其他各种方法都要与它结合着使用。讲授法的缺点是教师占用的教学时间较多，不利于发挥学生的主体作用也不利于发展学生的技能。如果教师不善于运用启发式教学未能做到所教知识的逻辑顺序与学生的认识能力和认知结构相同步学生就会陷于被动状态成为灌输的容器导致机械地学习死记硬背。没有经验的教师是很容易滑到这一步的。这就是讲授法常被人称之为“满堂灌”而受到批评的原因。

讲授法是教师通过口头语言向学生传授知识的方法所以教师的语言水平对教学效果影响很大。我们经常可以见到这样的情形：一些教师专业知识水平不低备课也努力但由于语言表达能力差讲课学生不爱听影响了教学效果。

教学语言首先应该做到清晰、准确、简练。也就是说它既要有严密的科学性和逻辑性也要符合语法规范不做无谓的重复。其次应该生动即教师讲课要讲求艺术性善于运用形象比喻语调有抑扬顿挫适当运用体态语言—以姿势助说话使教学语言富有感染力娓娓动听从而激发学生学习的兴趣。这里应该注意教学是严肃的、艰苦的脑力劳动不是娱乐教学语言的生动应以不影响教学的科学性和正常的教学秩序为限，不能为了追求“生动”而插科打诨卖弄噱头把教学活动搞得庸俗化。因为那样既不利于学生知识的学习也不利于他们思想品德的培养。

2. 谈话法和讨论法

谈话法是教师通过和学生相互交谈来进行教学的方法讨论法是在教师指导下由全班或小组成员围绕某一中心问题发表意见而进行相互学习的一种方法。这两种方法不是使学生从不知到知而是引导学生根据已有知识、经验通过独立思考去获得新的知识。因此从学习的心理机制看谈话法和讨论法都是属于探究性的。它们的优点是能充分发挥学生的主体作用激发学生的积极思维并有利于培养学生的口头语言表达能力。

谈话法适用于所有年级但低年级用得比较多。它一般用于检查学生的知识复习和巩固旧知识也用于讲授新课。教师做演示实验时为了引导学生观察和思考常用谈话法与之配合。

运用谈话法首先要求教师做充分准备拟好谈话提纲。所提问题要有启发性。如果是通过一组问题来引导学生概括出某个科学的结论则各问题之间应有严密的逻辑顺序。其次要面向全体学生发问给学生思考的时间。提问对象要普遍并要贯彻因材施教原则即所提问题的难度应与答问学生的水平相当。

讨论法常用于高年级因运用这种方法要求学生具备一定的知识基础和独立思考能力。运用讨论法首先要求教师提前布置讨论题明确对讨论的要求指导学生复习有关知识搜集资料写好发言提纲。其次要求教师组织好讨论鼓励学生勇于发表意见相互切磋并注意使讨论能围绕中心紧扣主题。讨论结束后教师要做好总结提出需要进一步思考的问题供学生学习和研究。

3. 演示法

为了使学生获得感性知识加深对学习对象的印象把理论知识与实际知识联系起来同时也为了激发学生的学习兴趣化学课上需做演示实验展示实物标本、模型、挂图放映幻灯片、电影、电视录像等。教师做演示时必须与讲授相结合这样才能引导学生观察使学生获得全面而清晰的表象并在此基础上引导学生思维帮助他们形成正确的化学概念加深对化学现象本质的理解。

4. 实验法

化学是一门以实验为基础的科学学生学习化学必须做实验。因此实验法是化学教学的基本方法。学生课内做实验主要分随堂实验和整堂实验课两种形式。

5. 练习法

练习法是在教师指导下学生巩固知识和培养技能的基本方法也是学生学习过程中一种重要的实践活动。在化学教学中一些重要的化学用语、化学基本概念、化学基础理论、化学计算和化学实验操作等均需要有计划地加强练习以达到巩固知识、训练技能、发展智力和培养能力的目的。

练习分口头（口答）练习、书面（笔答、板演）练习和操作练习3种形式。

在口头练习中教师所提问题应具有启发性不要提那些死背定义或简单回答“是”与“不是”的问题。同时还应对学生进行口头表达能力的训练要求他们清晰、准确地回答问题。为了提高课堂书面练习（包括板演）的效率最好采用是非题、选择题、填充题或计算题这样一些学生书写文字量小的问题。为了训练学生组织思想、论述问题和文字表达的能力可以适当布置学生在课下写小论文。

操作练习主要是让学生动手做实验和组装模型目的是训练学生做化学实验和组装模型的操作技能自然也是培养他们动手、动脑、解决实际问题的能力。像滴液、取液、试管操持等基本操作学生容易出错就可以结合所学的化学知识出题加以练习以巩固所学内容。学生学习有机化学缺乏空间立体观念对于分子的立体异构常常想象不出来就可以让学生亲自组装分子模型会巩固和加深他们对分子结构的理解也有利于他们发展对微观粒子结构的想象力。

6. 读书指导法

读书指导法是教师指导学生通过阅读化学教材和参考书获取知识、发展智力的一种教学方法是培养学生自学能力的一种好方法。教师应要求学生课前预习、课后复习而预习和复习都必须阅读教材。如有余力也应阅读参考书。

（二）第二类化学教学方法

1. 发现法

发现法是教师提供适于学生进行再发现活动的教材促使学生通过自己探索、尝试过程来发现知识并培养提出问题和探索发现能力的方法。运用这种方法的关键在于编制适于学生再发现活动的教材。编制教材时要注意以下三点：

（1）缩短过程：将科学家原发现的曲折的认识过程加以剪辑使之变

成捷径。

（2）降低难度：原发现过程对于学生来说往往难度过大必须降低到与学生认知结构相匹配的程度。

（3）精简歧途：原发现可能走过许多不同的道路但教材应将它们精简成少量“歧途”这样一则可以降低学习的难度二则可以训练学生的分辨能力。

2. 局部探求法和引导发现法

这两种教学方法本质上都属于发现法，但是它们是对发现法的改进。局部探求法是将一个待发现的较复杂的问题划分成几个较简单的小问题让学生分步去探索发现或者让学生探索其中两个小问题其余由教师通过启发式谈话来解决。这样就降低了探索发现的难度扩大了发现法的适用面。

引导发现法强调在学生发现活动中要加强教师的引导减少发现活动的自发性使学生尽可能少受挫折从而降低发现的难度。应用这种方法一个发现过程大体可分准备、初探、交流、总结、运用五个阶段。

3. “读读、议议、讲讲、练练”教学法

“读读、议议、讲讲、练练”教学法的主旨是克服学生在学习中的被动状况发挥他们的主体作用。这种教学方法的“读”是指学生在教师指导下课堂上阅读教材。“议”，是指在阅读后让学生议论阅读中发现的疑难问题。“讲”是指教师必要地讲授它贯穿课的始终。如布置阅读时提启发性问题给学生的议论做总结对于难度大、学生难以读或议的教材直接进行讲授等。“练”是指在课堂上组织练习组织学生做实验借以巩固知识、形成技能。

显然这种教学方法是以教为主导、学为主体的教学原则，是将阅读指导法、讨论法、讲授法、练习法、实验法综合在一起形成的，体现了启发式教学的精神，如果运用得好会取得好的教学效果。

4. 单元结构教学法

单元结构教学法是根据布鲁纳结构主义观点将化学教材重新加以组织，同时汲取发现法、程序教学法和传统的讲授法的优点而创造出来的一种新的教学方法。采用单元结构教学法时教师备课要做好两项工作。首先要以理论为主线、实验为基础将知识按内在逻辑联系组成不同的“结构单元”。其次按结构单元编写指导学生自学的“学习程序”。

单元结构教学法一般按照下面的程序进行教学。

(1) 教师启迪。开始学习时教师对本单元的内容和重要性等做一概括的介绍以引起学生的学习动机明确学习目的、学习方法和思路。

(2) 自学课堂上让学生按学习程序自学。其方式包括阅读教材、参考书做实验、做预习题、钻研学习程序上提出的思考题。

(3) 检查自学情况，组织讨论，进行重点讲授。为了检查学生自学的情况应让他们报告自学的成果，回答教师的提问并组织他们对有不同意见或自学理解不深刻的问题进行课堂讨论。然后教师对他们进行讲评、订正、示范、总结。同时根据需要对于教材重点、难点还要进行讲授。讲完后再让学生做作业、做实验以资巩固。

(4) 做好总结，形成知识体系。在一个单元学习结束时教师要布置一些带综合性的作业或布置写小论文，促使学生将已学到的知识分类、对比、概括、总结，使知识系统化从而形成较完善的认知结构。

教学实践证明这种教学方法有利于做到教为主导与学为主体的统一，可以让学生比较好地掌握双基和培养他们的思维能力与自学能力。但是它在如何划分结构单元、如何做到单元知识结构与学生认知结构最佳地配合等方面尚不够成熟有待继续探索。

三、选择和运用化学教学方法的注意事项

第一类化学教学方法是单纯的方法，在运用这些方法时只有贯彻正确的教学原则，坚持实行启发式教学，适应课程教材的要求，协调与教学组织形式的关系才能取得好的教学效果。第二类化学教学方法虽是根据对教学实行综合研究设计出来的但也存在指导思想是否符合教学规律教学措施是否符合实际情况的问题。加之不同课的教学目的、内容、学生的情况及不同学校的环境设备均有差异，因此教师如何根据实际情况正确选择和运用教学方法对于提高教学质量具有重要意义。

选择和运用教学方法应该注意这样几点：

（一）要适合课题教学目的任务

教学方法是为完成教学目的任务服务的，因此教学方法必须符合课题教学目的任务的要求。如课题的教学目的是传授新知识一般就要应用演示法给学生提供感性知识然后用讲授法、谈话法等方法使感性知识上升为理性知识。如果教学目的是培养学生的化学计算技能则应采用练习法进行教学。由于教学中一堂课的教学目的往往不是单一的因此使用的教学方法也不应总是单一的而应是几种方法最优的结合。

（二）要与教学内容相匹配

教学目的由教学内容来体现教学方法要符合教学目的的要求就必须与教学内容相匹配。如元素化合物教材一般应选用演示法、实验法、讲述法或讲解法；理论教材应选用讲解法、谈话法或讨论法；对于化学用语一般采用讲解法和练习法等。

（三）要与学生实际情况相适应

不同年级的学生其知识储备不同、认知水平不同、对于不同的教学方法的适应能力也不同。如讲解法、讲述法、谈话法、演示法等在初中都可以顺利地使用而讲演法、讨论法就宜于在高中使用。选择教学方法时还应考虑班集体的学风。例如有的班特别活跃学生爱提问爱发表自己的意见就利于采用谈话法和讨论法；有的班表现“沉闷”不爱提问题讨论不爱发言讨论法应暂时少用而宜选用其他教学方法。当然教师也应采取措施打破这种沉闷局面使班集体逐步活跃起来。

（四）要考虑学校的设备条件

某些教学方法的使用与学校设备条件有关。例如学校化学实验室设备完善化学仪器药品供应充分就可以多用实验法也可以适当采用发现法。如果不具备这些条件，就只好采用演示法或其他教学方法。

（五）要适合教师自身的业务水平和教学风格

不同的教学方法对教师的业务能力要求不同。教师应该了解自己的长处和短处，扬长避短形成自己的教学风格。例如擅长口头表达的教师可以多用讲授法、谈话法；精通化学实验的教师可以多用演示法、实验法；教学组织能力强的教师可以多用讨论法。当然擅长口头表达的教师在发挥讲授特长的同时应该保证学生有足够的机会动手做实验；精通实验的教师在发挥组织学生做实验特长的同时也应保证对学生进行必要的讲授。因此一个好的化学教师在发挥特长、形成风格的同时必须具备运用各种普通教学方法的基本能力。

（六）按规定教学时间完成教学任务

各种教学方法传授同样数量的知识所耗费的时间是不同的。一般来说讲授法、演示法耗用时间短发现法、谈话法、讨论法、实验法耗用时间长。对于一个具体课题应采用什么方法要根据课题的教学目的和可以使用的时间综合考虑不能片面地做决定。

在教学过程中为了取得好的教学效果，对于第一类化学教学方法往往不能一种方法用到底而是需要几种方法组合使用。例如在一堂课上教师不能总是讲授，常须配合使用演示法、学生实验法、谈话法或讨论法等方法。课的教学质量在相当大的程度上取决于这些方法的选择和组合是否得当。对于第二类化学教学方法如发现法除了它对教材组织有特殊要求外教学方法上也是指导读书、实验、讨论、讲授等第一类化学教学方法的综合运用。它的教学质量既取决于教材组织也取决于教学方法的选择与组合是否得当。因此一堂课教学质量的高低相当大程度上取决于教师是否能根据实际情况对教学方法实行优选组合、灵活运用。所以教师优选组合、灵活运用教学方法的能力可以看作是教师教学业务水平的一个重要标志。

第三章　高中化学课堂教学探究

第一节　指导化学教学的基础理论

化学教学过程是特殊的认识过程，其特殊性在于它是个体（学生）对化学学科知识的认识过程，它具有间接性、引导性和教育性。因此，辩证唯物主义认识论及自然科学方法论是指导化学教学的基础理论。

一、辩证唯物主义认识论

辩证唯物主义认识论认为，认识是人脑对客观事物的能动的反映，这种能动作用表现为认识的两个“飞跃”，即由感性认识到理性认识的“飞跃”，由理性认识到实践的“飞跃”。辩证唯物主义认识论把教学当作自有其客观规律的过程来研究。教学就其本质或主要内容而言，乃是教师把人类已知的科学真理，创造条件转化为学生的真知，同时引导学生把知识转化为能力的一种特殊形式的认识过程。教学是由教师引导身心发展尚未成熟的学生，主要通过学习知识去间接认识世界、发展自身。由成年人按照儿童不同年龄时期能够接受的形式来教他们认识，首先教他们学会成年人已经认识的东西，包括认识的结果和认识的方法，同时把发展他们的认识能力作为专门的任务和工作。化学教学过程从本质上讲是一种认识过程，从根本上说，它是受认识规律制约的。辩证唯物主义认识论及据此发展形成的教学认识论揭示了认识过程的一般规律，为人们理解教学过程提供了理论基础。

二、自然科学方法论

辩证唯物主义认识论是通过自然科学方法论来具体实现它对自然科学的指导作用的。对于自然科学基础知识的教学来说，要做到引导学生实现认识上的两个“飞跃”和学习上的两个“转化”，关键在于正确运用自然科学方法论。自然科学方法论是联结哲学和自然科学的一条纽带。自然科学方法论认为，科学的认识过程和相应的科学方法应该是按照由浅入深、由低级到高级的辩证过程发展和运用的。根据辩证唯物主义认识论，可总结出科学认识过程的一般程序。

现代科学教育改革非常重视学生学习方式的转变，尤其鼓励学生在自然科学的学习过程中，更多地参与科学探究活动，强调在探究学习活动中培养科学探究能力，这就使能力的培养与知识技能的获得、方法策略的掌握、情感态度价值观的形成有机地统一起来。就认识过程来看，科学探究原是指科学家研究自然界的科学规律时所进行的科学研究活动，在这里是指将科学家的探究方式引入学生的学习活动，让学生以类似科学探究的方式学习科学。学生在进行探究性学习时，将运用到观察、实验条件控制、测定、数据处理、分类等具体方法，随后在此基础上进行一定的比较、归纳，形成初步的结论；结论不一定符合预期，从而产生了新问题，在无法用已有知识进行确切解释时，学生便产生了解决问题的欲望，为解决问题，学生将运用回忆、比较、推理等方法，根据模糊的感性认识甚至是可能错误的认识提出一定的假设，进而再次从事探究活动进行相应验证，其结果可能符合假设也可能不符合，若不符合，又将重新提出假设、设计实验、进行验证。这样的过程并不是简单地累积或循环，在认识层面上讲，学生的认识是在不断发展、进步的。其中包含着一个由浅入深、由模糊到清晰、由假设到验证、由错误到正确的过程，其实也就是一个从感性到理性、从理性到实践并不断螺旋上升的过程。

科学探究活动的基本环节和步骤可概括为发现问题、提出假设、验证假设、形成结论、交流质疑等的循环往复和螺旋上升。不难发现，科学探究活动的认识过程体现了自然科学方法论的观点。

作为一种特殊认识过程的化学教学，必须运用自然科学方法论，遵循认识规律，结合学科特征和教学特征，具体解决教学实际中的各种问题。这样就可以做到既体现辩证唯物主义认识论对教学过程的指导作用，又避免将教学认识论等同于哲学认识论的简单化倾向。具体地说，化学教学总是从引导学生认识具体的物质和现象开始，从运用已经获得的知识开始，从已知到未知，由感性认识到理性认识，进而通过实践（主要是学习实践）活动去运用化学知识、发展认识能力。例如，让学生进行观察、实验；记录和处理实验数据；进行科学抽象及运用比较分类、分析和综合、推理和判断等逻辑思维方法；运用假说等方法探究化学知识。在教学形式上，要创造条件让学生亲自动脑、动口和动手，让他们通过感觉器官，进行思维加工，以实现教学过程中的两个“飞跃”和两个“转化”。

第二节　化学教学特征与教学原则

一、化学教学的特征

以实验为基础是化学教学的基本特征。我们可以从学科的根本属性和化学教学的实践经验两个角度来论证这一基本特征。

化学学科是以实验为基础的一门自然科学。实验使化学成为一门科学。化学以客观事物为研究对象，以发现客观规律为目标，具有客观性、验证性、系统性三大特征。纵观化学科学发展的历史，其前进的每一步都离不开化学实验。化学学科是在实验的基础上产生并发展起来的，实验是化学理论产生的直接源泉，是检验化学理论是否正确的标准，也是提高化学科学认识能力、促进化学科学持续发展的重要动力。

化学教学的特征是化学学科特征在教学中的反映，是辩证唯物主义认识论在化学教学中的体现，也是化学教学区别于其他学科的标志之一。化学学科以实验为基础，辩证唯物主义认识论强调感性认识的基础性，因此，以实验为基础也是化学教学的基本特征。

化学实验在化学教学中具有不可替代的重要作用。广大化学教师的教学实践说明，化学实验有助于提供丰富的感性知识，有助于激发学习兴趣、创设认知冲突，从而帮助学生形成正确的化学概念，牢固地掌握化学知识，提高观察问题、分析问题、解决问题的能力。化学实验还是培养学生实验技能和实践意识的主要途径，让学生亲自动手实践，不仅可以使学生学习和掌握各种实验操作技能，同时还能帮助学生形成通过实践探索来认识客观事物的意识。此外，化学实验还有助于培养学生实事求是、严肃认真的科学精神和态度。离开了化学实验的化学教学将会是无源之水、无本之木，无法达成提高学生科学素养的教学目标。

在化学教学过程中为了体现“以实验为基础”这一特征，教师应该做到以下几个方面：

第一，让学生做实验和观察现象，体验通过实验探究规律的过程。

第二，结合实验事实和实验过程，让学生认识化学概念和理论的形成过程。

第三，结合典型化学史实，让学生了解化学科学的发展进程。

第四，让学生通过实验并运用已学的知识解决问题，从而巩固知识、发展能力，培养科学态度、科学方法和正确的价值观念。

二、化学教学原则

（一）突出学生的主体性或主动性原则

依据国际科学教育和化学课程改革的趋势，以及国内化学课程的现状和基础教育课程改革的指导思想，以提高学生的科学素养为主旨，重视科学、技术与社会的相互联系；倡导以科学探究为主的多样化的学习方式；强化评价的诊断激励与发展功能。

让学生有更多的机会主动地体验探究过程，在知识的形成、联系、应用过程中养成科学的态度，获得科学的方法，在“做科学”的探究实践中逐步形成终身学习的意识和能力。根据以上要求，教学中要突出学生的主体性和主动性。

教育的根本目的是育人，对象是学生，因此要以学生为本，一切为了学生，为了学生的一切，创造适合学生的教育，而不是选拔适合教育的学生，在整个教育教学中要贯彻以教师为主导，以学生为主体，以培养学生的创新精神和全面发展为主线的思想。

素质教育的内容之一是促使学生主动地发展，生动活泼地发展，让学生主动学习，只有促使学生积极主动地参与教学过程，才能使教学更好地促进学生的智力发展。学生是学习活动的主人，学生的积极学习是成功学习的基础，只有学生主动学习、主动认知、主动获取教学内容、主动吸收人类积累的精神财富，他们才能认识世界，从而促进自身的发展。教学是由教和学相互联动、有机结合而组成的，学生是参与者，教师应设计教学的环境，组织并吸引学生积极主动地参与教学过程，而不是我讲你听，我问你答。从眼前看，学生讲五分钟，可能不如教师讲五分钟的效果好，但要看长远一些，要考虑若干年后的效果，因此，课堂教学改革的根本任务是转弊为利，要按照现代教学运行机制，变换传统的班级授课制组织形式，减少教师在课堂上的讲授时间，调动学生参与教学的积极性，发挥学生自主探究的能动性，使课堂教学焕发生机。实现教学形式的转变，一要最大限度地减少教师的讲授；二要最大限度地满足学生自主发展的需要；三要尽可能做到学生在“活动”中学习，在“主动”中发展，在“合作”中增加，在“探究”中创新。要充分体现学生的自主性：规律让学生自主发现，方法让学生自主寻找，思路让学生自主探究，问题让学生自主解决。

（二）激发兴趣和培养自信原则

爱因斯坦说过：“兴趣是最好的老师。”从心理学角度来看，学生对某种事物的认识与实践的倾向性心理特征就表现为兴趣。兴趣的产生和学生的认知活动密切相关，同时也伴随愉悦的情感体验，这种倾向性的心理特征一旦长期稳定存在，就会成为取之不尽的原动力。

教育心理学认为，决定学生学习兴趣的内在机制有两个方面：一是学生所从事的学习价值有多大；二是学生在学习活动中成功的把握有多大。如果某学生认为没有成功的希望，即使这项学习再有价值也不会让他产生兴趣，因为这是没有结果的事情；反之，如果学习没有价值，即使有100%的成功希望，他也不会积极投身于学习。同时还要注重培养学生的自信心，自信心的获得是学生对自身主体性认识的重要表现。在学习实践活动中，让学生不断接受肯定性的反馈与激励，学生就会表现出较强的自我意识，对自身做出积极的认识和评价，在学习中采取积极主动的态度，发挥主体的能动作用。教师在教学中对学生学习中的言与行要多给予肯定，积极引导，要以质见长，以智取胜，坚持以赞扬为主，及时肯定微小进步，让学生感受成功的喜悦，通过一次次小的成功奠定学生自信心的基础，让他们对自己、对明天充满信心，因为充满信心是创新的基础。

（三）注重探究原则

所谓探究，就其本义来说，是探讨和研究。探讨就是探求学问、探求真理和探本求源；研究就是研讨问题，追根求源和多方寻求答案，解决疑问。现在我们常说教学要创新，怎么创新？许多人感到迷茫。其实，创新就在我们身边，创新就在一个个探究实践活动中，用理论去指导实践，在实践的基础上再总结出新的理论，推动事业不断向前发展，这就是我们所讲的创新活动，这就是我们提倡的探究式教学。教师要注重引导学生主动发现和提出问题，并积极探究解决问题的途径与方法。

在探究教学中，要重视对学生进行科学方法教育。进行教学法指导，教师要把握三点：一是真正知道学生需要什么；二要知道怎么做能使学生探究的问题达到“最近发展区”；三要知道教学法指导的根本目的是使学生愿学、乐学、会学、善学。教师要深入研究教材，提炼教学内容中的某些方法要素，并在教学设计中予以渗透，让学生在探究活动中体验科学方法的运用，如对化学现象进行分类或提出有关的假设、设计实验和控制实验条件进行探究等。

学生的知识背景不同，思考问题的方式也可能不同，他们对同一个问题的认识角度和认识水平也存在差异。学生可对知识产生发展的过程进行探究；可在新旧知识的联结点上探究；还可以在事物的求新、求异、求变上探究。总之，对知识的理解程度不同会引发探究，对问题的思维方式不同也会导致不同的探究。值得注意的是，学生对知识的探究并不像科学家探究那样要发明创造些什么，学生的探究是在教师的激励、启发和诱导之下，运用科学的方法去探究他们暂时还未理解和掌握的知识。学生探究遵循的规律是从不知到知，从知之不多到知之甚多，从学会知识到会学知识和会用知识，再把知识转化为能力。学生探究知识的过程，就是学生利用原有知识经验，去解决教材中包含的未知因素，通过“学、思、疑、问、探”等多种方式，去挖掘自己的内在潜力，既获得新知，又增长能力。在探究教学中教师要有目的地组织学生相互交流和讨论，这样既有利于培养学生交流与合作的能力，也有利于发展学生的评价能力。要提倡以小组为单位的探究活动，如分组完成“调查家庭金属废弃物的种类，讨论回收的价值和可能性”等课题。在探究实践中，教师应高度关注情感态度与价值观方面的课程目标的落实。

（四）培养学生的问题意识原则

化学课程中的科学探究，是学生积极主动地获取化学知识、认识和解决化学问题的重要实践活动。它涉及提出问题、猜想与假设、制订计划、进行实验、收集证据、解释与结论、反思与评价、表达与交流等要素。学生通过亲身经历和体验科学探究活动，激发化学学习的兴趣，增进对科学的情感，理解科学的本质，学习科学探究的方法，初步形成科学探究能力。

科学探究是一种重要的学习方式，对发展学生的科学素养具有不可替代的作用。而提出问题是科学探究的基础，因此，要大力培养学生的问题意识。学起于思，思源于疑，认知心理学研究表明：“怀疑是探求真理的前提和基础。”在备课和教学时，教师要站在学生的角度，进行心理换位，模拟学生提问，启发学生。

（五）理论联系实际原则

化学课程内容的选择依据学生的已有经验和心理发展水平，反映化学学科内容特点，重视科学、技术与社会的联系，确定了“科学探究”“身边的化学物质”“物质构成的奥秘”“物质的化学变化”“化学与社会发展”五个内容主题，规定了具体的课程内容标准。这些内容是学生终身学习和适应现代社会生活所必需的化学基础知识，也是对学生进行情感态度和价值观教育的载体。

化学与日常生活、生产、环境、卫生、健康等联系非常密切，学习化学就是为了综合运用化学知识，全面解决实际问题。教学中要突出理论联系实际原则，培养学生学以致用的能力。因此，这就要求教师不仅要系统地传授化学知识，而且还要适时地引导学生关心社会、了解社会，并学会尝试根据自己所掌握的化学知识解决社会中与化学有关的问题，使其在科学的探究过程中培养兴趣、发展智力，提高观察能力、分析能力、独立思考及解决问题的能力，同时学会科学的学习方法和科学的思维方法。

要注意从学生熟悉的日常现象入手，引导他们发现问题、展开探究以获得有关的知识和经验。要紧密结合学生的生活实际，使他们感受身边的化学物质和化学变化，增强学习的兴趣，加深他们对化学知识在实际生活中应用的认识。对于与学生生活实际紧密联系的物质及其变化现象，要注意在教学中寻找新的视角和切入点，使学生形成新的认识。例如，水是学生生活中最熟悉的物质之一，在水的教学中，可以引导学生从化学的视角出发认识生活中的“水”，探究水的组成和性质，了解水的污染和污染源、水的净化和纯化等。

在衣、食、住、行等方面存在着大量与化学有关的素材，如燃料和燃烧、溶液、酸、碱、盐、有机物和各种材料等。教学中可以根据学生的具体情况及教学需要收集和筛选素材，不断充实教学内容。

（六）重视化学实验原则

化学实验是进行科学探究的重要方式，学生具备基本的化学实验能力是学习化学和进行探究活动的基础和保证。

化学是一门以实验为基础的自然科学，实验是化学赖以生存和发展的基础，是化学的灵魂。要改变重理论轻实验、重结论轻过程的现象，要着重培养学生的化学科学素质及各种能力，就应把重点放在实验功能的开发上。有学者把实验的功能精辟地概括为10个字：获知（获取化学知识和技能）；激趣（激发学生学习化学的兴趣和科学探索精神）；求真（培养学生勇于探索、实事求是的科学品质以及“实践出真知”“实践是检验真理的唯一标准”的科学精神和科学态度）；循理（训练学生研究应用化学知识与化学技能的方法、规律和思维）；育德（养成诚实、严谨、合作、谦逊、刻苦等科学品质和科学态度）。在教学中，演示实验要鲜明、生动，具有真实性，要能激发学生学习的兴趣和培养学生观察能力，要通过实验巧妙地创设问题情境，有的放矢地设置疑问，让学生带着问题去观察、思考。要尽可能地把演示实验改为在教师指导下的探索性实验，以培养学生认识事物、掌握知识的能力。

（七）创设问题情境原则

“可供选择的学习情境素材”包括与学习内容相关的各种背景资料，如化学史料、日常生活中生动的自然现象和化学史实、化学科学与技术发展及应用的重大成就、化学对社会发展影响的事件等。这些素材旨在帮助教师理解课程目标，教师可在相关主题的教学中利用这些素材来创设学习情境，充分调动学生学习的主动性和积极性，帮助学生理解学习内容，体验化学与技术、社会的紧密联系，引导学生认识化学在促进社会可持续发展中的作用。创设学习情境可以增强学习的针对性，有利于发挥情感在教学中的作用，激发学生的兴趣，使学习更为有效。在创设学习情境时，应力求真实、生动、直观而又富于启迪性。演示实验、化学问题、小故事、科学史实、新闻报道、实物、图片、模型和影像资料等，都可以用于创设学习情境。例如，在有关元素的教学中展示地壳、海水和人体中的元素含量表；在有关化学材料的教学中展示古代石器、瓷器、青铜器、铁器及各种现代新材料的图片或实物；在有关环境保护的教学中组织学生观看有关环境污染造成的危害的影像和图片资料等。教师也可以通过精心设计的富有思考性和启发性的问题，如“为什么在新制的氧化钙中加入水能煮熟鸡蛋呢?”等来设置学习情境。

在教学中，教师要善于引导学生从真实的情境中发现问题，并有针对性地展开讨论，提出解决问题的思路，使学生的认识逐步得到发展。如组织小组辩论“常用的几种燃料中，哪一种最理想?”，试验活性炭和明矾的净水作用，观看硬水对人们生活的影响的录像等，都可以为学生学习有关的知识打下良好的基础。

第三节　化学教学过程与教学方法

一、化学教学过程

化学教学过程是化学教师教和学生学相统一的活动过程；是教师引导学生掌握化学基础知识和基本技能，发展能力，形成正确情感态度和价值观的特殊的认识过程。

化学教学过程是教和学的双边活动过程。教学不是教师一个人的活动，学生是教师教学的对象，更是学习的主体，同时也是课堂教学活动的主体之一。成功的教学是符合学生的认知特点的，能够调动学生的积极性，让学生主动地参与活动；是有利于学生自主建构正确的认知结构的活动；是有利于学生发展的活动。相反，脱离学生参与、忽视学生的感受与理解的教学往往事倍功半，甚至一无所获。在教学过程中，学生倾听教师的讲解，遵循教师的引导，完成教师布置的任务；教师倾听学生的言语，观察学生的反应，根据学生来调整自己的教学，或加快或减慢，或详细或简练。学生的想法是不可预测的，是千变万化和充满灵气的，学生的提问或回答，对教师而言可能是启发，也可能生成新的教学资源，因此，教学的过程也是教师学习、进步的过程。同时，师生之间的感情、情绪也彼此互动：教师的激情将振奋学生的斗志，教师的投入将换来学生的配合；学生的活跃将刺激教师的热情，学生的痛苦将带来教师的苦恼。总之，教学活动中，师生之间相互作用、相互影响、相互制约。

化学教学活动又是特殊的认识过程。首先是认识对象的特殊性。化学教学中学生的认识对象是化学的基础知识和基本技能，这些知识是人类经过漫长岁月已经获得的，对学生而言是间接经验。其次是认识方式的特殊性。化学教学中学生的认识过程是在教师指导下进行的。教师综合考虑教学内容、教学条件、学生已有认知水平等因素，设计出合适的教学方案，从而带领学生完成学习任务。这样的认识过程不同于科学家、艺术家、成年人等的个体认识过程，是由教师引导未成熟的主体通过学习知识、初步探究去认识世界，把大量间接经验和少量直接经验变为学生个体的精神财富，发展学生自身的特殊认识过程。最后是认识目标的特殊性。化学教学中学生的认识目标不仅是化学基础知识和基本技能，还包括过程与方法、情感态度与价值观。在化学教学中，学生不仅要学习人类已知的知识，还要获得探究未知的体验，初步得到社会交往的锻炼，形成对科学正面的情感和态度。

构成化学教学过程的基本因素有四个：教师、学生、教学内容和教学手段。前两个是人的因素，后两个是物的因素，人的因素是决定因素，物的因素可以通过人的因素的作用发生变化。在四个因素中，教师是起决定性作用的主要因素。有效的教学过程是教师精心安排教学内容、充分利用教学条件和着力发挥学生主观能动性的过程。

二、化学教学方法

化学教学方法是化学教师在教学过程中为了完成教学任务所采用的工作方式和学生在教师指导下的学习方式。

化学教学活动由教师、学生、教学内容和教学手段四个因素组成，教学手段包括教学方法和教学物质条件。这几个因素各有各的作用，它们作为一个有机的整体决定着教学活动的进行。但是在一个具体的班级，教师和学生是固定的，教学内容（主要由教学大纲和教材决定）和教学物质条件（主要由学校经济条件决定）大体上也可以看作是固定的，只有教学方法是灵活易变的因素。化学教师可以根据教学内容，学生的认知水平、兴趣、爱好和学校的物质条件，选择或创造合适的教学方法，来保证取得好的教学效果。当然，如果教学方法不合适，就会事倍功半，影响教学效果。因此，化学教学方法是化学教师发挥聪明才智、进行创造性劳动的重要领域，是化学教学改革的活跃因素。

目前教学法书刊上介绍的化学教学方法种类繁多，但由于分类的依据不同，常常是将不同类型、不同层次的教学范畴混在一起，不便于对比研究它们的特点和使用条件。因此，有必要探溯它们的渊源，做出便于我们进行研究的分类。

我国的教学论，常用分析法研究教学，把教学体系分解成课程教材、教学原则、教学组织形式和教学方法几个因素，分别加以研究，然后在教学实际中综合应用。按照这种方法划分出来的化学教学方法有讲授法、谈话法、讨论法、演示法、实验法、练习法、读书指导法等。

西方国家的教学论，常用综合法研究教学。它们提出的许多教学方法，如发现法、程序教学法、范例教学法、设计教学法等，不仅仅是教学方法，而且常常涉及教学原则、教学组织形式，甚至课程教材。实际上，这里提到的发现法、程序教学法等，各是一种教学体系。

用分析法或综合法研究教学各有优点。后者比较合乎教学实际。因为教学本身就是一个综合体，难以把课程教材、教学原则、教学组织形式、教学方法几个因素截然分清，而且综合研究又有利于处理好教学体系中各种因素的关系。因此，目前我国化学教学方法改革中新创造的教学方法多属综合法，如“读读、议议、讲讲、练练”教学法、单元结构教学法等就是属于这种。分析法的优点是化繁为简，化多因素为单因素，利于深入研究教学方法的特点和规律，也便于初学者掌握。

为了讨论方便，在此把用分析法研究教学得出的化学教学方法叫作第一类化学教学方法；把用综合法研究教学得出的化学教学方法叫作第二类化学教学方法。

（一）第一类化学教学方法

1. 讲授法

讲授法是教师通过口头语言对学生系统地传授知识的一种方法。运用这种方法，教师可以将化学知识系统地传授给学生，使学生能在较短的时间内获得较多的知识。它能运用启发的方式对学生提出问题，引起他们积极思考，并指出解决问题的途径，发展学生的抽象思维。讲授法是历史上流传下来的最主要的教学方法之一，也是当前化学教学中最基本的方法，其他各种方法都要与它结合着使用。讲授法的缺点是教师占用的教学时间较多，既不利于发挥学生的主体作用，也不利于发展学生的技能。如果教师不善于运用启发式教学，未能做到所教知识的逻辑顺序与学生的认识能力和认知结构相同步，学生就会陷于被动状态，成为灌输的容器，导致机械地学习，死记硬背。这就是讲授法常被人称之为“满堂灌”而经常受到批评的原因。

讲授法是教师通过口头语言向学生传授知识的方法，所以教师的语言水平对教学效果影响很大。经常可以见到这样的情形：一些教师专业知识水平不低，备课也努力，但由于语言表达能力差，讲课学生不爱听，影响了教学效果。教学语言首先应该做到清晰、准确、简练。也就是说，它既要有严密的科学性和逻辑性，也要符合语法规范，不做无谓的重复。其次应该生动，即教师讲课要有艺术性，善于应用形象比喻，语调抑扬顿挫，适当运用体态语言—以姿势助说话，使教学语言富有感染力，娓娓动听，从而激发学生学习的热情。这里应该注意，教学是严肃的脑力劳动，不是娱乐，教学语言的生动应以不影响教学的科学性和正常的教学秩序为限，不能为了追求“生动”而插科打诨、卖弄噱头，把教学活动搞得庸俗化。因为那样既不利于学生知识的学习，也不利于他们思想品德的培养。

2. 谈话法和讨论法

谈话法是教师通过和学生相互交谈来进行教学的方法；讨论法是在教师指导下，由全班或小组成员围绕某一中心问题发表意见，进行相互学习的一种方法。这两种方法不是使学生从不知到知，而是引导学生根据已有知识、经验，通过独立思考去获得新的知识。因此，从学习的心理机制看，谈话法和讨论法都是属于探究性的。它们的优点是能充分发挥学生的主体作用，激发学生的积极思维，并有利于培养学生的口头语言表达能力。

谈话法适用于所有年级，但低年级用得比较多。它一般用于检查学生的知识，复习和巩固旧知识，也用于讲授新课。教师做演示实验时，为了引导学生观察和思考，常用谈话法与之配合。

运用谈话法首先要求教师做好充分准备，拟好谈话提纲。所提问题要有启发性。如果是通过一组问题来引导学生概括出某个科学的结论，则各问题之间应有严密的逻辑顺序。其次，要面向全体学生发问，并给学生思考的时间。提问对象要普遍，并要贯彻因材施教原则，即所提问题的难度应与答问学生的水平相当。

讨论法常用于高年级，原因在于其要求学生应具备一定的知识基础和独立思考能力。运用讨论法首先要求教师提前布置讨论题，明确对讨论的要求，指导学生复习有关知识，搜集资料，写好发言提纲。其次，要求教师组织好讨论，鼓励学生勇于发表意见，相互切磋，并注意使讨论能围绕中心，紧扣主题。讨论结束后，教师要做好总结，提出需要进一步思考的问题，供学生学习和研究。

3. 演示法

为了使学生获得感性知识，加深对学习对象的印象，把理论知识与实际知识联系起来，同时也为了激发学生的学习兴趣，化学课上常常需要做演示实验，展示实物标本、模型、挂图，放映幻灯、电影、电视录像等。教师做演示时必须与讲授相结合，这样才能引导学生观察，使学生获得全面而清晰的表象，并在此基础上引导学生思维，帮助他们形成正确的化学概念，加深对化学现象本质的理解。

4. 实验法

化学是一门以实验为基础的科学，学生学习化学必须做实验。因此，实验法是化学教学的基本方法。学生课内做实验主要分随堂实验和整堂实验课两种形式。

5. 练习法

练习法是在教师指导下学生巩固知识和培养技能的基本方法，也是学生学习过程中一种重要的实践活动。在化学教学中，一些重要的化学用语、化学基本概念、化学基础理论、化学计算和化学实验操作等，均需要有计划地加强练习，以达到巩固知识、训练技能、发展智力和培养能力的目的。

练习分口头（口答）练习、书面（笔答、板演）练习和操作练习三种形式。

在口头练习中，教师所提问题应具有启发性，不要提那些死背定义或简单回答“是”与“不是”的问题。同时还应对学生进行口头表达能力的训练，要求他们清晰、准确地回答问题。

为了提高课堂书面练习（包括板演）的效率，最好采用是非题、选择题、填充题或计算题这样一些学生书写文字量小的问题。为了训练学生组织思想、论述问题和文字表达的能力，可以适当布置学生在课下写小论文。

操作练习主要是让学生动手做实验和组装模型，目的是训练学生做化学实验和组装模型的操作技能，自然也是培养他们动手、动脑、解决实际问题的重要方法。像估液、取液、试管操持等基本操作学生容易出错，教师可以结合所教授的化学知识，出题加以练习，使学生巩固所学内容。学生学习有机化学缺乏空间立体观念，对于分子的立体异构常常想象不出来，让学生亲自组装分子模型，会巩固和加深他们对分子结构的理解，同时也有利于他们发展对微观粒子结构的想象力。

6．读书指导法

读书指导法是教师指导学生通过阅读化学教材和参考书获取知识、发展智力的一种教学方法，是培养学生自学能力的一种好方法。教师应要求学生课前预习、课后复习，而预习和复习都必须阅读教材。如有余力，也应阅读参考书。

（二）第二类化学教学方法

1．发现法

发现法是教师提供适于学生进行再发现活动的教材，促使学生通过自己探索、尝试过程来发现知识，并培养提出问题和探索发现能力的方法。运用这种方法的关键在于编制适于学生再发现活动的教材。编制教材时要注意以下三点。

（1）缩短过程

将科学家原发现的曲折的认识过程加以剪辑，使之变成捷径。

（2）降低难度

发现过程对于学生来说往往难度过大，必须降低到与学生认知结构相匹配的程度。

（3）精简歧途

发现可能走过许多不同的道路，但教材应将它们精简成少量歧途，这样一则可以降低学习的难度，二则可以训练学生的分辨能力。

2．局部探求法和引导发现法

这两种教学方法本质上都属于发现法，但它们是对发现法的改进。局部探求法是将一个待发现的较复杂的问题划分成几个较简单的小问题，让学生分步去探索发现，或者让学生探索其中一两个小问题，其余由教师通过启发式谈话来解决。这样就降低了探索发现的难度，扩大了发现法的适用面。

引导发现法强调在学生发现活动中要加强教师的引导，减少发现活动的自发性，使学生尽可能少受挫折，从而降低发现的难度。应用这种方法，一个发现过程大体可分准备、初探、交流、总结、运用五个阶段。

3. “读读、议议、讲讲、练练”教学法

“读读、议议、讲讲、练练”教学法的主旨是克服学生在学习中的被动状况，发挥他们的主体作用。这种教学方法的“读”是指学生在教师指导下在课堂上阅读教材。“议”是指在阅读后让学生议论阅读中发现的疑难问题。“讲”是指教师必要地讲授，它贯穿课的始终。如布置阅读时提启发性问题，给学生的议论做总结，对于难度大或学生难以读、议的教材径直进行讲授等。“练”是指在课堂上组织练习，组织学生做实验，借以巩固知识、形成技能。

显然，这种教学方法是根据教为主导、学为主体的教学原则，将阅读指导法、讨论法、讲授法、练习法、实验法综合在一起形成的，体现了启发式教学的精神，如果运用得好，会取得好的教学效果。

4. 单元结构教学法

单元结构教学法是根据布鲁纳结构主义观点将化学教材重新加以组织，同时汲取发现法、程序教学法和传统的讲授法的优点而创造出来的一种新的教学方法。采用单元结构教学法时，教师备课要做好两项工作：首先，要以理论为主线，实验为基础，将知识按内在逻辑联系组成不同的“结构单元”；其次，按结构单元编写指导学生自学的“学习程序”。

单元结构教学法一般按照下面的程序进行教学。

(1) 教师启迪

开始学习时，教师对本单元的内容和重要性等进行概括地介绍，以引起学生的学习动机，明确学习目的、学习方法和思路。

(2) 学生自学

课堂上让学生按学习程序自学，其方式包括阅读教材和参考书、做实验、做预习题、钻研学习程序上提出的思考题。

(3) 检查自学情况，组织讨论，进行重点讲授

为了检查学生自学的情况，应让他们报告自学的成果，回答教师的

提问，并组织他们对有不同意见或自学理解不深刻的问题进行课堂讨论。然后教师对他们进行讲评、订正、示范、总结。同时根据需要，对于重点、难点教材进行讲授。讲完后再让学生做作业、做实验，以巩固所学知识。

（4）做好总结，形成知识体系

在一个单元学习结束时，教师要布置一些带综合性的作业或布置写小论文，促使学生将已学到的知识分类对比、概括、总结，使知识系统化，从而形成较完善的认知结构。

教学实践证明，这种教学方法有利于做到教为主导与学为主体的统一，可以让学生比较好地掌握双基和培养他们的思维能力与自学能力。但是它在如何划分结构单元、如何做到单元知识结构与学生认知结构最佳地配合等方面尚不够成熟，有待继续探索。

三、选择和运用化学教学方法的注意事项

前面介绍了两大类化学教学方法，这些方法都有自己的适用条件。第一类化学教学方法是单纯的方法，在运用这些方法时，只有贯彻正确的教学原则，坚持实行启发式教学，适应课程教材的要求，协调与教学组织形式的关系，才能取得好的教学效果。第二类化学教学方法虽是根据教学实践综合研究设计出来的，但也存在指导思想是否符合教学规律、教学措施是否符合实际情况的问题。加之不同课的教学目的、内容，学生的情况及不同学校的环境设备均有差异，因此，教师如何根据实际情况正确选择和运用教学方法，对于提高教学质量具有重要意义。

选择和运用教学方法，应该注意以下几点。

（一）要适合课题的教学目的与任务

教学方法是为完成教学目的与任务服务的。因此，必须符合课题教学目的与任务的要求。如课题的教学目的是传授新知识，一般就要应用演示法给学生提供感性知识，然后用讲授法、谈话法等方法使感性知识上升为理性知识。如果教学目的是培养学生的化学计算技能，则应采用

练习法进行教学。由于教学中一堂课的教学目的往往不是单一的，因此，使用的教学方法也不应总是单一的，而应是几种方法最优的结合。

（二）要与教学内容相匹配

教学目的由教学内容来体现，教学方法要符合教学目的的要求，就必须与教学内容相匹配。如元素化合物教材一般应选用演示法、实验法、讲述法或讲解法；理论教材应选用讲解法、谈话法或讨论法；对于化学用语，一般采用讲解法和练习法等。

（三）要与学生实际情况相适应

不同年级的学生，其知识储备不同，认知水平不同，对于不同的教学方法的适应能力也不同。如讲解法、讲述法、谈话法、演示法等，在初中都可以顺利地使用，而讲演法、讨论法就宜于在高中使用。选择教学方法时还应考虑班集体的学风。例如，有的班特别活跃，学生爱提问，爱发表自己的意见，就利于采用谈话法和讨论法。有的班表现“沉闷”，不爱提问题，讨论不爱发言，讨论法应暂时少用，而宜选用其他教学方法。当然教师也应采取措施，打破这种沉闷局面，使班集体逐步活跃起来。

（四）要考虑学校的设备条件

某些教学方法的使用，与学校设备条件有关。例如，学校化学实验室设备完善，化学仪器、药品供应充分，就可以多用实验法，也可以适当采用发现法。如果不具备这些条件，就采用演示法或其他教学方法。

（五）要适合教师自身的业务水平和教学风格

不同的教学方法对教师的业务能力要求不同。教师应该了解自己的长处和短处，扬长避短，形成自己的教学风格。例如，擅长口头表达的教师，可以多用讲授法、谈话法；精通化学实验的教师，可以多用演示法、实验法；教学组织能力强的教师，可以多用讨论法。当然，擅长口头表达的教师，在发挥讲授特长的同时，应该保证学生有足够的机会动手做实验；精通实验的教师，在发挥组织学生做实验特长的同时，也应保证对学生进行必要的讲授。因此，一个好的化学教师，在发挥特长、形成风格的同时，必须具备运用各种普通教学方法的基本能力。

（六）按规定教学时间完成教学任务

各种教学方法传授同样数量的知识所耗费的时间是不同的。

一般来说，讲授法、演示法耗用时间短，发现法、谈话法、讨论法、实验法耗用时间长。对于一个具体课题应采用什么方法，要根据课题的教学目的和可以使用的时间综合考虑，不能片面地做决定。

在教学过程中，为了取得好的教学效果，对于第一类化学教学方法，往往不能一种方法用到底，而是需要几种方法组合使用。例如，在一堂课上教师不能总是讲授，必须配合使用演示、学生实验、谈话或讨论等方法。课的教学质量在相当大的程度上取决于这些方法的选择和组合是否得当。对于第二类化学教学方法，如发现法，除了它对教材组织有特殊要求外，教学方法上也是指导读书、实验、讨论、讲授等第一类化学教学方法的综合运用。它的教学质量既取决于教材组织，也取决于教学方法的选择与组合是否得当。因此，有教师总结出一条很重要的经验："教学有法，但无定法，贵在优选。"也就是说，一堂课教学质量的高低，相当大程度上取决于教师是否能根据实际情况对教学方法实行优选组合、灵活运用。所以教师优选组合、灵活运用教学方法的能力，可以看作是教师教学业务水平的一个重要标志。

第四章　高中化学课堂教学设计

第一节　化学课堂教学设计的含义

化学课堂教学设计是化学教师为有效地完成课堂教学任务而进行的教学规划，主要包括化学课堂教学目标的设计、化学教学活动的设计、化学教学策略的设计、化学教学实验的设计、化学教学媒体的设计以及化学教学效果的评价设计等。

按照教学设计的定义，化学课堂教学设计应该是以教学论、教育心理学和传播学理论为基础，用系统科学的观点和方法，来分析化学课堂教学任务，确定化学课堂教学目标，选择化学教学活动、化学教学策略、化学教学媒体以及评价化学教学结果的方法等。因此，化学课堂教学设计主要体现在化学课堂教学目标、教学活动、教学策略、教学媒体和教学评价等对象的选取上。由于化学课堂教学是化学教学最基本的形式，故化学教师要针对化学课堂教学设计的主要对象，精心设计课堂教学的每一环节，以便获得最佳的教学效果。

化学课堂教学设计的过程可以表述为：化学教师以系统科学的观点和方法为依据，在研究学生身心及相关理论基础上，根据化学课堂教学的目的和要求，确定具体的教学活动、相应的教学策略，选择需要的教学资源，安排教学程序和方法，按照教学内容选择教学媒体，有效地传递和转换教学数字，通过反馈调节，评价教学效果等一系列的教学环节，使化学课堂教学效果达到最优化。

综上所述，化学课堂教学设计是化学教师为达到预期的化学教学目标而对教学活动进行系统规划、安排、决策的过程，是优化课堂教学程序、提高课堂教学效率、落实素质教育的重要环节。

第二节　化学课堂教学设计的要求

化学课堂教学设计的基本要求主要体现在化学课堂教学现状的了解、教学目标的确定、教学过程的安排和教学反馈数字的获取与评价等方面。

一、充分了解教学现状

化学课堂教学起点的选择是很重要的，它直接关系到化学课堂教学效果的优劣，而恰当的课堂教学起点的确定有赖于对化学教学现状的充分了解。化学教学现状包括：学生的认知水平状况、学习态度和背景知识状况；教材内容深浅、范围状况；可以参照的教育心理学和传播理论的状况等。只有认真分析、了解学生的情况，掌握他们在化学方面的一般特征和初始能力，把握化学教材内容的难易、质量和数量以及相应的教育心理学及传播理论的基本原理，才能做到心中有数、因材施教，这些是做好化学课堂教学设计的基础。

二、确定适度的教学目标

化学课堂教学目标是师生通过教与学的活动所需要实现的学生行为的变化（涉及认知、技能、情感、态度、品格等各方面）。这种行为变化以教学完成时学生应达到的学习水平为标志。通常，化学课堂教学目标可以用课堂教学活动中的可观察、可测定的行为术语精确地表达出来，要指明学习者应该掌握哪些知识和技能，培养何种态度和情感。同时，也要尽可能地表明学习者内部心理的变化。由于化学课堂教学目标是化学课堂教学的出发点和归宿，因此，化学教学目标的设计是完成整个化学课堂教学设计的重要任务。在确立化学课堂教学目标时，既要考虑到课堂教学的需要，又要考虑到实际实现的可能；既要考虑到近期要求，又要考虑到长远要求；同时，还要注意到目标的层次性和阶段性。只有适度确定出的化学课堂教学目标，才能使其切合教学双方的实际，真正起到对化学课堂教学的定向、激励和评价的作用。

三、有效安排教学过程

化学课堂教学过程是为达到化学课堂教学设计目标所采用的各种教学手段与途径的配合与展开。安排化学教学过程是在针对特定的化学课堂教学目标所采用的教学活动、教学策略和教学媒体等的选择与使用上的总体考虑。化学课堂教学过程的安排要兼顾控制和协调、教和学两方面的各种因素，因而它有全局性、联系性和动态性的特点。化学课堂教学过程中任何一个环节出现问题，必将影响化学课堂教学的整体效果。因此，在安排化学课堂教学过程时，教师既要能审时度势，把握全局，又要能灵活方便，统筹规划，照顾个别，自始至终贯彻“教为学服务”的思想，最大限度地调动学生参与的积极性、思维的积极性和学习的主动性，取得最佳教学效果。

四、及时利用反馈数字

在化学课堂教学过程中，师生之间的相互作用、相互影响和相互制约，发生在教与学的活动交往中，也就是化学数字的传输和反馈控制之中。因为化学数字（知识）通常以静态形式存储，只有教师通过一定的教学手段，把数字转换成传输状态，才能为学生所接收；只有随着化学教学进程的反馈控制及随时调整的不断进行，才能使化学课堂教学达到预期的教学目标。既然化学课堂教学的功能是通过化学数字的传输和反馈控制来实现的，化学教师就应该及时利用反馈数字形成化学课堂教学评价，完成对化学课堂教学的正确调控，这是化学课堂教学设计的基本要求。教学评价设计的各种形式（包括诊断性评价、形成性评价、终结性评价的设计）都应该为了解化学课堂教学目标是否达到、达到程度如何而服务，并作为随时调整化学课堂教学的依据。

第三节　化学课堂教学设计的原则

化学课堂教学设计原则是进行化学课堂教学设计所依据的准则。要确立正确的课堂教学原则，必须认真探求这一原则确立的依据。只有真正把握确立课堂教学设计原则的本质依据、理论依据和指向依据，才能在全面、系统的课堂教学设计中找到正确的方向。

第一，化学课堂教学设计原则确立的本质依据。探究化学课堂教学设计原则，应首先明确这一原则具有的本质规定性。化学课堂教学设计原则是反映化学教学设计规律、指导化学教学设计活动的法则和标准。这种本质的规定性确定了化学课堂教学设计原则建立的原始动因，是要将围绕化学课堂教学设计的一切活动都规范在以化学课堂教学能够有效进行为中心的范畴之中。

第二，化学课堂教学设计原则确立的理论依据。化学课堂教学设计所依据的理论是系统科学和教育心理学在教学领域中的具体应用。因此，确立课堂教学设计原则，必须遵循系统科学和教育心理学的基本原理和方法。课堂教学设计本身就是一个完整的系统，作为其本质的课堂教学设计原则，应该反映教学设计系统的整体性这一显著特点。只有反映这一特点、遵循教育心理学规律的原则，才会对教学设计产生普遍的指导意义。

第三，化学课堂教学设计原则确立的指向依据。按照事物存在的客观性和联系性，要正确地确立化学课堂教学设计原则，应该把握其适用对象及范围，这样所确立的原则才会有明确的指向。化学课堂教学设计的原则是在化学课堂教学设计的实践中应运而生的，反过来又成为化学课堂教学设计的准则和依据。因此，能够针对课堂教学的对象和范围进行化学课堂教学设计实践，是构成化学课堂教学设计原则的重要依据。

应该看到，化学课堂教学设计原则既适用于化学课堂教学的整体设计，也适用于其整体设计中的分设计，对化学课堂教学设计各基本要素都具有指导作用，并且对各要素相互关系也具有规范和协调功能，始终能把多种要素紧固成一个有机的整体。为了保证化学课堂教学设计的系统性、科学性和一致性，既遵循化学课堂教学的规律，又符合学生的学习特点，化学课堂教学设计应遵循下列原则。

一、目标性和可行性相统一原则

由于化学课堂教学设计是在教师熟悉化学教学大纲、把握化学教材内容及各个知识点的基础上得出的化学课堂教学的具体目标要求，所以每堂化学课的教学活动，都应该围绕所设计的化学课堂教学目标而开展，以便完成化学课堂教学任务。课堂教学目标不仅要考虑知识、能力达到的程度，还要加强思想品德的教育和非智力因素的培养，努力使学生在知识、能力、思想、心理等各方面都得到全面协调的发展。然而，化学课堂教学设计是依据有关教学理论对化学教学实践所做的规划，这种规划要成为现实，至少应具备两个可行性条件：一是要符合主客观条件，如主观条件应考虑学生的年龄特点、认知水平、知识结构和师资水平，客观条件应考虑教学设备、地区差异等因素；二是要具有操作性。只有当这两个基本条件都具备，化学课堂教学设计方案的实施才能达到预期目的，使课堂教学设计对教师和学生来讲都行之有效。因此，化学课堂教学设计要遵循目标性和可行性相统一的原则。

二、系统性和针对性相结合原则

化学课堂教学设计是一项系统工程，它由化学课堂教学目标设计、教学活动设计、教学策略设计、教学媒体设计和教学评价设计等子系统所组成，各子系统既相对独立，又相互制约，共同组成一个有机的整体。各个子系统的功能并不是等价的，其中教学目标设计就有制约其他子系统的作用，因为确立适当的教学目标在整个教学设计系统中起着“纲举目张”的功效。因此，这些设计应立足于整体，使每个子系统协调存在于整个教学设计系统中，以便最终达到课堂教学系统的整体优化。进行化学课堂教学设计，应遵循系统论的观点，统筹兼顾各个子系统，只有将各个子系统和谐地统一在总体之中，才能算是成功的设计。

三、整体性和集中性相协调原则

化学课堂教学设计应注意的整体性表明化学教师应把握化学知识结构体系，认真分析每节课中的知识在整个知识体系中的地位和作用，找出这一课内容的铺垫知识是什么，新旧知识的连接点是什么，后续知识是什么，尽量使知识结构整体呈现。而化学课堂教学设计应注意的集中性则表明课堂教学的时限性和教学数字的多维性，要求教学内容要集中，教师在钻研教材的基础上，要把握教学内容中重点的、主要的、本质的东西，把有限的教学时间集中在最核心的教学任务上。这就要求化学教师在设计化学课堂教学时，既要照顾到知识传授和能力培养在空间上的整体性，又要照顾到它们在时间上的集中性，协调好整体性和集中性之间的关系。

四、理论性和实践性相依存原则

化学课堂教学设计要以先进的、科学的和可靠的教育心理学理论、传播科学理论为基础，制订出切实可行的操作步骤和实践方案。没有先进的、科学的和可靠的教育心理学理论和传播科学理论来规范化学课堂教学实践，很难达到提高化学课堂教学质量的目的。同时，没有化学课堂教学实践，一切与之相关的理论都只是纸上谈兵和空中楼阁。可见，化学课堂教学设计的理论性和实践性是相互依存的，在实施过程中，应该做到理论性和实践性两方面同时兼顾。

五、主体性和主导性相一致原则

化学课堂教学设计应始终坚持以学生为主体、以教师为主导的思想，要体现出教师对学生思想的启发性。教师要以学生为学习的主体，始终把启发思想贯穿于教学设计的整个过程，要求学生独立思考，提高学生分析问题和解决问题的能力。表现在学法设计上，要体现出教师对学生学习的指导性。教师不仅要把学生当作教育对象，还要将他们当作研究对象，研究学生的学习规律，指导学生掌握化学课堂教学所传递的数字的方法，掌握预习、听课、笔记、作业、总结学习过程等的方法以及掌握自我心理调节的方法等。

六、传统教学手段和现代教学手段相结合原则

传统化学课堂教学手段与现代化学课堂教学手段相结合是指两种手段的优化组合。如利用黑板这一传统教学手段精心设计的板书，其本身就是课堂教学的纲要和轮廓，它能突出教材的重点、难点和关键，帮助学生理清教材的脉络，打开学生的思路，而且便于学生记笔记，为课后复习提供条件；而采用投影这一现代教学手段做教学演示，在揭示和阐明教学中的重点和难点方面，为教师和学生提供了更加充裕的时间，便于教师讲解、学生观察和分析思考；录像这一现代教学手段，则以其声形并茂的特点，将所讲的对象，在大与小、快与慢、虚与实之间互相转化，使教学内容涉及的事物、现象、过程全部再现于课堂。总之，传统教学手段与现代教学手段结合在一起后，能发挥出更好的教学效果。

七、适时、适度评价和反馈原则

化学课堂教学所设计的评价要做到适时是指要把握好评价的时机。例如，诊断性评价一般安排在课堂教学前进行，借助上节课形成性评价和终结性评价的结果，使教学设计方案更加趋于合理和恰当；形成性评

价一般在课堂教学中进行；终结性评价一般在课堂教学后进行。化学课堂教学设计的评价要做到适度是指要把握好评价的分寸。因为学生之间的个体差异是客观存在的，他们的知识基础、认识能力、意识倾向、兴趣爱好、学习态度都不尽相同，教师应根据学生不同的情况确定不同层次的评价标准，对涉及教学目标的各个领域和层次进行评价。这可以由教师、学生共同来实施，通过目标测试题、作业练习、谈话或者提问来考察。当然，对要达到的课堂教学目的和要求应该指向明确，对识记、理解、运用、分析、归纳、综合等行为要求要有具体的检测内容和明确的评定标准和依据，具备可测性。同时，要将评价结果适时、适度地反馈给学生，当学生在学习上取得新的成绩时应给予肯定的评价，让学生体验成功的快乐；对学生学习上受到的挫折，应给予积极的鼓励，对他们非智力因素方面的优点进行评价，鼓起他们学习的信心。

第四节　化学课堂教学设计的内容

参照化学课堂教学设计的基本环节，化学课堂教学设计的内容可划分为三个部分：化学课堂教学目标设计、化学课堂教学过程设计和化学课堂教学评价设计。

表 4—1　化学课堂教学设计的内容和作用

化学课堂教学设计	化学课堂教学目标设计	化学课堂教学过程设计	化学课堂教学评价设计
内容	教学对象分析教学内容分析教学目标制定	教学结构教学策略教学媒体教学活动	诊断性评价形成性评价终结性评价
作用	教师：便于领会教材，设计教案，选择教学模式、方法，确定测验要求，指导学生更好地学习 学生：激发学习动力	使教学数字的传递与转换、储存与加工均按照教学目标和学生的实际水平进行，不仅完成教学任务，而且提高教学效率	判断教学效果达标程度、教学方式的有效性以及学生的学习情况，不断发现教学活动中的不足，以便及时补救

从表 4—1 中可以分析出，化学课堂教学设计的内容主要包括：课

堂教学目标设计（教学对象分析、教学内容分析、教学目标制定）、课堂教学过程设计（教学结构、教学策略、教学媒体、教学活动的运用）、课堂教学评价设计（诊断性评价、形成性评价和终结性评价的进行）。这“教学三部曲”既体现出“教什么、学什么”“如何教、如何学”“教得怎样、学得如何”，也表现出化学课堂教学设计在化学理论知识传授与实际技能培养上的兼顾。化学课堂教学设计重点是能使学生在经过系统、科学设计的课堂教学过程中，有效地获取化学知识，尽快地形成化学技能，以取得化学课堂教学效果的最优化。

一、化学教学目标设计

（一）化学教学目标的含义

化学教学目标是指化学教学活动主体预先确定的、在具体化学教学活动中所要达到的教学结果。

（二）化学教学目标的功能

1. 指向功能

化学教学目标是化学教学活动的预期结果，它指引着化学教学活动的方向，规定着化学教学活动的进程，在一定意义上制约着化学教学设计的方向。如果缺乏清晰的教学目标，化学教学将会失去方向。化学教学目标定向功能的发挥，可以保证化学教学目标的顺利实现。一般来说，若化学教学目标指向正确，则可取得正向教学效果；化学教学目标指向错误，则只能取得负向教学效果。因此，教师应该把确定正确、合理的教学目标作为教学设计的首要环节。

2. 依据功能

化学教学目标可以为分析化学教材及设计学生行为提供依据。化学教师一方面根据教育和教学的一般目的确定化学学科中各单元和各课时的教学目标，另一方面又根据这些教学目标设计化学教学活动。化学教学目标不仅制约着化学教学设计的方针，而且决定着化学教学的具体步骤、方法和组织形式。因此，它不仅是化学教学活动的科学性、整体性和连贯性的重要依据，也是化学教师对化学教学活动全过程进行自觉控制的重要依据。

3. 激励功能

适当展示化学教学目标，可以激励学生学习化学的积极性。化学教学目标是激发学生学习化学动机的诱因，在化学教学开始前，就向学生明确地展示具体的化学教学目标，能激发学生对学习新内容的期待和达到学习目标的欲望，从而调动学生学习化学的积极性和主动性。当学生充分了解了他们预期所要取得的学习成果时，他们就会明确成就的性质，进行目标清晰的成就活动，对自己的行为结果做成就归因，并最终取得认知、自我提高或获得赞许的喜悦，使教学目标发挥应有的激励功能。但化学目标激励功能的发挥，也取决于其价值是否被学生认同，以及其难易程度是否适中。因此，化学教师制定和展示化学教学目标时要尽量注意二者兼顾，以保证化学教学目标发挥出激励学生学习的最大功能。

4. 描述功能

化学教学目标通过描述学生具体的行为表现，为化学教学评价提供科学的参照。传统的化学教学大纲所提出的化学教学目标往往含糊其词，使化学教师无法准确地把握客观、具体的评价标准，做出评价选择的随意性很大，教学中关于能力和个性特征等高层次的目标既无法落实更无法评价。因此，在化学学科各单元和各课时的教学中，要充分发挥化学教学目标的描述功能，全面、具体和形象地描述学生的行为表现，以保障化学教学有章可循，测评有信度、有效度，试题有难度、区分度，使化学教学评价有科学的参照。

5. 评价功能

化学教师制定的化学教学目标，既是化学教学活动的指南，也是测评化学教学效果的尺度。化学教学效果的检测和评价是围绕化学教学目标展开的，教学双方在化学教学中是否发挥了应有的作用，教学效果是否达到或在何种程度上达到了既定目标，都是化学教学评价所关注的主要内容。当然，化学教学目标只有制定得比较合理，才能减少其评价的偏差，使测评的信度、效度和区分度都较高。化学教学目标评价功能的发挥，一方面为化学教学效果的检测和评价提供了尺度，另一方面也为化学教学目标的制定和修改做出了反馈。在化学教学过程中，化学教师应根据教学评价的结果不断地调整教学的方式方法，有了明确的化学教学目标就可以以此为标准，在化学教学过程中充分发挥评价和反馈的作用，从而提高化学教学质量。

二、化学课堂教学目标设计

（一）化学课堂教学目标

化学课堂教学目标是指预先确定的学生在具体教学活动中所要达到的课堂教学结果。化学课堂教学目标主要包括化学单元目标和课时目标，这些教学目标要求以学生通过教学后应该表现出来的可见行为来描述。因此，化学课堂教学目标也称化学课堂教学行为目标。

化学课堂教学目标既是整个化学课堂教学活动的指导思想、出发点和归宿，也是检查和评价课堂教学效果的依据。化学课堂教学效果的优劣，是通过化学教学结果与化学教学目标的比较来进行鉴别的。化学课堂教学目标与教学目的的区别在于：教学目标不仅是教学过程结束时所要达到的结果，或教学活动预期达到的结果，而且具有学生行为上的可见性和可测性；教学目标比教学目的更具体、更实际。

（二）化学课堂教学目标设计的要求

由于化学课堂教学目标是保证化学教学活动取得成功的必不可少的环节，在进行化学课堂教学目标设计时，要使所制定的教学目标明确而又切实可行，应该注意以下几点。

1. 用可观察的具体行为表述教学目标

化学课堂教学设计中的教学目标要想做到明确、详细，就应该采用可观察的具体行为来表述教学目标。一般认为好的化学课堂教学目标要包括三方面的内容：有确定的、可以作为成绩证据的行为表述；有确定行为的必要条件的表述；有确定行为合格标准的表述。

2. 使教学目标具有一定的层次和分类

按照现代教育理论的观点，教学目标应有认知、动作技能和情感三个大的分类。认知领域的教学目标应有感知、理解和掌握三个大的层次，我国的课程目标则包括“知识与技能”“过程与方法”“情感态度与价值观”三个方面，同时，应具有远期的学习目标，否则，学习就会缺乏统一的指导、努力的方向和持久的动力。但只有远期目标还不够，还必须有力所能及的中期目标，不然，学习者就会感到那些远期目标过于空泛、渺茫，就会失去努力学习的热情。此外，还应具有可操作性的近期目标，因为没有近期目标，中期目标、远期目标就会失去依托而成为“空中楼阁”。

3. 充分考虑教学目标实现的可能性

教学目标能否发挥应有的作用，还要看目标的难易度是否适当。当教学目标定得过高、过难时，学习者就会感到可望而不可即，或力不从心，导致望而却步、退缩不前；一个过低、过易的教学目标又会使学习者感到“没劲”，缺乏刺激性、挑战性，从而视若无睹，不能引起强烈的学习动机和兴趣。只有教学目标的高低、难易适度，才能对学习者起到激励和导向作用。

4. 把教学目标的设计和教学评价联系起来

教学目标确立后并不意味着就固定不变了，可根据教学评价的实际情况灵活调整。因为学习活动是一个动态过程，在学习过程中，当学习者感到难易度适当，掌握情况较好，取得成功时，会产生愉悦的情绪体验和较高的自我效能感，对自己的学习能力充满信心，能够精神饱满、积极主动地克服各种困难，圆满地实现既定目标。这证明制定的目标是科学的，应该坚持下去。而当学习失败时，学习者就会感到困惑、焦虑，自我效能感降低，学习无力感增强，从而以消极、被动的方式对待学习。这表明现有的教学目标是不适当的，应及时修正或调整。

（三）化学课堂教学目标设计的步骤

化学课堂教学目标设计应该考虑到顺序性和整体性，大致遵循以下设计步骤。

1. 钻研课程标准，分析教材内容

化学课程标准是以纲要形式编定的有关化学教学内容及进程的指导性文件，它规定化学教学目的、教学任务、教学内容的知识范围、教学时间分配以及教学方法上的要求；化学教材是化学课程标准的具体贯彻和体现，是教师进行教学的根据。化学课堂教学目标的设计必须立足于对标准的认真钻研，分析教材内容，在课程标准的指导下，深刻领会教材内容的科学性、系统性、思想性和化学思维方式，做到从整体上把握化学课程的基本结构，理清化学知识体系。对于课堂教学内容必须彻底理解和消化，如对教材中出现的用语、符号以及插图、实验、习题等都必须认真研究和推敲。通过重点分析、研究将要采用的教学内容，找出其中的基本概念、基本原理和基本方法，确定教学的重点和难点，为建立化学课堂教学目标奠定基础。

2. 了解学生已有的学习状态

化学课堂教学是以学生为主体的过程，掌握化学知识的过程是学生主体的智力活动过程。学生认知水平的提高不仅要借助于他们已有的化学知识体系，而且要借助于他们正确的思维方式方法。教学目标的制定要以学生的特点和已有的学习准备为基础，教给学生不懂或还不够懂的东西。学生已经具备的学习基础，是教学目标确定必须考虑的前提条件。只有充分了解学生的知识水平、能力大小、智力高低、思维特点、学习态度、学习方法和兴趣爱好等，才能根据学生的实际情况进行分析，通过掌握的教学深度、广度和难度，灵活地组织教材，选择恰当的教学方法，充分调动起学生的学习积极性。当然，化学课堂教学目标不仅应该建立在学生已有的学习准备的基础上，而且应该建立在经过适当的努力能够达到的目标基础上。对群体教学而言，学生普遍具有的学习

准备和一些共同心理特征是在确定化学教学目标时应考虑的主要方面。同时，化学课堂教学目标设计应充分考虑学生的个别差异，制定相应的发展目标，使每个学生都得到充分发展。

3. 分类制定教学目标

在深刻领会课程标准、教材内容和了解学生实际基础上，为使化学课堂教学目标在实际制定时具有可操作性，还应该对教学目标进行适当的分类。从不同角度和标准出发，可以对化学课堂教学目标进行不同的归类。首先要列出各类综合型目标，如培养学生对化学学科的兴趣，提高学生观察化学实验的能力等。综合性目标反映了对教学的一般要求，但往往比较笼统，难以实际执行、直接观察和测评。因此，在列出综合型目标后，还必须对它们进一步分解，使之成为可操作、可评价的具体行为目标，利用能够引起具体行为的术语，列出一系列能够反映具体学习结果的教学目标，解释每个综合性目标。当然，这些具体的行为目标是可以实际执行、直接观察和测评的，它们具体表达了化学课堂教学目标的要求。需要注意的是，这些教学目标要切实可行，不能降低课程标准规定的要求。实施目标分类的主要目的是提高目标在教学中的清晰度和可操作性，有利于教师更好地依据目标指导教学和评价教学。

三、化学教学活动设计

（一）化学教学活动设计的要求

化学教学活动是化学教师传授化学知识与学生接受化学知识两方面活动的总称。它包括教师的施教活动、学生的学习活动和师生构建课堂人际关系的活动等。化学教学活动是教师进行教学的科学和艺术创造的具体过程，是学生知识结构和心理结构的构建过程，是化学教学设计的关键环节，关系着化学教学目标能否实现、教学任务能否完成以及两者实现和完成的程度、质量和效率。

化学教学活动设计是依据化学教学目标及化学教材内容，构建新的化学知识和心理结构，使学生原有的知识和心理状态向化学教学目标所要求的状态发生改变的规划过程。在进行化学教学活动设计时，应注意以下几点。

1. 协调师生活动

注意学习活动的设计以及教与学的协调。教师应该在深入了解学生的基础上做心理角色置换，设身处地地为学生着想，审视教学活动设计并做出相应的调整。教师是化学教学活动中教的主体，学生是化学教学活动中学的主体。教学活动设计中不主动安排协调师生的活动，会使教学活动变成单方面的施教活动，导致施教活动与学习活动不能系统开展而影响教学效果。因此，应在进行化学教学活动设计时，充分认识和体现学生在学习中的主体性，正视发挥教学双方的主动性、积极性和重要性。教育的主动性应该体现在主动地认识和探讨学生学习的规律性，深入了解学生情况，努力引导学生主动和积极地学习。学的主动性应体现在既不是被动地参与也不是无理由地盲目接受，而是在接受指导和掌握学习规律的过程中，逐步进行自我调控学习活动能力的培养。

2. 科学性和艺术性的统一

化学教学活动的科学性主要表现在自觉地运用教学规律做指导，遵循化学的科学规律和化学教学的原则。教学活动的艺术性主要表现在教学活动的和谐性、巧妙性和新颖性，能通过有限的活动及其内容完成多项教学任务，达到多项教学目标；能激起学生积极的情感共鸣，使学生产生美的感受、得到美的满足。所设计的化学教学活动既要以科学性为前提，以化学教学规律为基础，又要按照美的规律，积极地进行教学艺术创作，使化学教学活动既生动活泼、富于审美情趣，又不失其严密的逻辑性和系统性。

3. 建立工作规范

根据化学教学活动的具体规律，建立相应的工作规范。例如，在设计教学的讲授活动时，要考虑学生此时是以听为主，还是以思考为主，或以笔记为主；如何使学生听得清楚、愿意听，能保持注意、不易疲劳；如何引导学生的思维活动，使他们顺利地理解教学内容及其结构和掌握重点；如何使学生产生预期的情感，达到情感教育目的；如何用板书、表情、手势和其他辅助行为配合，增强讲授的效果；如何有利于学生记笔记，指导他们协调各种思维活动；如何根据学生可能的数字反馈进行机动的应变调整；如何引导学生进行探究活动等。根据这些教学具体活动上的考虑，建立一系列的设计工作规范，以使整个化学教学活动设计规范化。

4. 注意活动的适度多样性

化学教学活动是多类型、多层次活动的组合，为了完成特定的化学教学任务，可以采取多种不同的活动方式。教学活动的多样化不但能使学生始终保持兴趣和热情，而且能提高学习的效率，陶冶情操，促进智力和心理能力协调发展。但是，教学活动种类过于复杂、更换过于频繁，也会增加学生的学习困难，使他们过早地感到疲劳，分散注意力而影响学习效率。教师在设计化学教学活动时，要从教学内容的实际需要、学习者的心理特点和智力的发展水平出发，处理好教学活动的多样性和适度性的关系。

5. 突出化学学科特点

作为化学学科的教学活动，化学教学活动应该突出化学学科特点，把握化学学科中固有的认识规律和教学规律。化学教师要真实、具体、细致地了解化学认识过程、化学知识体系和化学科学规律，包括注意化学语言和化学科学方法的应用，注意化学思维活动、化学实验活动的开展以及它们的相互配合，使所设计的化学教学活动始终具有化学学科的鲜明特点，为化学教学的各种既定目标服务。

6. 注重工作的实际效果

化学教学活动设计是对在教学过程中将要进行的具体活动的预先构想，比教学策略更具体。化学教学活动设计要特别注意从实际出发，讲求实效，从教学经验的积累和概括化过程中提取出来的优秀范例是教师进行化学教学设计的重要参考。同时，化学教学活动总是需要一定的外部条件，总是在一定的环境中进行，要注意这些条件与环境的协调，在涉及化学教学活动时要充分利用环境中的积极因素和有利条件来设计化学教学，使所做工作产生实际的效果。

（二）化学教学活动设计的步骤

1. 明确化学教学活动的要素

与一般活动的要素一致，化学教学活动同样具有自己的主体、客体和媒体，自己的内容、形式和结构，以及自己的目的、过程和结果。化学教师在进行化学教学活动设计时，首先就要明确化学教学活动的各个要素。

化学教学活动中存在着复杂的主客体关系。从教师的教学来看，教师是教育者，作用于受教育者，教师是主体。从学生的学习来看，学生是通过教师、教材来认识世界，因而学生是主体，教师是客体。因此，教学活动中的主客体关系，首先是双主体并存，且互为客体。教师这个主体的特征是“主导”作用，要起到“主导”作用，必然要对主导的对象一学生（此时是客体）有一个全面、深刻地了解；学生这个主体的特征是“主动”作用，主动便是充分发挥自身的积极性，参与教学活动，其“主动”作用在很大程度上是教师“导”出来的（此时教师充当了学生这个主体认识的客观对象）。除此之外，双主体有着共同的认识客体，即教学环境中的一些因素，包括物理环境、教材内容、辅助材料和教学工具等。

教师发挥主体作用，应该对化学教材、教学媒体，特别是其主导作用的对象一学生有全面深刻的理解，从而扎实地参与到化学教学当中；学生发挥主体作用，应该对化学教材等因素有一定程度的认识，为了达到与教师的沟通，应该把接受教学后的反馈数字传递给教师，从而实实在在地参与到教学之中。

化学教学活动的主要内容包括：化学教学活动的情境设置；对学生进行学习活动的导向；学生学习化学兴趣的形成与激发；化学课程的进程展开；化学教学材料的呈现，学生感知、理解和记忆等思维活动的进行与引导；学生情感体验和行为习惯的形成；学生学习内容的整合和巩固；练习、测评和反馈等。化学教学活动一般表现为教师的讲授、提问、演示等配合学生的听讲、答问、观察等，学生的思考、练习、讨论等配合教师的质疑、讲评、答疑等。化学教学活动的组织形式为课堂教学，辅以课外活动、个别辅导、家庭作业等。化学教学活动的目的是向学生传授现代化学知识，培养学生化学思维和化学能力，构建学生的化学知识结构和心理结构，陶冶美好的情操和形成正确的行为习惯等。化学教学活动的过程应该体现出教学双方的主动性、积极性和互动性，体现出教学的程序性和多样性，其结果是要达到化学教学目标所要求的各项指标。

2. 优选化学教学方法

化学教学活动内容是进行化学能力训练的素材和载体，组织化学教学活动的内容是指围绕化学课堂教学目标考虑化学教学内容的各项安排、优选教学方法和教学媒体、进行教学过程的设计等。通常的化学教材内容已经具有严密的逻辑性和系统性，可以按照教材的编制顺序进行教学组织工作。也可以根据实际情况，打乱教材的原有顺序，重新安排教学内容。组织化学教材时要注意逻辑系统并且要求突出重点；注意启发学生的积极性和培养学生的逻辑思维；注意联系学生已有知识；注意突破难点。优选化学教学方法时，应该仔细比较已有方法的优劣，优先采用那些理论与实际结合紧密的方法，注意教学媒体采用上的适时适度原则，做到既发挥教学媒体在课堂教学中的高效率，又避免对教学媒体的过度依赖和学生被动心理的形成。

当有关化学教学活动的材料准备好了以后，就可以进入化学课堂教学结构设计阶段。按时间序列可以将课划分为课的开始、课的发展与高潮和课的结尾，这种划分适合于任何一种课型。课的开始，重要的是向学生明示一节课的学习目标和学习要求，帮助他们做好准备。课的发展与高潮部分是一节课的核心，教学目标的完成与教学质量的高低关键在这部分，所以课的开始和课的结尾都要紧密围绕课的发展与高潮来进行。在课的结尾部分，要使学生对学到的知识加以归纳、概括，重点强化，加深理解和记忆，便于与下节课更好地衔接起来。在此过程中，可以穿插问题设计，一个有意义的问题将对提高教学效果起到事半功倍的作用。创设多种问题情境，可以极大地调动学生的学习积极性，使课堂教学高潮迭起。同时，不忽视课堂练习和作业设计、板书设计。课堂练习和作业的设计主要考查学生对刚学过的化学知识的掌握情况，起到及时反馈、巩固所学知识的作用；而课堂教学的板书是教师教学思维的文字表达形式，它既可以弥补语言表达的不足，又可达到形象直观的效果。

3. 编排化学教学活动顺序

编排化学教学活动顺序是化学教学活动设计的重点，其主要任务在于确定化学教学活动中工作的进程。首先要确定化学教学活动的工作步骤，其次确定各个步骤中的工作内容与方式方法，此外还要确定各个工作步骤的时间顺序。化学教学活动顺序的制定应该依据化学教学目标及化学教材，进一步确定教学活动中教学双方工作进程的时态系列，从而引导师生双方在不同的教学时间内去完成既定的教学任务。化学教学活动顺序的编排在于规范化学教学活动中学生心理结构的构建过程，因而化学教学活动的步骤、内容、方式、方法及时序均要遵循所要构建的学生心理结构的本性及其形成、发展的学习规律。知识、技能与社会规范的接受，虽有共同的规律，但也有自身的特殊性。因此，应该结合化学学科的特点编排化学教学活动的顺序，区别对待以知识、技能和社会规范为主的课题内容，按照各自的教学规律进行优化教学。我国教师在长期教学工作中总结出来的许多行之有效的教学经验和原则，可以在教学活动顺序的编排中加以灵活运用。例如，课堂教学环节和过程问题，一般认为可分为组织教学、复习后引入新课、讲授新课、巩固新课、布置作业等环节。在讲授新课环节中，要传授化学知识，但传授知识的目的在于使学生掌握化学科学方法和培养思维能力，故可以引入各种创造性教学的过程，使教师的创造性得以充分发挥，使同样的教学内容产生不同的教学效果。当然，化学教学活动顺序的编排要落实到具体的教案中。教案对于有化学教学经验的教师来说可以从简，也可以根据实际情况用课堂教学活动结构流程图表示；对于新教师来说，则应该十分明确地将化学教学活动的顺序用文字和图表详细地表述出来，以便在备课和教学过程中随时参考。

四、化学教学策略设计

（一）化学教学策略

1. 化学教学策略的定义

化学教学策略是化学教学设计的有机组成部分，是在特定化学教学情境中为完成化学教学目标和适应学生学习的需要而做出的教学规划和采取的教学措施。它包括三层意思：第一，化学教学策略从属于化学教学设计，确定和选择化学教学策略是化学教学设计的任务之一；第二，化学教学策略的制订以特定的教学目标和教学对象为依据；第三，化学教学策略既有观念驱动功能，又有实践操作功能。

2. 化学教学策略的层次

化学教学策略因其不同的概括程度可以被纳入不同的层次。高层次的化学教学策略是对低层次化学教学策略的概括，活动范围较大。低层次化学教学策略是高层次化学教学策略的具体化，它体现和蕴含着高层次策略，活动范围较小。

高层次化学教学策略与化学教学思想直接相关，它体现着教师对化学教学方针、教学目标以及教学理论和方法体系的认识，表现为比较概括和稳定的教学原则和活动规则。因此，可以把教学思想及其原则体系看作最高层次的教学策略。

中层次的化学教学策略是从化学教学实践中提炼、升华所形成的教学方式，是一系列规范、概括的化学活动规则的集合，符合化学教学模式的一般特点。此时，可以把化学教学模式解释为教学策略，认为化学教学模式是为完成特定的教学目标而设计的、具有规定性的教学策略。中层次的化学教学策略是对具体教学实践的概括，但其概括程度低于化学教学思想。

低层次化学教学策略是具体的教学策略，又称为教学思路。其通用性较差，操作性、技巧性较强。在化学教学策略设计中，低层次的化学教学策略是在化学教学思想指导下，根据具体的化学教学目标、教学任务、学习起点和其他教学条件，运用化学教学模式进行教学策略设计的结果。

（二）化学教学策略的设计

1. 制约化学教学策略设计的因素

因化学教学策略包括对化学教学内容、教学过程的安排，化学教学方法、活动形式的选择等，故进行化学教学策略设计时，就会受到这些因素的相应制约。此外，教师的教学技能、技巧、教学经验，以及学生已有的知识储备和认知水平都制约着化学教学策略的设计。这些因素的组合方式复杂多变，造成了化学教学策略设计任务的艰巨。

2. 有效的化学教学策略设计

有效的化学教学策略既能完成化学教学目标，又能保持和增强学生的学习积极性。因制约化学教学策略设计的因素既来自化学教学本身，也来自教师和学生，故有效的化学教学策略的设计主要依据教师对化学教学目标的正确掌握，对学生情况的充分了解和对教学理论、方法、技能和技巧的熟练运用。

3. 化学教学策略的设计要求

化学教学策略设计要求具有以下特点。

（1）对化学教学的指向性

所设计的化学教学策略应该组织一定的教学行为，指向特定的化学教学目标和教学活动。在化学教学过程中，首先要确定教学目标，然后才选择适合的教学策略，通过一定的教学方法进行教学活动，以便最终达到教学目标。化学教学策略与化学教学方法联系紧密，它规定和支配着教学方法的选择，使教学方法更适合达到教学目标。

（2）结构功能的整合性

所设计的化学教学策略应该具有结构功能上的整合性。在选择和制定化学教学策略时，要体现教学策略构成的组合特征，要求教师针对具体的教学需求和条件，对影响教学策略构成的教学内容、方法、步骤、媒体和组织形式等要素加以综合考虑，组成符合教学目的要求的最佳教学行为。同时，发挥化学教学策略作用时，强调有效教学策略应该由具体教学方式、措施优化组合，合理组建，使多种化学教学策略能够协调作用，发挥出整体优势。

（3）教学策略的可操作性

所设计的化学教学策略应该是可操作的。化学教学策略既不同于抽象的化学教学原则，也不同于在某种教学思想指导下构筑起来的化学教学模式，而是供教师在教学中参照执行或操作的教学规划或措施。它有着较明确具体的内容，是教学活动具体化、行为化的基本依据，不同于只发挥指导和规范作用的化学教学原则和教学模式。因此，虽然化学教学策略对某种具体教学行为具有指导性，但它的可操作性应该是其本质特征之一。

（4）对问题解决的启发性

所设计的化学教学策略应该能启发问题解决。化学教学策略往往是与化学问题解决相联系的，即化学教学策略带有问题解决的经验性倾向。这是操作者在问题解决过程中一系列行为活动所遗留下来的痕迹。当操作者处于新的问题解决过程中时，会受到这种经验性倾向的影响。因此，在设计化学教学策略时，教师应主动利用这一影响，去组织解决教学问题的最佳策略途径和方式，从而有效地完成设计工作。

（5）教学策略的灵活性

所设计的化学教学策略应该具有灵活性。在选择和制订化学教学策略时，应该根据不同的教学目标、内容和任务的要求，参照不同学生的初始状态，将最适合的教学方法、教学媒体和教学组织形式组合起来，保证教学活动能达到既定的化学教学目标。同时，已经制订好的化学教学策略在运用时，应能够随着教学情境（目标、内容、对象）的变化作出相应的改变。教学策略只有可以依据化学教学的实际状况灵活变化，才能始终在化学教学中发挥出最佳的作用。

4. 化学教学策略的设计要点

化学教学策略的设计是一件较为复杂的系统工作，原因在于影响化学教学策略形成的因素不仅错综复杂，而且不易把握。以下是一些化学教学策略的设计要点，可以为一般化学教学策略设计提供参考。

（1）教学准备策略的设计

教学准备是指教师依据教学目标，钻研教材、组织教材、选择教法以及了解学生、制订教学计划的过程。化学教学准备策略的设计就是回答采用何种活动方式或行为措施来准确、高效地完成化学教学的准备工作的问题。对化学教学准备策略的设计，包括对制定化学教学目标的策略、确定化学教学内容的策略、分析学生知识背景的策略、编制化学教学计划的策略等的设计。

（2）教学实施策略的设计

教学实施是教学意图得以贯彻、教学目标得以达到的过程。化学教学实施的策略设计要求教师在化学教学过程中，懂得把教学内容同学生的认知结构联系起来并帮助他们组织所学习的材料；懂得从学生的实际出发，采用大量的具体例子，以归纳方式使学生形成概念；懂得以学生认知结构为依据，用定义的形式解释概念，最终使学生理解掌握概念。

（3）因材施教策略的设计

因材施教是指教学要适应学生的身心特点。化学教学的因材施教策略的设计要求教师针对学生的年龄差异、能力差异、认知方式的不同，分别采取相应的教学策略。

（4）教学监控策略的设计

教学监控是指在教学活动中为保证达到教学目标而对教学过程进行的检测、评价、反馈和调控。化学教学的监控策略设计要求教师在四个方面考虑教学监控策略的确定，它们分别是主体自控策略、课堂互动策略、教学反馈策略和现场指导策略。主体自控策略是指教师依据教学目的和教学主体的状况，积极促使教学主体进行自我控制的方式方法，包括主体（教与学双主体）动机水平的提高、主体自我意识的增强、学生主体元认知监控水平的提高策略设计等。课堂互动策略是指教师有意识地建立规范的、和谐的、多向的交往与合作的课堂互动环境。教学反馈策略是指运用多种反馈渠道，将教学的情况反馈给教师或学生，以便及时地修正教学。现场指导策略是指根据不同的教学情境、学生学习状态，选择最佳教学方法，达到最佳教学效果。

五、化学教学实验设计

化学是一门以实验为基础的自然科学。高中化学教学实验具有帮助学生形成化学概念，理解和巩固化学知识，培养学生的观察能力、思维能力和动手能力，启发学生联系科学、生活、社会实际进行创新，培养学生科学精神、良好的心理素质等诸多功能。因此，化学实验在高中化学教学中具有不可取代的地位。实验教学是以实验为主要内容的教学活动，其主要任务有两个方面：一是通过实验教学，让学生直观地观察和认识众多的自然现象及其内在的规律，使学生对某一领域的知识从感性认识上升至理性认识，验证或再发现某些已知的理论知识，从而巩固已学到的理论知识，培养学生的创造性思维方式及能力；二是通过实验教学，使学生学会在认识和研究自然科学领域中所遇到问题的一般或特殊的实验方法，熟练掌握实验中常规及某些特殊的实验技能，提高学生的实验动手能力。化学教学实验设计的要求主要有以下几点。

（一）实验目的明确、有针对性

化学教学实验的内容、范围和难度等，由化学教学目标所规定。化学教学实验的设计依据是化学教学目标，为完成化学教学目标而设置各种化学教学实验。要针对化学教学目标规定的知识技能要求，抓住教学的重点和难点设计化学教学实验，以丰富学生的感性认识，更好地理解和掌握化学概念、原理和规律。对于通过实验要求学生掌握哪些基础知识，培养哪些技能技巧、哪些方面的能力，明确解决哪些主要问题，突出观察哪些实验现象，重点示范哪些基本操作，应概括得出哪些结论以及如何启迪学生思维等，教师在设计教学实验时要十分清楚，做到心中有数。同时，化学教学实验的设计还应考虑到教学目标对能力培养和科学方法训练的要求，体现出化学实验的教育功能。

（二）实验现象鲜明、形象直观

现象鲜明、形象直观的化学教学实验，能更有效地引起学生的注意，使他们积极地投入当前实验现象的观察和感知中，从而在头脑中形成深刻印象，为思维加工过程积累丰富的感性材料。教师在设计化学教学实验时，要尽可能地选择那些现象鲜明、形象直观的实验，以保证实验所达到的效果。所设计的演示实验以及在演示实验过程中，应使全体学生都能看清实验的物质、装置、操作和反应现象。要求教师考虑选择合适的仪器和药品。实验装置力求简单、整齐、美观，重点部位要突出，不需要使用的仪器等要及时移开，避免分散学生的注意力，影响实验效果。操作要正确，速度要适当，实验现象要鲜明突出。当然，也不要过度地追求实验现象的新颖和离奇，使学生不得要领、分散注意力，适得其反。

（三）实验过程、结论具有启发性

所设计的化学教学实验，应该在实验过程中或所得结论中具有一定的启发性，有助于学生对化学教学内容的理解和掌握。教师要善于运用教学艺术，使讲授、演示和板书有机地结合起来，启发学生积极思考，有效地培养学生的思维能力。不论采用哪种形式进行实验教学，教师都不要急于把结论告诉学生，而要善于引导，使学生明确实验的目的和观察要求，认真进行实验和观察，实验时要引导学生对实验装置、操作步骤和观测获得的现象进行积极思考，对现象和测到的数据进行分析，通过抽象、概括、分析、归纳，认识和揭示出事物的本质和变化的规律，以形成化学概念，掌握化学理论。通过化学教学实验，使整个化学教学过程充满积极的思维活动，有利于发展学生的理解能力、分析能力和推理能力。

（四）实验内容简洁、安全、可靠

化学教学实验在内容上的不同，会导致实验过程的千差万别。教师设计化学教学实验时，要选择那些内容简洁、操作安全、结论可靠的实验，以便教学所要求的实验效果能够在有限的时间内被安全、可靠地得到。教师要认真钻研实验教材，反复做好预备实验，掌握实验关键和数据，避免出现科学性错误。在保证教学实验科学性、针对性的前提下，要尽可能使实验过程简洁明了、实验操作安全可靠。危险而不可靠的实验不仅危害学生的身心健康，而且容易造成学生对化学实验现象的误解。教师要懂得有毒物质、腐蚀性物质和可燃性物质等的使用规则，要了解各种仪器的使用性能以及防火、防爆、防中毒等基本知识，有危险性的实验仪器和药品摆放要合理，避免所设计的实验发生危险事故。当然，在化学教学实验过程中，要保持实验的真实性，不能为了避免危险或希望达到一定的实验效果而弄虚作假。

六、化学教学媒体设计

（一）化学教学媒体

1. 化学教学媒体及其特点

（1）化学教学媒体

媒体也称媒介。美国教育心理学家罗伯特·米尔斯·加涅（Robert Mills Gagne）认为，在教学背景中所用的“媒介”这个术语，意味着用来向学习者提供交流或教学刺激的事物组合或事物系统。媒体本身是各种事物的组合和事物系统。教学媒体是任何用来传递知识的通信手段。

化学教学媒体是化学教学过程中用于负载化学教育数字，以便实现经验传递、知识传播和技能培养的物质手段或工具。化学教学媒体是化学教学的基本要素之一，化学教学活动离不开一定的媒体的支持。

（2）化学教学媒体的特点

依据化学教学媒体的定义，可以得出化学教学媒体具有以下两个特点：第一，化学教学媒体作为传递经验的物质手段，具有一定的物质形式。在化学教学过程中用以传递数字的媒体可以是多种多样的。它既可以是一种简单的声波或光波，也可以是一种极为复杂的仪器设施。但作为化学教学媒体，必须是能作用于人，使学生能对其作用产生能动反应的事物，是具有一定物质形式的客体。第二，化学教学媒体区别于数字媒体而存在。化学教学媒体与数字媒体都是传播过程中，传方与受方之间的联系物，都是数字的载体。但是，化学教学媒体与数字媒体之间，又存在非常重要的区别，数字可以通过单向性的媒体进行传播，而教学必定需要传播者和接受者之间的双向性的传播。

2. 化学教学媒体的分类

关于化学教学媒体的种类很多，下面仅介绍两种分类。

第一，按照我国教育心理学家邵瑞珍教授的观点，依据教学媒体作用的感觉通道，可以把化学教学媒体分为四类：①非投影视觉辅助，包括黑板、模型、实物等；②投影视觉辅助，包括幻灯机、投影仪及其辅助设备；③听觉辅助，如录音机、放音机、收音机等；④视听辅助，包括电影、电视和录像等。

第二，依据伊万·彼得罗维奇·巴甫洛夫（Ivan Petrovich Pavlov）两种信号系统学说，可以把化学教学媒体分为两类：①非言语媒体。非言语媒体是直接的刺激物，属于现实的第一信号系统，包括实物、实验装置、实验现象、图表以及身体动作和表情动作等。非言语系统媒体所负载的是现实事物现象的具体经验和具体数字。依据巴甫洛夫两种信号系统学说，这类媒体属于现实的“第一信号系统”，有别于“第二信号系统”。通过这种非言语媒体，可以传递人们对各种具体事物的感性的和具体的经验。从这类媒体所负载的数字量来说，其投入相对较小，因而获取数字的加工相对较简便，要求的条件较少。②言语媒体。言语媒体以言语负载教学内容，属于第二信号系统，包括口头语言以及书籍、讲义、板书等文字材料。言语系统媒体区别于非言语系统媒体而存在，所负载的是现实事物现象的抽象经验或抽象数字。这类媒体属于现实的

"第二信号系统"。由于词语及第二信号系统是现实的第一信号系统的信号，具有抽象性与概括性，因而这类媒体可以用来传递人们对现实理性的和抽象的经验。由于言语系统的媒体可以作为非言语系统的媒体的信号，因而其数字的负荷量不受非言语系统媒体的局限，包容性相对较大，获取数字的加工相对繁杂，要求的条件较多。

（二）化学教学媒体的选择

1. 影响化学教学媒体选择的因素

（1）化学教学任务

化学教学任务包括化学教学目标、化学学习内容和化学技能培养等因素。一定的媒体对一定的化学教学活动要达到的预期目标有着显著和独到的作用。例如，当学习目标是让学生掌握一些比较抽象的概念，如物质的结构和分子的结构时，采用物质结构模型较为有效；当涉及分子的运动、核化学反应或实验室里无法演示的工业反应流程，以及纠正学生某一实验动作技能的错误时，最好的选择是录像，这种媒体为认识事物的本质特征提供了极大的方便，使学生获得大量的、在一般情况下学不到的，或要付出很大代价才能学到的替代性经验。

（2）学生身心特征

学生的身心特征是化学教学媒体选择中应该考虑的因素，因为学生的年龄、智力特点、认知结构、学习经验和动机兴趣等对化学教学中媒体的选择有一定的制约作用。如一个有经验的化学教师在为低年级学生进行化学语言课教学时，往往借助录像、演示实验和实物模型，使学生感受到化学与工农业、实际生活密切相关，以激发他们学习化学的兴趣。而当学生对化学已有一定的基础知识和技能时，则可以采用幻灯片来提供一连串的、可随意翻看的静态画面，帮助学生进行复习或记忆。幻灯机的好处在于能使教师与学生之间始终保持交流，能面对呈现材料进行学习，教师可以一边观察学生反应，一边加以指导。可见，学生的年龄、学习兴趣、学习经验等身心特征不同，媒体的选择也应不同。一般认为，与学生的年龄、兴趣、实际经验等相匹配的媒体可以为教学提供更多的帮助。

（3）教学管理

选择化学教学媒体时要考虑的因素还有化学教学管理，包括教学规模、教师能力、教学安排等。从教学环境和教学效果两方面考虑，大班级教学、小组教学和个别教学所使用的教学媒体是不同的。选择化学教学媒体往往受到教师素质和教学安排等因素的影响，这是因为现代视听教学媒体所展示的材料不仅形象，而且生动，对激发学生的学习动机、调动其学习积极性有独到的功效。但若在教学中对所用媒体管理不善，则会适得其反，无法使教学达到应有的效果。因此，选择使用教学媒体需要有周密安排的课堂教学，要求教师有及时获取、处理反馈数字和控制教学进程的能力。

（4）经济因素和媒体自身特点及其使用

能否选出一种适宜可行的化学教学媒体，还受到经济因素、媒体自身特点及其使用等一些实践性因素的制约。化学教学媒体的选择应该考虑经济因素，有学者认为，如果用较便宜的教学媒体上课的效果与使用价格高的教学媒体一样好，千万不要用价格高的媒体。同时，也要考虑一些有关媒体自身和使用上的因素，如媒体资源、媒体功能、操作情况、媒体组合性、媒体灵活性、媒体质量和使用环境等。

2. 化学教学媒体选择的程序

化学教学媒体的选择受许多因素的制约，可以有多种不同选择，但一般来讲可分为以下几步。

第一步，了解化学教学目标、教师和学生的特点，包括：化学教学目标和每一项教学目标所属的学习类型（如智力技能、言语数字、认知策略、运动技能或态度）；教师的教学水平，如备课讲课水平、课堂调控水平和测验讲评水平等；学生的学习能力，如阅读能力、观察能力和理解能力等。

第二步，确定最合适的化学教学组织形式和经验习得方式，包括：确定最适合化学学习目标和学生特点的化学教学组织形式（集体授课、个别化教学及小组内的师生相互作用)；确定最适合学习目标和上述某种教学组织形式的经验习得方式（直接亲身的经验习得、词语与印刷文字表达的抽象经验习得及非词语的媒体经验习得)；罗列出当习得经验经非印刷媒体传递时化学教学媒体应该具有的特点。

第三步，根据以上步骤的工作，转入某一合适的流程选择图。这种流程图类似于计算机编程所采用的流程图：用一些框图、箭头、线段和逻辑选择，将问题的提出、解决的途径和结果都尽可能全面和清晰地展示出来。通过流程图，我们的选择通常被导向一种或一组适合的媒体。例如，选择被导向一处“静止画面”媒体，则框内可有照片、幻灯片和投影片等媒体，下一步再对这三种媒体做最后的确定。

第四步，这一步将重点考虑化学教学媒体的使用和经济等因素，这可用“两维表”来完成：一维为选出的三种媒体—照片、幻灯片和投影片；另一维为必须考虑的因素，将三种媒体与任一因素进行比较，得出不同级别的选择，从中可得出最需要的教学媒体，再综合经济因素、教师的喜好和市场供货情况等做出最后的选择。

（三）化学教学媒体的优化组合

通常，在课堂教学过程中，化学教学的各种媒体并不单一地起作用。由于不同媒体具备不同的特点，各自都有自己的适应性和局限性，故在可能的条件下，化学教学应该尽可能地采用多媒体组合方式进行教学，以使各种媒体能扬长避短地工作。当采用多媒体教学时，存在媒体的优化组合问题。只有把多种化学教学媒体有机地组合起来，发挥各自的功能去传递不同性质的教学内容，才能取得预期的教学效果。

显然，化学教学多媒体的优化组合应用是为了取得化学教学的优化效果，但这种优化组合发挥出应有作用是有前提条件的。研究表明，在不同感觉通道中呈示的数字在数字有联系的情况下，同时给予两种感觉通道的刺激会提高学习效果。但如果数字量给得太多且超过一定冗余度，这时用双通道呈示的数字还不如用单通道呈示的效果好。因此，采用多媒体组合教学时，要注意：①不同通道传递的数字要一致或有一定的联系，避免相互干扰；②不同通道传递的数字并不是越多越好，单位时间内的传递数字量不要超过学生的接受能力。

（四）化学教学媒体设计的主要内容

1. 化学教学语言的设计

语言是思维的物质外壳，思维的内容主要通过语言表达。同时，语言又是数字传输的最重要的载体，在化学教学中，教师阐明教材内容、传授知识、组织练习、激发学生的学习积极性等一切课堂活动所用的语言就是化学教学语言。化学教学由基本教学语言和符合化学学科要求的特殊语言所组成，化学教学语言设计应该由以下两部分组成。

（1）基本语言的设计

①采用规范的普通话，不用方言教学；②注意发音和语调的适度，力求吐字清楚、音量适中、语速适宜和语调和谐；③注意语言的可信度和有效性，要使采用的语言贴近学生的年龄、接受程度，避免不真实、不可信的成分，并要富于情趣和传神；④贮备一定量的基本思维表达词汇用于教学，选择大量正确、规范和生动的词汇丰富基本教学语言词库。

（2）特殊语言的设计

化学教师在化学教学中所采用的特殊语言是与化学教学的特殊环境紧密相连的。

①引入言简意赅地描述短语。化学教学中，一些抽象的概念和复杂的观念，采用简单明了的短语表达，可以将其意义迅速提炼出来。如原子核外电子运动状态、排布规律和表示方法都比较复杂，教师可以将它们提炼为“四个方面”（电子层、电子亚层、电子云的空间伸展方向和电子的自旋）、“三条规律”（泡利不相容原理、能量最低原理、洪特规则）、“三种表示”（原子结构示意图、电子排布式、轨道表示式），使学生对这些知识内容有更加明确和清晰地了解。

②采用化学用语。化学用语是表示物质组成、结构和变化规律的一种国际化学文字，是学习化学的一种专用工具，也是进行国际交流的科

学而准确的书面语言。它具有简明直观、确切表达化学知识和化学思维的特点。化学用语能表达化学基本概念、物质及其变化规律和变化中物质量的关系。如元素符号既代表某种元素，又代表该元素的一个原子和相对原子质量；化学式既表示某种物质的组成，又代表该物质的质量及组成元素间的质量关系；化学方程式既表示一个真实的化学反应，又表示物质间相互作用的量的关系。因此，化学用语是化学计算的基础，是培养科学思维方式的重要形式。正确采用化学用语，有助于化学教学的有效进行，发展学生的记忆力和抽象思维能力。

2. 化学教学板书（板画）设计

板书（包括板画）是在教学过程中利用黑板、白板、磁性板等教学板，以精练的文字、图解和符号传递教学数字，使学生更好地感知教学内容的行为方式。

板书是一种重要的教学手段，是课堂教学的有机组成部分。以黑板和粉笔为教具，简便易行并且可操作性强。板书可以体现教学意图，帮助教师表达讲课的程序和内容结构；可以促使教师深入钻研教材，提高思维能力和表达能力，弥补口头语言的不足；可以概括教学内容，引导和控制学生思路，使知识系统化、条理化。通过板书（板画）可以突出知识点、线、纲之间的关系，使知识结构明朗化。板书能强化直观效果，加深印象，强化记忆。板书也是评价教师课堂教学质量的一个重要方面。好的板书可帮助学生理解教学内容，抓住重点、突破难点、掌握关键，向学生提供书写和运用化学用语、规范解题格式和绘制图表等的正确示范，增进教学效果；能帮助学生掌握教学思路，提高逻辑思维能力；能加强教学的直观性，吸引学生的注意力，增强学生的记忆力、理解力，有利于思维训练；有利于锻炼学生的笔记能力、表达能力；有利于学生课后复习和理解、巩固新课内容。化学课堂教学中的板书包括正板书和副板书两部分。正版书包含相对固定的板书内容，体现的是化学课堂教学的意图。正版书能形成比较完整的体系，被书写在黑板的显著位置并尽量保留。副板书包含临时性、多变性的板书内容，主要帮助学生听讲，充当正版书的辅助和补充内容。它们一般不长时间保留，书写位置没有严格的要求，但也要做到有计划地书写，保留时间恰当，整体版面布局合理。

板书的内容有：课题名称、授课提纲，包括研究问题的思路、步骤、知识的系统结构等；教学要点和重点，包括重要的定义、原理、规律、符号、数据、性质、制法、用途、方法、结论、注意点和学习要求等；补充材料和其他内容，包括图表、例证，以及为了帮助学生听清、听懂而做出的文字解释、说明、提示、图示和生僻字词等。其重点和详略常常因教学内容、教学方法、教师的教学风格和学生的接受水平而定。

板书内容应该是教师教学的重点内容或主要内容，应能理清教材的系统，体现知识结构。但不能变成课文摘要或内容缩写，否则将使学生忙于抄写板书，影响学生听课效果，从而失去板书的意义。

板书形式设计主要包括以下几种：

①纲要式板书设计：用于表示教学内容的结构、组成、顺序以及有关要点等的板书。

②图表式板书设计：用于示意图、比较表等内容的板书。

③思维式板书设计：用于表示思维、运算过程的板书。

④综合式板书设计：综合运用各种板书形式进行的板书设计。

板书的布局设计是比较重要的问题。简洁、鲜明、引人入胜的板书一般采取的布局策略是：正版书居中，副板书两侧；正版书长留，副板书临时；重点板书内容重点标出，非重点板书内容简单带过。

3. 化学多媒体课件设计

为满足计算机辅助教学的需要，根据化学教学目标编制，用于化学课程教学的多媒体程序软件称为化学多媒体课件。它是化学教学内容、教学方法和课程设计技巧的有机结合体，通常以磁盘为存储载体。通过多媒体课件的运行，计算机辅助化学教学系统能在一定程度上代替化学教师向学习者呈现学习材料和问题，对学习者的问题进行评定、诊断、反馈、提示和指导，跟踪、记录学习情况并进行分析，做出教学决策，调整、调控教学过程等。

(1) 化学多媒体课件的规划

化学多媒体课件的规划包括：拟定化学多媒体课件的编制目的、教学内容、教学目标、教学要求及其结构方式；明确课件的适用对象、适用范围和支撑环境；编写或者选择适当的化学教材。

(2) 化学多媒体课件的设计

化学多媒体课件的设计包括确定各节的教学模式、课件类型、教学方法和教学策略；根据教学内容要素划分教学单元；确定各单元向学生传输的学习内容、应提出的问题、可能的应答反应；确定对应答反应如何判断、反馈以及转移控制的结构；根据课件的支持环境选择适宜的数字输入方式；通过对原始教材的再创造编制出化学多媒体设计的流程框图。

(3) 化学多媒体课件的输出设计

为了提高数字传送效率，要确定适当的数字表示形式（如文字、图像、声音等）。显示器是最主要的输出设备，根据它的显示特点精心设计数字的显示位置、显示技巧，画出附有注释说明的屏幕设计图系列。

(4) 化学多媒体课件的程序编制和调试

通过所设计的程序框图，用适当的程序设计语言编写各单元的程序，并在计算机上初步调试，然后把各单元程序组接成课件，再进行整体调试。

(5) 化学多媒体课件的试用、修改和维护

在适当的班级或其他教学单位中试用所编制的化学多媒体课件，了解试用的情况，针对发现的问题进行修改和日常工作的维护。

第五节　化学课堂教学设计的问题及改进措施

一、课堂教学设计存在的问题

(一) 教学设计过分依赖行为描述

传统教学受行为主义心理学的影响是很深刻的。一直都存在着以结

果为中心的教学观，只注意了解学生学习知识时的外部行为，将是否记住了书本知识和会做题作为学生学习效果的衡量标准，而不去探查这些行为所反映的内部心理机制及其形成条件。在教学设计方法中过分强调对学习成果外部行为的描述。虽然这是对教学进行系统评价和反馈评价结果所必需的，但在诸如学习将使内部心理机制发生怎样的变化，以及通过哪些行为才能正确推测学生内部心理机制的变化等问题还没有得到圆满解决之前，过分强调这一点会使效果适得其反。受这一类思想的影响，教学设计也存在着注重采用行为目标的具体表述和系统分析方法的不良现象。

（二）教学目标设计中的“知识结果中心”

20 世纪 60 年代以前，心理学对什么是知识、什么是技能以及知识怎样转化为智力和技能等基本问题没做系统研究时，教育界对它们都只进行哲学性和常识性的解释。而行为主义心理学也不主张对内部心理机制的推测，只注重外部刺激如何能引起所希望的反应行为。沿袭这种认识，目前对教学目的的设计通常是对学科知识内容的规定和对知识掌握程度的概括性描述。同时，注重在教学目标的可观测性、可评价性方面的改进，并彻底解决在目标描述中从哪些行为可推测出学生内部心理及其变化的实质性问题。所以在目标分析中还不能像描述知识掌握那样明确体现能力素质的培养目标。在教学设计中忽视学习理论在教学设计中的应用问题，对学生获取学习成果的能力结构和获取知识技能的学习机制缺乏深入研究。这种“知识结果中心”观，在目前教学设计实践中仍有较大的影响。

（三）学习内容分析中的“教材中心”

以知识结果为中心的教学目的观，导致在学习内容分析中的“教材中心”倾向。在传统教学中，学习内容分析被称为“教材分析”或“处理教材”。在这种分析中，通常注重分析教材知识内容的逻辑结构，而忽视了学生将如何运用原有的认知结构去学习知识的思维过程。在目前的教学设计中，由于采用了任务分析法和数字加工分析法的先进手段，使教学在遵循学习规律方面得到了很大改善。但由于受以知识结果为中心的教学目的观的影响，学习内容分析的目的仍然是为掌握知识服务的，所以在分析中忽视了在掌握知识的学习过程中应如何去发展相应学习能力的问题。提升学习能力只有在学习具体学科知识的过程中才能得到发展，因此在教授学科知识的同时，明确地将这种能力的培养也作为教学任务来完成，是当前的教学设计不能回避的问题，否则将无法满足素质教育的要求。

（四）教学策略制定中的“教师中心”

传统教学以知识结果为中心的教学目的观，也导致了在教学方法上的“教师中心”。由于在教学中只注意学生是否掌握了知识的外部行为，缺乏对学生认知过程中发展何种能力的目标分析，以及为发展这种能力学生应进行怎样的认知过程的内容分析。这就不可避免地在教学方法上表现出学生认知过程中的“教师中心”倾向。在目前的教学设计实践中，由于采用了系统分析的方法，注意了从众多教改经验中选择少数可促进学生积极参与的新方法。但由于缺乏关于怎样学会思考和怎样学会学习的科学理论的指导，在教学策略的制定上仍然存在着较大的盲目性。

二、化学教学设计的改进措施

（一）加强有关现代教学理论的学习

对于化学教师来说，即使掌握了多媒体的基本知识和教学软件的设计与制作，如果没有现代教学理论为支柱，那么提高教学效率仍然是空谈，很可能出现由过去的“人灌”变为“机灌”和“人机一起灌”的局面。因此，教师应加强对教学理论的基本概念和行为主义学习理论、认知学习理论和人本主义学习理论等现代教学理论的学习。

（二）增加学生的探索性实验

从20世纪中叶开始，世界各国开展了一场旨在提高理科教学质量的理科教育现代化运动，使实验探索教学思想有了迅速的发展。该思想主张让学生通过自主地参与知识获得的过程，掌握科学研究所必须具备的科学方法，探索性地获得科学概念并逐步形成探究能力和科学态度，这种思想不仅强调自主性、探究性、观察和实验等科学方法，而且强调科学概念的掌握、探索能力的形成和科学态度的培养，注重运用观察、实验等科学方法展开探索过程，这与今天我们所倡导的素质教育思想是一致的。

（三）鼓励学生积极思维

在教学设计中，教师要善于创设矛盾情境，让学生在学习过程中发现这些矛盾，鼓励学生大胆质疑，在学生不懈地探索中引导他们准确运用已有的知识，同时不断渗透新知识，使学生在接受、运用知识的同时不断质疑，有助于调动学生强烈的发现欲望。如在进行“水的电离”这一内容的教学设计时，可安排由学生用灵敏电流计分小组测定水的导电性能，以发现指针发生明显偏移的实验现象。这样，学生的思维就有可能活跃起来，提出一连串的问题：指针为什么会发生偏移？这不与“电解质与非电解质”一节的实验事实（在那个实验中水被视为不导电的物质）相矛盾吗？到底哪个结论正确？水中导电粒子是什么？它是怎样产生的？这时，教师不急于解释，只适当地进行点拨，接着让学生阅读书本，然后组织学生讨论，让学生在认知冲突中自我释疑。

（四）调动师生两方面的积极性

在课堂教学设计中，教师要调动一切可以调动的因素，以便创造温馨、和谐、平等的课堂氛围。只有这样才能充分调动学生学习的主动性，培养他们大胆探索、主动质疑的能力。如果课堂氛围死气沉沉，无疑会给学生一种压抑感，使学生失去主动思维、主动质疑的可能性，从而制约学生能力的发展。由于发展的不平衡，学生在课堂上往往会提出一些简单的问题，这时作为一名教师，要对提问的学生进行鼓励，同时要积极引导，激活他们的思维，让他们提出更深层次的问题。

（五）利用恰当的比喻

教材的难点、重点往往是学生感到学习困难的所在。从学生对学习的需要看，他们往往想弄明白所学知识的来龙去脉，但一时又由于知识间的跨度而难以满足这种需要。教师在教学设计时应充分考虑到这种情况，以便在教学中抓住时机，启发学生主动质疑，并借助形象的比喻，使学生在渐进的探索中找到答案。如在判断溶液的酸碱性时，教师可以提问：将 pH=10 的 NaOH（氢氧化钠）溶液稀释 10000 倍，请问稀释后溶液的 pH<7 吗？

有些学生可能会说 pH<7。教师这时可告诉学生这个答案是错误的。为便于学生理解错在哪里，教师可用一个简单的事实打比方：给你一杯略甜的糖水，把它稀释 5 倍，就变成咸的了吗？这样学生即可领悟到碱无论怎样稀释，也不会变成酸的道理，这样难点就突破了。

（六）设置学生认识上的冲突

在学习过程中，一些类似知识之间相互影响，导致了学生对某些知识理解上的模糊化。教师可以利用学生这些在认识上的含糊点来设置认知冲突，使学生澄清认识，理清思路。如学生对非金属氧化物与酸性氧化物、金属氧化物与碱性氧化物之间的关系认识比较含糊，教师可通过下列问题，使学生产生认知冲突：

判断下列说法是否正确，为什么？①金属氧化物一定是碱性氧化物；②非金属氧化物一定是酸性氧化物；③碱性氧化物一定是金属氧化物；④酸性氧化物一定是非金属氧化物。

学生通过辨析可知：金属氧化物中有的是碱性氧化物（如 Na_2O 等），有的是碱性氧化物（如 Al_2O_3 等），有的则是酸性氧化物（如 Mn_2O_7 等）；非金属氧化物中有的是酸性氧化物（如 SO_3 等），有的则是不成盐氧化物（如 CO、NO 等）。故上述说法中只有选项③正确。这样，学生对这组概念的理解就会由含糊变明晰、由浅薄变深刻。

第五章　高中化学课堂教学体系构建

第一节　高中化学教学理论体系分析

一、基于情境教学理论的化学教学研究

（一）情境的教学意蕴

情境是建构主义课程理论的一个核心概念。建构主义也译作结构主义，是认知心理学派的一个分支，主要代表人物有瑞士著名心理学家让·皮亚杰（Jean Piaget）。其课程理论的核心内容是以学生为中心，强调学生对知识的主动探索、主动发现和对所学知识意义的主动建构。这与传统教学把知识从教师头脑中传送到学生的笔记本的做法相比，显然具有革命性的意义。

1. 情境是学生实现“意义建构”的平台

情境教学理论认为，学习是意义建构的过程，意义不是与情境脉络相分离的，而是在实践与情境脉络的协商中完成的。学生是认知主体和意义的主动建构者，学生对知识的意义建构是学习的最终目的。基于此，教学设计不应从分析教学目标开始，而应从创设有利于学生意义建构的情境开始，整个教学过程设计紧紧围绕“意义建构”这个中心而展开。不论学生的独立探索、协作学习还是教师辅导，学习过程中的一切活动都要从属于这一中心，都要有利于完成和深化学生对所学知识的意义建构。每个教师和学生都被看成是一个与心理环境发生交互作用的有辨别力的人，教师的主要职责是促进学生积极健康的知觉的发展，使之

形成更优秀、更和谐的个性。学生则通过对自身和周围环境的辨别、归纳和重组而学习，以获得新的或改变了的知觉、理解和意义，进而改变动机、团体归属、时间直觉和思想意识。

2. 情境是教学的“支架”

这里所说的支架原本指建筑行业中使用的脚手架，但在建构主义那里则被用来形象地描述一种教学方式：儿童被看作一座建筑，儿童的“学”是不断地、积极地建构自身的过程；而教师提供的教学情境则是一个必要的脚手架，支持着儿童不断地建构自己，生成新的能力。建构主义认为，教学应当为学习者建构对知识的理解提供一种概念框架，这种框架中的概念是为发展学习者对问题的进一步理解所需要的。学生是主动建构自我和环境的主体，社会环境应当为学生提供必要的支持和框架以加快学生的发展，帮助他们获得更多的新能力。这种形式的交互作用能够不断地促进学生的认知发展，有助于他们完成多种任务。创设情境的根本目的就是要为学生的“知识建构”提供“支架”，为学生解决问题、建构意义起到支撑作用，从而使学生从现有的实际水平发展到未来的潜在水平。搭建支架的一种主要形式就是让学生参与到有意义的问题解决活动中来，这种活动是现实的、有趣的，并且是需要与他人合作才能完成的。通过创建共同的交流平台，促成成员间的相互影响。课程实施和教学设计的主要目的和任务，是为学生进行“知识建构”创造一种具有“情境性”和“协作性”的互动环境，推动学生在“知识建构”的过程中获得发展。知识不是简单地通过传授获得的，而是学生借助已有的经验和信念，以自己特有的方式，在与作为认知客体的知识的互动中以主动、积极的方式建构的。

3. 学习者在情境中完成“同化”与“顺应”

情境教学理论把学习环境看成学习者可以进行自由探索和自主学习的场所。在此环境中，学生可以利用各种工具和信息资源来完成自己的学习目标。在这一过程中，学生不仅能得到教师的帮助和支持，而且可以得到同学之间的相互协作和支持。换言之，学习应当被促进和支持，而不应受到严格的控制和支配；学习环境是一个支持和促进学习的场所。从这个角度上说，教学意味着更多的控制和支配，而学习则意味着更多的主动和自由。同化是指个体把外界刺激所提供的信息整合到自己原有认知结构内的过程；顺应则是指个体的认知结构因外部刺激的影响而发生改变的过程。同化是认知结构数量的扩充，顺应则是认知结构性质的改变。认知个体通过同化和顺应这两种形式来达到与周围环境的平衡：当儿童能用现有图式去同化新信息时，他处于一种平衡的认知状态；当现有图式不能同化新信息时，平衡即被破坏，而修改或创造新图式的过程就是寻找新的平衡的过程。儿童的认知结构就是通过同化与顺应而逐步建构起来的，并在“平衡—不平衡—新的平衡”的循环中得到不断的丰富、提高和发展。个体不仅将它的生活和学习空间区分为新的区域，与此同时，还对生活空间加以重新组织，根据自身与他人的关系改变或调整自身的认知结构。

4. 情境为教师、学生与文本的对话创造空间

情境教学理论把人们开发出的在特定情境脉络中对类型和特性做出回应的共享方式称为“对话”。情境教学理论认为，课程不是预先设定的内容，而是师生之间的对话。它强调课程要通过参与者的行为和相互作用而完成，允许学生与教师在教学中“互动”“对话”。学习是一种有意义的社会协商，学习环境由情境、协作、对话和意义建构四个要素构成。情境是意义建构的基本条件，师生、生生之间的协作和对话是意义建构的核心环境，意义建构则是学习的目的。

因此，情境中的对话要求把协作贯穿于整个学习活动过程之中。这是由于在以情境为核心的教学中，学生知识的建构和意义的获得都依赖于人与情境中各种因素的互动。教师与学生之间、学生与学生之间的互动和协作，对于学习资料的收集和分析、假设的提出和验证学习进程的自我反馈、学习结果的评价以及意义的最终建构都具有十分重要的作用。协作在一定的意义上是指协商。协商主要包括自我协商和相互协商两种形式。教师要成为学生建构意义的帮助者，就要对协作学习过程进

行引导，使之朝有利于意义建构的方向发展。事实上，协作学习的过程就是交流的过程。在这个过程中，每个学习者的想法都为整个学习群体所共享。通过探索、解释和协商，多种观点得到考察，学生的理解也得以深化。因此，来自教师、书本或同班同学的不同观点可以加以协调，组成一个知识库，学生可以从中对不同来源的意义进行评价和协商。交流对于推进每个学习者的学习进程来说是至关重要的。在教师的组织下，由于情境的作用，团队成员之间必定会形成积极的相互促进的关系，以一种既有利于自己成功，又有利于同伴成功的方式进行。

（二）化学教学情境的功能

教学情境能对教学过程起到引导、定向、调节和控制的作用，研究和探索情境教学法不仅可以丰富和发展教学理论，而且有益于提高教学质量和效率。

化学教学情境是指在化学教学中，通过建立师生间良好的情感氛围，创设适宜学生充分发展的认知客体与认知主体间的情境，使化学教学在积极的情感和美好的情境中展开，使学习者的情感活动积极参与认知活动，以期激活学习者的化学情境思维，从而在活跃的化学情境思维中获得知识，培养能力，发展智力。

化学学习情境中的“情”是情感体验，是对意志、态度、价值观以及学习动机方面的培养，“境”是学习环境、知识、文化氛围、社会应用背景和各种类型的学习活动。确切地说，化学学习情境中既蕴涵了具体的知识内容、问题解决和学习任务，同时又渗透着学生的情感体验。

在化学教学过程中，会受到各种各样情感因素的影响，教师应充分利用这些情感因素来优化教学过程，提高教学效果。对于教师而言，情感因素包含教师的民主作风、教师的人格特征、教师对学生的态度、教师在教学中的感情投入等；对学生而言，情感因素分为态度、兴趣、意志、创新四个方面，具体表现为对化学知识的兴趣、对化学发展的关心、对实验的科学态度以及敢于创新、勇于探索的科学精神。化学学科中的“境”则体现在化学知识的广泛应用上。在我们的生活中，无处不存在化学的影子，从身边的日常现象到伟大的科技新发明，这些都为化学课堂教学提供了丰富的学习资源，为化学学习无形中创设了有形的境。教师不仅要用“情”创“境”，更重要的是能够以“境”激“情”。从促进学生学习与发展的角度分析，教学情境主要有以下几方面的教学功能。

1. 有利于激发学生的学习兴趣

教学情境是情感环境、认知环境和行为环境等因素的综合体，好的教学情境总是有着丰富和生动的内容，适宜的情境不但可以激发学习的兴趣和愿望，促进学生情感的发展，而且可以激发学生多方面的好奇心与求知欲，调动学生参与学习的积极性和主动性。

2. 有利于学生理解与应用知识

教学情境中蕴含着知识存在的背景，有利于增强学生对新知识的迁移、应用，在真实的情境中培养学生解决实际问题的能力。

3. 有利于学生探究能力的发展

在许多情况下，情境学习与探究活动是融为一体的，探究活动的开展需要一定的情境为之提供素材与支持。学生借助情境教学中提供的素材发现问题和提出问题，然后通过探究活动解决问题，获得新的知识。

4. 使学生有足够多的机会学会合作和交流

情境教学的一个重要特点就是需要个体之间的协作，在协作中完成意义的构建，每一个人都能获得自己独特的见解。这就给学生提供了非常多的合作和交流的机会，从而提高了学习质量。

（三）化学新课程情境创设的原则和策略

情境在《现代汉语词典》中的解释是“情景，境地”。教学意义上的情境是教师为了支持学生的学习，根据教学目标、内容和学生年龄等特点，借助一定的表现形式，设置一种带有问题性质的真实情境，让学生最大限度地投入促进感悟，同时达到最佳的学习状态。情由境生、境随情变，情景交融。情境教学以“情”为经，将被淡化了的情感、态度、价值观等非认知心理要素重新确定为教学的有机构成；以“境”为纬，通过各种生动、具体，或感性或理性的学习环境的创设，拉近学生所要学习的知识与现实生活的距离，使“抽象”的理论变成“鲜活”的生活，为学生的主动参与、主动发展开辟了现实的途径。

1. 化学教学情境创设的原则

根据以上对“情境”意蕴和作用的理解，化学教学情境的创设应把握以下几个原则。

（1）需求性原则

一是教学内容的需求性，二是学生主体的需求性。

首先，在教学中创设教学情境不是每节课都需要，应从实际出发，有用则用，而不应过于夸大作用，更不能把它变得形式化；其次，采取何种情境模式引入新课，必须从教学内容的实际需求出发，紧扣教学内容，为教学目标的达成服务。千万不能舍本逐末，单纯为了情境而情境，这样就违背了情境创设的本意。

学生是学习的主体，学生的发展是教育的最终目标。所以，除了考虑教学内容的需求性以外，更应该考虑学生本身的需求。超越学生的知识能力水平，远离学生的实际生活经验等忽视学生实际需求的情境引入，不仅达不到情境引入的目的，而且很难获得学生知识的迁移和情感的共鸣。

（2）真实性原则

一是指“情”的真实性，二是指“境”的真实性。

建构主义学习理论强调创设真实情境，把创设情境看作“意义建构”的必要前提。学习情境越真实，学习主体建构的知识就越可靠，越容易在真实的情境中运用，从而达到教学的预期目的。即使是虚拟情境，情境中的背景信息也应符合现实生活场景和事物运动的客观规律，符合起码的生活逻辑，应该是实际生活和社会生活中真实发生和可能发生的，而不是教师为情境而情境，人为编造的与现实情境相悖的情境。忽视情境的真实性，会使学生脱离知识生成的经脉，获得的知识不具备实践指导和应用作用。此谓“境”的真实性。

有了真实的“境”，还需要真实的“情”。首先，要求教师要有情感的投入，创设和谐的教学氛围。在此基础上，才能更好地促进学生积极的情感体验。不仅有助于学生形成科学的思维与方法，提高学习的有效性，而且促进学生科学精神和人文素养的提升，使学生达到知识与技能、过程与方法、情感态度与价值观的和谐发展。此谓“情”的真实性。因此，完美的情境不仅要求真实，还要达到理智和情感和谐统一、相得益彰的境界。

（3）全程性原则

作为知识载体的情境，不能仅限于课始，而应该具有全程性和发展性。首先，教学需要为学生创设“意义学习”的情境，但在课堂有限的时间内，创设太多琐碎而又关联性不强的情境，就无法形成明确的教学主线，从而造成学生理解上的困难。所以，作为课始情境的引入应该对整节课的教学内容具有统领作用，以便形成明确的教学主线，这样，有利于学生抓住探究的主线，形成清晰的知识体系。其次，课始导入的情境，不能只发生在讲授新课之前，而应该在整个学习过程中都起着激发、推动、维持、强化和调整发展学生的认知活动、情感活动和实践活动的作用，在教与学的全程中发挥积极作用。

2. 化学教学情境创设的策略

根据上述原则，化学教学情境的创设，通常可以从以下几个主要方面入手。

（1）从生活中寻找需求点

化学与生活联系紧密，生活中处处涉及化学，从化学在实际生活中的应用入手来创设情境，既可以让学生体会到学习化学的重要性，又有助于学生利用所学的化学知识解决实际问题。由于情境的背景材料来源于生活，来源于社会实际，学生感到既熟悉，又奥妙无穷，感到化学就在身边。从而使学生学习的欲望高涨，学习的需要不断内化，学习的动力就会源源不断地产生。

这就要求化学教师要经常关注和反思社会生活，从学生的思维角度来思考身边的事物，并有意识地将生活事件和教学内容联系起来，建立知识与情境的联系，促进学生对知识、生活的理解。

“现代化工业生产与技术”“化学与新材料”“化学与新能源”“化学与生活”“化学与生命科学”“化学与环境”等学科知识都可成为设计教学情境的丰富素材。紧密联系生活、生产和当前科学技术发展中的实际问题（如能源问题、环境问题等）创设问题情境，是一种常用的方法。

（2）从化学史中寻觅结合点

化学家在科学发现的过程中所运用的研究方法以及遇到的系列问题，对学生的学习有着巨大的激励作用和潜移默化的影响，为教学提供了生动的素材，是创设情境的一种有效途径。从化学史中寻觅结合点，通过化学史实创设情境，要求教师不仅要了解科学家做研究的真实过程，而且要了解科学家本人的人生经历和当时的时代和社会背景，采取灵活的手段，再现生动历史。

（3）从认知冲突中寻求突破点

“认知冲突”是指人的原有认知图式与新感受到的事件或客体之间的对立性矛盾，一旦引发这种认知冲突，就会引起学生认知心理的不平衡，就能激起学生的求知欲和好奇心，使学生产生解决这种认知冲突获得心理平衡的动机。

从“认知冲突”中寻求突破点，不仅能使学生避免进入思维误区，认清问题的本质，更能完善学生的认知结构，培养学生科学的探索创新能力。

化学实验以及科学探究活动中的“新”“奇”“特”“异”现象是产生“认知冲突”的重要源泉。此外，化学与其他学科的联系、多媒体辅助教学手段等，都是化学教学情境创设的有效方法。

二、实施化学新课程的过程中学生多元智能的开发

（一）多元智能理论概述

20 世纪 80 年代，西方心理学家对传统智能理论提出了挑战，他们

力图摆脱传统的测量取向，从更广阔的视角建立智能理论。1983 年哈佛大学教育研究院教授霍华德·加德纳（Howard Gardner）在《智能的结构》一书中提出了多元智能理论，并在后续作品中加以完善。加德纳认为智力既不是单一的复杂实体，也不是一系列过程的联合。

他认为存在几个相对独立地运行着的智力，而人的智力剖面图反映的就是各项智力能力的独特排布，包括八个智能，分别是：语言智能、数学逻辑智能、视觉空间智能、身体运动智能、音乐节奏智能、人际关系智能、自我内省智能、自然观察智能。

1. 语言智能

指有效运用口头语言或书写文字的能力，包括把文法、音韵学、语义学、语言实用学结合在一起并运用自如的能力，表现在听、说、读、写等各个语言层面。

2. 数学逻辑智能

指有效运用数学和推理的能力，包括对逻辑的方式和关系、陈述和主张、功能及其他相关的抽象概念的敏感性，主要表现为科学发现、数学理论、计算和分析系统等。

3. 视觉空间智能

指准确地感觉视觉空间，并把所知觉到的表现出来的能力，既包括对色彩、线条、形状、形式、空间及它们之间关系的敏感性，也包括将视觉和空间的想法具体地在脑中呈现出来，以及在一个空间的矩阵中很快找出方向的能力。这项能力将有助于孩子学习色彩、线条、形状、形式空间，解读图形讯息等。

4. 身体运动智能

指善于运用整个身体来表达想法和感觉，以及运用双手灵巧地生产或改造事物，包括特殊的身体技巧，如平衡、协调、敏捷、力量、弹性和速度以及触觉所引起的能力，主要表现为工艺、体育表演、戏剧表演、舞蹈形式、雕塑等。

5. 音乐节奏智能

指察觉、辨别、改变和表达音乐的能力，包括对节奏、音调、旋律或音色的敏感性，主要表现为音乐作曲、演奏、录音等。

6. 人际关系智能

指察觉并区分他人的情绪、意向、动机及感觉的能力，包括对脸部表情、声音和动作的敏感性，辨别不同人际关系的暗示以及对这些暗示做出适当反应的能力，主要表现在政治文化、社会机构等。

7. 自我内省智能

指个体认识、洞察和反省自身的能力，包括对自己有相当的了解，意识到自己的内在情绪、意向、动机、脾气、欲求，以及自律、自知和自尊的能力，主要表现在心理学理论等。

8. 自然观察智能

指观察自然界中的各种形态，对物体进行辨别分类，且能洞察自然或人造系统的能力。

多元智能理论启示教育中应形成新的学生观与智能观，评价学生的智能应从多方面进行，同时评价学生的智能应能促进学生智能组合的整体提高。评价的目的不仅要促进学生智能的发展，更要促进学生智能组合的整体提高。通过培养学生的多元智能使学生实现由善于解答问题向善于解决问题转变。

（二）基于多元智能理论的教育理念和原则

在智能多元的基本假设基础之上，多元智能理论建构了全新的教学理念：发掘并引导学生智能的发展是教学最根本的目的；教学内容侧重于某种形式的“核心知识”以及学生解决问题的能力与创新能力；教师的任务是全面了解学生智能特点，促进、完善、发掘学生智能潜力；学生则应充分利用优势智能进行学习，完善自身智能结构；应创设尊重学生个别差异、鼓励学生多元表现的教学环境；教学评价应侧重多元途径的评价方式，特别是真实评价和情境评价。

根据多元智能理论的教学理念，基于多元智能理论的教学应遵循以下原则。

1. 强调教学的个别化

多元智能观的核心在于认真对待个别差异。多元智能理论承认学生的智能存在差异，每个人都具有其独特的智能组合，由此形成了不同的学习风格和学习倾向，教学要适应学生的智能差异，有利于发挥每个学生的智能强项。这一观点为以学生为中心的个别化教学设计提供了智能及操作的理论依据。要创建以学生为中心的教学环境，配合学生的不同需要而使用各种不同的方法来进行教学，从而使每个学生的智能强项都得以充分发挥。

2. 强调教学途径的多样化

多元智能理论认为智能作为一种获取知识的方法，每一种智能都可以用来学习某一领域的知识，例如使用身体动作来学习英文词汇，使用音乐来教导数学的概念等，这是“用多元智能来教”。这要求教学应考虑调动各种智能在学习中发挥各自的作用。除了采用“教师讲，学生听”的教学方式，应根据不同的智能特点、学习内容创设多种多样适宜的教学手段与方法，以促进学生学习。

3. 强调学习与评价情境的真实性

多元智能理论认为智能不是不可捉摸的东西，而是实实在在的解决实际问题的能力和生产出特定文化或社会所珍视的产品的能力。只有在真实的学习环境下，才有可能产生真实的学习。真实而有意义的学习情境，使学生能够运用不同的智能进行多方探索，有机会练习各种解决问题的方法，培养多元的能力。加德纳同样重视评价的真实性和情境化，传统的以纸笔为主的标准化测验方式只反映了多元智能当中的两项智能：逻辑数学智能与语言智能。只有在真实的问题解决的情境中，才能显示出各种智能的长处，从而提出了情境中的评价。

4. 强调教学与评价的一体化

多元智能理论认为教学是帮助学生有效学习，并开发其智能潜力，而评价则旨在了解学生的学习情况与教学的优缺点。评价被作为学习过程的一部分，参照评价结果来改进教学，以教学来补救评价所呈现的问题。真实而有意义的学习情境也使教学与评价很难分阶段完成，而是一个没有明显区分的整体。

（三）在实施化学新课程中开发学生的多元智能

从多元智能理论出发，在实施化学新课程教学活动中，除了以往比较重视对学生语言智能和数理逻辑智能的培养，还可以开发学生的其他几种智能。

1．视觉空间智能

在高中化学教学中有利于发展学生视觉空间智能的内容有许多。一是在化学课本里有大量的图表、图解、多幅色彩缤纷的插图材料，这些都能极大地激发学生的学习兴趣和求知欲望；二是化学教学中的许多内容，如原子结构、分子结构、晶体结构、有机分子结构等化学物质结构内容，教师可为学生展示一些化学结构模型，或者播放一些实验操作和化工生产工艺流程的录像等，给学生以丰富直观的画面，也可利用软件制作动画模拟物质的空间构型。

2．身体运动智能和自我内省智能

在化学学科中身体运动智能主要体现为实验操作能力，同时化学实验又是很好的锻炼内省智能的场所。因为实验课都是分组或者个别进行的，通过参与化学实验、化学活动课，学生学会与人合作，有利于身心健康和身体运动智能的发展。如动手设计一些探究性实验，制作或改进一些化学仪器设备，参观化工厂或化学化工研究基地，采集生活环境周围的样品进行化学分析等。这些活动均有利于培养学生积极地动手、动脑，协调身体各部分参与操作，同时也可训练学生及时发现实验中即将发生或已经出现的问题，进行反思，找出问题症结，最终得出正确结论，进而对自己的学习动机、学习策略和学习结果进行调控。

3．自然观察智能

在现实的教学过程中，许多学生都对实验很好奇，很感兴趣。但在观察实验时不够仔细和深入，有的局限于看热闹的低级阶段，这时候就需要教师适时引导、激励设疑、引发想象。例如，在学完“硫的氧化物”后，知道二氧化硫是一种非常有害的空气污染物。通过查阅资料，使学生了解现在酸雨、温室效应和臭氧层破坏是大气污染引发的三大环境问题，而二氧化硫的排放是形成酸雨的主要原因，由此启发学生树立保护环境的意识，懂得保护地球的重要性。

4. 人际关系智能

现代教学论指出，教学过程是师生交往、积极互动、共同发展的过程。人际交往智能的核心在于与他人之间的“理解与交往”，创设积极的人际交往环境最好的方法是开展课堂内外的小组合作学习。教学过程中，可以就化学基本概念、原理理解、实验方案的设计和实验现象、结果等进行交流探讨。教师在讨论中的角色体现多元化的特点，或是组织者，或是参与者；时而是评判者，时而是引导者。

5. 音乐节奏智能

化学学科中音乐节奏智能的核心是对声音、节奏的敏感度。实验中反应发生时的爆鸣声，有时伴随的起火燃烧现象等，都会给参与者留下深刻的印象。化学教学中体现节奏的例证有很多：元素在周期表中排列的周期性，原子核外电子排布的规律，高聚物中结构单元重复出现的现象，晶体结构中最小结构单元（晶胞）的重现，化学实验中的声、光、电现象等，还可以表现为将化学知识或者学习化学知识的感受以音乐、谜语、歇后语、顺口溜、游戏等方式表达出来。

以多元智能理论为指导的化学新课程教学，有利于创设适合学生发展的多元环境，使学生的个性和潜能得以充分发展，学习能力、创新意识、创新能力和科学素养明显提高。这样一种全新的个性化的教学理念为新课程背景下的化学教学指明了方向，当然也为我国素质教育的有效实施提供了良好的思路。

三、基于学习迁移理论的高中化学教学实践

一直以来，高中生都习惯全盘接受教师所传授的所有知识，很少思

考各个化学知识点的内在联系，导致他们所建立的认知结构过于零散、碎片化，从而影响了他们灵活迁移与应用知识的能力。具体到学习表现中，便出现了这样一个问题：高中生需要展开大量的、单一的，甚至是重复的知识记忆活动，且无法根据题目要求灵活调动自己的知识结构。学习迁移理论正是为了让高中生建立整体性的、宏观性的、灵活性的化学认知，促使学生在迁移能力的推动下形成举一反三、学以致用的学习能力。为此，教师便需要根据高中生的学习特点与学习经验来组织迁移教学。

（一）利用旧知迁移

旧知迁移是最常见的一种知识迁移方式，是指在新旧知识之间建立一个联系点，利用高中生已经习得的化学知识与新知之间的认知冲突来激发高中生的求知欲，使其利用旧知来展开深层探究，在探究中逐步引出与习得新知的学习过程。实际上，绝大多数化学知识之间的联系十分紧密，而这个学科结构特征也就为利用旧知迁移提供了可能。

如“化学反应中的能量”一课的知识便与高中生已经习得的化学知识紧密相关。高中生在初中教育阶段便了解了化学反应中的吸热与放热现象，并在高中阶段学习了化学反应物的总能量与生成物的总能量之间存在一定的化学关系，这部分已有知识便为本课学习打好了基础，因为本课新知便是利用化学物的反应热、焓变关系来总结化学反应中的能量变化规律的。因此，在本课教学中，教师应结合高中生的已有知识经验引入新课，利用学生对放热、吸热的化学反应来促进他们思考化学反应的能量变化问题。由于高中生已经了解了吸热、放热现象，所以以此作为问题情境，可顺利引导高中生在化学实验中预估与推测促使化学反应物产生能量变化的本质原因，进而提高他们利用旧知探究新知的迁移能力。

（二）利用生活迁移

“生活即教育”，化学知识是从生活中发生，又应用于生活的自然科学之一，从现实生活中引出化学知识，以生活现象来做好知识迁移不仅是教学的基本要求，还是让高中生形成化学应用能力的必要途径，更是激发高中生学习兴趣、使其对化学课堂抱有期待与求知欲望的重要途径。可以说，利用生活资源来进行迁移教学，更利于迁移教学的具体落实。

（三）利用练习迁移

练习是学科学习活动中的基本环节，也是巩固高中生学习能力与化学知识结构的基本活动。在高中化学教学中，教师还应通过练习展开迁移教学，引导高中生从大量的化学练习中总结出每个题目的解题步骤与解题原理，进而落实迁移教学所追求的“授人以鱼，不如授人以渔”的教学目的。

在化学学科中，高中生常常使用的化学解题方法一般包括分解、类比、模型、逆推等多种策略，而其中最为常见的便是能量守恒定律的应用。在练习教学中，以“解题思路”展开练习指导，引导高中生展示自己的解题思路，鼓励他们说出自己所应用的解题办法。比如说“能量守恒”类题目中，便包括化学变化与电能、化学变化与热能这两大类题目，而这两类题目信息一般会包含一定的化学反应变化过程，高中生可在保证整个化学反应的能量总量保持不变的前提下来分析反应物与生成物之间的能量转移情况，进而保证解题的准确性。

四、基于学生科学精神培养的高中化学教学模式

作为高中阶段的重点学习科目之一，化学对学生的成长和发展有着极其重要的影响。在高中化学教学过程中，学生不仅可以掌握一定的化学知识，更可以得到科学思维和科学精神的培养，是提高学生科学探索能力的重要途径。但是由于高中学生面临着高考的压力，使得很多学校和教师忽略了对学生科学精神的培养，这对学生的全面发展造成了不利的影响。为了使高中化学教学更加符合学生的发展需求，就必须将科学精神的培养融入高中化学教学中，为学生全面发展奠定坚实的基础。

（一）基于学生科学精神培养的高中化学理论教学

由于高中化学知识的理论性较强，整体教学内容较为单一和枯燥，导致很多学生在学习化学知识时，存在一定的抵触心理，甚至厌恶化学知识的学习。加之，在高中化学教学过程中，很多学校采取了传统的教学模式，主要以教师作为课堂的主导，利用板书进行化学知识的传授，学生只能记录笔记并对知识点死记硬背，这种高中化学教学模式缺少互动性和参与性，使得学生的知识掌握程度有限，使高中化学教学的开展失去了原本的意义。为了使学生能够积极主动地参与高中化学的学习，必须激发学生的化学学习兴趣，减轻学生的化学学习抵触心理，使学生主动对化学知识进行探究，从而加深对化学知识的理解和记忆，也有助于学生更好地将化学理论知识应用在实际生活中，提高高中化学教学的实用性。教师还要将科学精神的培养作为高中化学教学的重要任务，使学生具备科学精神，从而加深对抽象化学知识的理解，利于对化学知识的掌握。

基于学生科学精神培养的高中化学理论教学，还可以成为沟通化学知识与实际生活的桥梁，让学生感受到化学来源于生活又高于生活，从而产生对化学学习的热爱之情，享受化学知识学习的过程，感受化学的独特魅力。

（二）基于学生科学精神培养的高中化学实验教学模式

为了提高学生的动手操作能力，在高中化学教学中还设置了相应的实验课程。通过化学实验，可以提升学生的科学探索意识，并且逐渐提高自身的科学精神。但是在传统的高中化学实验教学模式中，通常采取教师演示、学生观察的方式，这种方式下，学生参与性较差，很多学生甚至借此机会打闹。为了使学生可以在高中化学实验教学中得到科学精神的培养，教师必须不断丰富高中化学实验教学模式，提高高中化学实验教学中学生的参与程度，尽量减少自身操作，提高学生的自主学习能力，使学生全身心地投入化学知识的探究中，培养其自身的科学精神。

（三）基于学生科学精神培养的高中化学课外实践教学模式

高中化学作为一门应用性、实践性非常强的学科，在教学过程中需要加强课内教学同课外教学之间的联系，这也是培养学生化学科学精神的需要。但是由于受到高考导向思维的不利影响，高中化学教师过分强调课内教学，常常忽略同学生现实生活之间的联系，也很少会在课外给学生安排实践教学项目，没有引导学生利用化学知识主动解决现实问题，从而制约了学生化学科学精神的培养。知识来源于生活，又应用于生活。对于高中化学这门实践性、应用性、探究性比较强的学科而言，高中化学教师要有意识地加强课内教学同课外实践之间的联系，根据学生的学习需求和兴趣偏好开展形式多样的社会实践活动，这样不仅可以帮助学生更加深刻地理解所学知识，还能够增强学生的化学科学精神，达成“学以致用”的化学教学目标。

第二节　高中化学实践教学体系的构建

一、以生为本：探寻和转化“相异构想”

（一）相异构想及其特点

没有从零开始的学习，学生在学习某一项化学知识之前，头脑里并非一片空白。这些未经专门教学，在同其他人进行日常交际和积累个人经验的过程中掌握的概念，其内涵受狭隘的知识范围限制，往往被不适当地扩大或缩小，这就是所谓的“前概念”。学生正式学习某一学科前形成的前概念，有些与科学概念一致，有些与科学概念相悖，这些偏离或背离科学概念的观点与认识即为“相异构想”。

研究表明，学生的“相异构想”有如下特点。

1. 广泛性

学生在正式接受科学教育之前对日常生活中大量的现象有了自己特

定的理解，这一理解包罗万象，广泛存在于不同领域、不同层次的学生中。

2. 自发性

学生头脑中的相异构想源于对大量的日常生活现象的观察和感知。这些经验在其大脑中逐渐深化发展，经过感觉、知觉、表象阶段最终形成概念。学生头脑中的相异构想完全是自发的，是他们凭借自己的感觉经验构建起来的。

3. 顽固性

相异构想含有学生对自然现象先入为主的印象，是学生自己的切身体验，且在学生头脑中已经长期形成，通过生活经验对其进行了强化。因此学生头脑中的相异构想具有顽固性。

4. 隐蔽性

学生头脑中的相异构想由于是潜移默化形成的，在日常交往当中表现不明显，只有在学习科学概念时可能联想到。

5. 再生性

学生的相异构想由于自身的顽固性，尽管通过教学，学生可以接受相应的科学概念，但是一段时间后又恢复其原有想法。面对一些现象，“潜伏”于他们头脑中的错误想法又被“激活”，即用相异构想加以解释。

（二）化学相异构想产生的原因

相异构想从产生的途径上可以分为两种：一种是在接受科学教育之前，学生根据日常生活经验，在与自然和社会环境相互作用的过程中形成的；另一种是学生在接受科学教育之后，在教学情境中形成的，主要表现为一些学生缺乏感知经验的概念。

1. 生活经验

化学与日常生活联系的密切性决定了化学相异构想的一个主要来源是生活经验。学生在日常生活中，通过直接观察和感知，从大量的自然现象中获得了不少化学方面的感性知识。由于实践认识的局限性，有的认识是片面的，甚至是错误的，有的则是对知识的一知半解，这是相异构想的一个重要来源。如由于学生在日常生活中确实多次观察到纸张、木柴等物质燃烧需要点燃，物质燃烧时有“火”的现象等，因而认为燃烧需要用“火”去点燃，燃烧离不开“火”；生活上用金属锅来煮饭、烧菜，因而认为金属不能燃烧。

2. 学习环境因素

在传统教学中，由于教师为了某个知识点的教学需要而过分地突出某一方面现象或结果的观察与分析，而忽视了相关的其他知识，造成了偏概念，产生相异构想；或者教材提供的实例不够全面，也常常导致新的相异构想或强化学生原有的相异构想。例如，在关于“催化剂”的教学中，教师为了加深学生对“催化”的理解，由于举例的片面性，过分强调加快化学反应速率的作用，忽视了催化剂也可能会减慢化学反应速率，以致部分学生认为催化剂在化学反应中只是加快反应速率，而不是改变化学反应速率。

3. 学生的认知水平

相异构想的产生还有学生主观认知结构方面的原因。有的学生本来基础差，对新的知识不能真正掌握和消化，只能在头脑中记住一些东西，有的对化学学习没有兴趣，缺乏有意学习的心态，这些都势必造成对化学概念模糊不清或一知半解。如元素是一种具体的物质，化学平衡是一种静止而非动态的平衡等。

4. 类似概念的干扰

化学中有很多字面相近、含义相似或属性相关的概念，由于它们之间对比度比较小，个性不够鲜明，在思维过程中就会产生误导性联想和思维分歧化，出现概念间本质属性的混淆。例如：物质的量和物质的质量，键的极性和极性分子，酸的溶液和酸性溶液，中和和中性，等等。如果学生对这些概念理解不够，把握不住它们的本质和区别，则极容易混淆或写错。

（三）高中生“化学反应原理”核心概念相异构想的转化

1. 充分了解和揭示学生原有的观念和思维方式

著名教育心理学家戴维·保罗·奥苏贝尔（David Pawl Ausubel）有一段经典的论述：“影响学习的唯一最重要的因素就是学生已经知道了什么，要探明这一点，并应据此教学。”他同时指出：“当学习者把教学内容与自己的认知结构联系起来时，意义学习便发生了。”了解学生知识、经验的状况以及思维习惯，尤其是了解学生已有概念中那些不全面甚至错误的想法与观点，是进行科学教育的基础和前提。

可采用各种诊断措施，如学前调查、课堂提问、讨论交流、课后谈话、作业和练习批改等，主动搜集反馈信息，有针对性地了解学生的这些相异构想，对我们在教学中有的放矢地设计教学策略是至关重要的。

学前调查主要基于教师教学实践经验积累的把握，因而调查的内容和结果并不全面和准确，只能帮助我们大概了解学生的相异构想。从建构主义的角度看，由于不同学生的原有经验和建构方式不同，对相同内容所取得的学习结果也不尽相同，以积极的态度对待这种差异，可以丰富我们的教学资源。教学中设计针对性问题，通过交流讨论，让学生有机会表述自己的思想和见解，这样不仅可以促进学生对知识更全面地理解，还可诱导学生暴露相异构想。随着概念的不断建构和发展，已有的相异构想转化的同时又有可能伴随或衍生新的相异构想，教师要通过作业、练习、考试等各种反馈渠道，即时监控学生相异构想的变化，并不断调整和优化教学策略。

2. 设置开放教学情境，引发学生的认知冲突

从心理学角度看，凡经过否定质疑的知识，在学生中才有较高的确信度。所以，转变相异构想的有效教学策略之一是教师在教学过程中创设能引起学生产生认知冲突的教学情境，以其无力解决的“冲突”动摇其顽固的相异构想，感到必须修正原来的错误观念或模糊认识，以此为契机和动力，指导学生进行认知顺应，形成与科学观念一致的新概念。

3. 通过实验增强学生的感性认识

感性认识是对事物的直接反映，是心理活动的基础，也是学生实现相异构想转变的基础。相异构想转变过程中丰富学生的感性认识主要途径是观察和实验，学生通过观察可获得更丰富、更生动、更能反映事物共同特征的感性认识。建构主义重视旧经验在构建新知识过程中的作用，而很多相异构想的形成，恰恰是因为学生缺乏构建新知识所必需的感性经验。这时，如果我们仍仅按知识的逻辑进行教学，则学生往往难以真正理解，充其量会觉得“似乎有些道理”，可自己原来的认识也是“有道理”的。于是兼收并蓄，可能记住了科学概念的定义，但并没有真正理解和接受新的概念，同时也保留了原来的“合理内核”，形成一种模糊混乱的认知结构。一旦面临一些特定的情境，“相异构想”就会自然地成为学生解决问题的依据，这就是相异构想的隐蔽性和顽固性。教学实践证明，增加让学生观察或自己动手做实验的机会，通过实验为学生提供必要的感性材料，是纠正相异构想的关键之一。

4. 让学生学会科学的思维方法

按照建构主义的观点，学生实现相异构想向科学概念转变的主要机制是顺应。教学实践表明，只有在学生认为新概念比旧概念包含更本质的内容，学生才能完全接受新概念，实现相异构想向科学概念的自觉转化。这时，教师应以分析、比较、归纳、推理等科学的思维方法指导学生自主建立新概念。在教学中不仅要紧紧抓住概念的本质特征，同时也要注意引导学生理解概念的外延。让学生感知新概念可靠的科学基础，认知顺应才能顺利进行。

学生的相异构想，既可以作为学生学习化学知识的感性知识基础，提供化学知识建构的情境，又可以作为化学概念表征的原型，更重要的是学生的相异构想可以作为化学问题解决的对象。建构主义认为，学习在本质上是学习者主动建构心理表征的过程，是主体以已有的经验为基础，通过与外部世界的相互作用而主动建构新的理解、新的心理表征的过程。教学设计必须了解学生原来具有的知识、技能、态度等，必须与学生原有知识水平和心理发展水平相适应。在此基础上，通过教学加强新旧知识的联系，才能把新知识纳入学生原来具有的认知结构中。通过设计各种促进学习的过程和资源，促进学生的学习与发展，即通过对教学起点的重构，实现对学习的重构，这是教学设计“学习者中心”和“生本化”的体现，是对原有课程与教学的突破和超越。

二、新课程背景下如何进行课堂观察

课堂是落实新课程理念的主阵地，是促进学生发展的重要场所，是教师专业成长的平台。因此，如何提高课堂教学的有效性就成了教师们最关注的话题。以往，为了提高教师的课堂教学水平，传统的听课评课模式主要针对教师的教案设计、重难点的突破和课堂组织能力进行评价、探讨、反思和学习。但这种方式不够细化，指导性和针对性不强，对教师的促进较小。一种旨在通过改进教研组建设、改革课堂教学、改善教学行为，进而实施有效教学、提高教学质量的教学研究方法——课堂观察，成为新课程研究的热点。

（一）对传统的听评课的思考

关注学校的教学，就必然要对课堂进行观察和研究，审视我们过去对课堂的观察采用的听评课活动中存在的问题：传统的听评课主要关注的是教师单方面的行为；传统的听评课是为了评价教学，面向过去，在观察之后将被观察者评出等级；传统的听评课是学校下达的行政命令，是学校规定的任务，并不是教师自愿的活动；传统的听评课是教师的单兵作战活动，随意散乱，缺乏合作研究；传统的听评课常常流于形式，趋于业余。

观察者所获得的只是整体的一般印象或对某个问题的表面了解，不可能就所观察的问题做出基于数据或文字实录的深入分析，如此就有可能使评课出现妄议或空谈。

从上述分析我们看到在传统听评课制度的习惯下，很多一线教师对课堂观察存在一定的忽视，甚至误解。传统的听评课活动很少具备能为教师专业发展提供支持的元素，比如研究、技术、合作等，未能为教师的专业发展提供有力的支撑。

（二）课堂观察的概念和特征

1. 课堂观察的概念

对于课堂观察有两种传统的理解：一种认为它是教师通过观察学生获得反馈，并提高教学有效性的途径和手段；另一种则将其理解为“听课”或“看别人上课”。从方法论的角度看，课堂观察有一定的研究目的、工具和程序等，是一种教育科学研究方法。从教学手段的角度看，教师通过观察学生和反省自身获得教学反馈，是一种提高教学效果的有效手段。从发展途径的角度看，课堂观察促进了教师的专业发展，改善了学生的课堂学习，是一种实现师生共同发展的有效途径。

当教师运用课堂观察这种研究方法开展实践活动时，不仅培养了自身的科研能力，还提高了教学的有效性，促进了自身的专业化发展，学生的课堂学习也因此得到改善。可见，关于课堂观察的各种不同的理解并不是互相孤立的，它是一种研究方法、一种教学手段，也是一种发展途径。

2. 课堂观察的特征

从方法论的角度看，课堂观察有五个特征：目的性、系统性、理论性、选择性和情境性。从研究方式的角度看，课堂观察具有主题性、情境性、建设性、对话性和层次性五个特征。从观察要素角度看，课堂观察有三个特征：观察者具有客观性、观察对象具有选择性、观察过程具有思考性。课堂观察作为一种教育研究方法，即在一定的理论指导下，研究者按照明确的观察目的、选择观察对象和工具技术，并且进入现场情境进行观察记录。

3. 课堂观察的类型

按资料属性及其收集方式，分为定量和定性观察。按观察者与被观察者的课堂关系分为自我的和对他人的观察。按观察者之间的合作关系分为合作的和独立的观察。按对观察对象或内容的选择分为集中和分散观察。按观察目的与作用不同分为诊断性、提炼性和专题性观察。按观察主体不同将其分为团队、个体和自我观察。按观察情境范围及观察的系统化程度，分为开放式、聚焦式、结构化和系统化观察。通常在研究中不可能单独运用一种观察，而是多种观察类型相互结合，以实现优势互补。

（三）课堂观察的基本程序

作为一项专业活动，课堂观察要求观察者带着明确的目的，凭借自身感官及有关辅助工具（观察表、录音录像设备），直接（或间接）从课堂上收集资料，通过观察对课堂的运行状况进行记录、分析和研究，并在此基础上谋求提高学生课堂学习效率，促进教师发展的新途径。

专业的课堂观察是由明确观察目的、选择观察对象、确定观察行为、记录观察情况、处理观察数据、呈现观察结果等一系列不同阶段的不同行为构成的。专业的课堂观察是将研究问题具体化为观察点，将课堂中连续性事件拆解为一个个时间单元，将课堂中复杂性情境拆解为一个个空间单元，透过观察点对一个个单元进行定格、扫描、搜集、描述与记录相关的详细信息，再对观察结果进行反思、分析、推论，以此改善教师的教学，促进学生的学习。

专业的课堂观察由既彼此分工又相互合作的团队进行。在课堂观察的整个过程中，每一个阶段都是教师之间多向互动的过程。教师借助课堂观察共同体，探究、应对具体的课程、教学、学习、管理上的问题，开展自我反思和专业对话，在改进课堂教学的同时，促使该合作体的每一位成员都得到应有的发展。

（四）课堂观察的步骤

第一步，确定研究问题及目的——针对实际工作中所需解决或改善的问题确定研究方案。

课堂观察一般只就课堂教学中某一个方面做系统观察，专心致志于特定的事件上，并不打算对教学行为做一全景式的观察和概览，而注重提供一些局部性的“特定镜头”，有重点地做较为深入细致地诊断。主题是课堂观察的灵魂，要选择合理的主题进行观察，主题的选择应该是细小而具体的。主题可以是单一的，也可以是多个的，但不宜过多；主题可以是预设的，也可以是适时生成的；可以以教师的“教”为主，也可以以学生的“学”为主，还可以以课堂的文化为主。

需要注意的是，课堂观察应该选择好的观察视角进行观察，并研究性地进行记录，方能体现其价值。例如，我们对“提问有效性”的观察，就是根据提问次数、提问时机、问题类型、问题呈现方式、教师回答技巧、学生回答表现等进行细化观察。只有这样，才能让“课堂观察”更加贴近一线教师，也更能发挥它鲜活、及时的特性，便于小结和反思。

第二步，确定观察工具——选择和设计相应的观察工具。

观察前，一般要先准备好学生的座位表、问卷、录像机、录音机等，最为重要的是开发课堂观察的相关表格。在课堂观察框架的基础上，根据学校和学生的特点，结合当前需要解决的问题，设计相关的观察表，包括定性与定量的观察要求。

此外，要做好现场观察记录。条件好的学校可以做全程录像、录音。现场观察记录时主要是定量和定性两种方法，定量强调的是数据统计，而定性强调的是对教学细节的描述与放大。

第三步，观察的实施——团队观察、自我观察、个体观察的选择。

对于不同的观察类型，实施观察的要求也是不一样的。团队的课堂观察应该规范化。教师在规范化的观察中学会观察的技巧，养成观察的意识，掌握观察的方法。在团体观察时，参与观察的全体成员要处理好协作关系，做到分工、职责明确，规范而有序地开展观察活动，做好相应的记录，积极发表各自的观点，包括问题的归因、改进的建议。

自我观察是日常的观察，瞬间的观察，是一种课堂教学的微观分析。通过自我观察，可以让教师及时发现学生学习态度、学习方法的变化，以及对教师授课的反映，帮助教师认识自己的课堂教学实际，了解自己的授课能力和教学效果，便于教师进行针对性的教学反思；让教师及时寻找出预设与实践的差距，对课堂教学中存在的问题进行研讨，寻找有效的教学策略。自我观察促使教师立足于观察自己的课堂，从而反思自己的教育理念和教学行为，感悟和提升自己的教育教学能力。无论处在哪个发展阶段的教师，都可以根据自己的实际需要，有针对性地进行课堂观察，从而获得实践知识，改进自己教学的技能，提升自己的专业素养。自我观察不仅是一种方法，也是一种研究活动，可视为一种促进教学的方法，可以增进教师教学目标的达成，提升学习成效。自我观察也是一种探究途径，可以有助于教师发现、分析和解决教与学的问题。在观察结束后整理出较完整的观察结果和发现，并对这些发现进行开放式的讨论，形成更好的教学方法，为有效课堂服务。只有不断优化课堂教学，才能真正使学生学得轻松、教师教得轻松，课堂效率才能得到真正的提高。

第四步，分析与思考——对观察的信息或数据进行定性或定量分析。

首先，教学者反思。观察者提出诸如你的课好在什么地方，达到了哪些目标，什么地方需要改善之类的问题，帮助教学者进行自我反思。

其次，总体感受和片段反思。观察者呈现数据，围绕所观察到的教学事实，与被观察者一起分析、讨论。要用数据和事实说话。

最后，深入反思。我们在进行分析总结的时候要特别注意尊重观察到的教学现象，在思考的时候要基于教学的整个系统，要十分注意发现细节与细节之间的联系，在反思过程中不断建构自己的行为与理念。

（五）课堂观察的意义

1. 课堂观察的起点和归宿都是指向学生课堂学习的改善

课堂观察主要关注学生如何学习、会不会学习，以及学得怎样。这与传统的听评课主要关注教师单方的行为有很大的不同；即使所确定的观察点不是学生，其最终还是需要通过学生是否学得有效得到检验。因此，课堂观察的过程是合作体关注学习、研究学习和促进学习的过程，始终紧紧围绕着学生课堂学习的改善。

2. 课堂观察是促进教师专业发展的重要途径之一

课堂观察是为了改进课堂学习，追求内在价值，面向未来，在观察的整个过程中进行平等对话、思想碰撞，探讨课堂学习的专业问题。课堂观察即教师参与研究，是教师专业发展的最重要且最有效途径之一。课堂作为教师教学的主阵地是教师从事研究的宝贵资源，课堂观察促使教师由观察他人课堂而反思自己的教育理念和教学行为，感悟和提升自己的教育教学能力。无论是观察者还是被观察者，无论是处在哪个发展阶段的教师，都可以根据自己的实际需要，有针对性地进行课堂观察，从而获得实践知识，汲取他人的经验，改进自己的教学技能，提升自己的专业素养。比较有质量的课堂观察就是一种研究活动，它在教学实践和教学理论之间架起一座桥梁，为教师的专业发展提供了一条很好的途径。

3. 课堂观察有助于学校合作文化的形成

课堂观察是互惠性的，它不是行政命令，也不是规定性的任务，而是出于自愿和协商的专业学习活动，观察者和被观察者都能受益。而课堂观察合作体的形成与活动的开展营造了一种合作的学校文化，增进了教师的责任感和对学校的归属感。在课堂观察中，我们追求一种基于草根的学术追求。这种“草根学术”强调一线的特征，这种学术异于学院派的学术，强调在课堂具体问题的研究中成长，而这种成长伴随着一种求真、创新的学术精神，呼唤一线教师用自己的话诉说自己的体验与思考。课堂观察用专业的眼光捕捉、解读教学现象与细节，使教学现象与细节晾晒在理论之下，而教育理论的内涵也在实践的沃土中更加丰富。

第三节　新课程下的高中化学教学评价体系

一、树立正确的评价观

（一）新课程提出的教育评价的改革重点

新课程评价对课程的实施起着重要的导向和质量监控的作用。评价的目的功能、评价的目标体系和评价的方式方法等各方面都直接影响着课程培养目标的实现，影响着课程功能的转向与落实。20 世纪 80 年代，世界各国对课程的结构、功能、资源等方面重新进行思考和定位，在开展一系列课程改革的同时，越来越多的国家开始意识到实现课程变革的必要条件之一就是要建立与之相适应的评价体系和评价工作模式。因此，课程评价改革成为世界各国课程改革的重要组成部分。

总的来说，新课程教育评价体现出以下特点：重视发展，淡化甄别与选拔，实现评价功能的转化；重视综合评价，关注个体差异，实现评价指标的多元化；强调质性评价，定性与定量相结合，实现评价方法的多样化；强调参与互动、自评与他评相结合，实现评价主体的多元化；注重过程，终结性评价与形成性评价相结合，实现评价重心的转移。

1. 学生评价改革的重点

高中新课程强调改变过于注重知识传授的倾向，强调形成积极主动的学习态度，使获得基础知识和基本技能的过程同时成为学生学会学习和形成正确价值观的过程。因此，对学生的评价不仅要关注学生的学业成绩，而且要注重发现和发展学生多方面的潜能，了解学生发展中的需求。基于这一考虑，学校制定的学生学习目标应包括学科学习目标和一般性发展目标两个方面，具体而言包括：建立促进学生全面发展的评价体系；重视课程评价方式方法的灵活性、开放性和多元性；考试新方法的探讨。

（1）建立学生全面发展的评价体系

高中新课程评价不仅要关注学生的学业成绩，而且要发现和发展学生多方面的潜能，为学生的个性化发展提供依据和支持。所以，高中新课程评价在学生发展方面的指标体系包括学生的学科学习目标、一般性发展目标和个性化发展目标。

（2）重视课程评价方式方法的灵活性、开放性和多元化

不能仅仅依靠纸笔考试作为收集学生发展证据的手段。要关注过程性评价，及时发现学生发展中的需要。帮助学生认识自我、建立自信，

激发其内在发展的动力，从而促进学生在原有水平上获得发展，实现个体价值。

（3）考试新方法的探讨

考试只是学生学业成绩评价的一种方式，要将考试和其他评价的方法有机结合起来，全面描述学生发展的状况。改变纸笔测验是考试的唯一手段，应根据考试的目的、性质、对象等，选择灵活多样的考试方法，加强对学生能力和素质的考查。改变过分注重分数、简单地以考试结果对学生进行分类的做法，应对考试结果做出分析、说明和建议，形成激励性的改进意见或建议，促进学生发展，减轻学生压力。

2. 教师评价改革的重点

高中新课程的评价要建立起促进教师不断提高的评价体系，强调教师对自己教学行为的分析与反思，建立以教师自评为主，校长、教师、学生、家长共同参与的评价制度，使教师从多种渠道获得信息，不断提高教学水平。

第一，打破唯“学生学业成绩”论教师工作业绩的传统做法，建立促进教师不断提高的评价指标体系。这一指标体系包括教师的职业道德、对学生的了解和尊重、教学实施与设计以及交流与反思等。一方面，以学生全面发展的状况来评价教师工作业绩；另一方面，关注教师的专长成长与需要。这是促进教师不断提高的基础。

第二，强调以“自评”的方式促进教师教育教学反思能力的提高，倡导建立教师、学生、家长和管理者共同参与的、体现多渠道信息反馈的教师评价制度。一方面，通过评价主体的扩展，加强了对教师工作的管理和监控；另一方面，旨在发展教师的自我监控与反思能力，重视教师在自我教育和自我发展中的主体地位。此外，教师的自评与奖惩要脱钩。

第三，打破关注教师的行为表现、忽视学生参与学习过程的传统课堂教学评价模式，建立“以学论教”的发展性课堂教学评价模式。即课堂教学评价的关注点转向学生在课堂上的行为表现、情绪体验、过程参与、知识获得与交流合作等诸多方面，而不仅仅是教师在教学过程中的具体表现，使“教师的教”真正服务于“学生的学”。这一转变对教师教学能力的重新界定、学校教学工作的管理无疑将带来巨大的冲击。

3. 考试的改革重点

第一，在考试内容方面，应加强与社会实际和学生生活经验的联系，重视考查学生分析问题、解决问题的能力。即关注学生动手能力和创新思维的发展，淡化记忆性内容为主的考试。传统的考试多以答案唯一的记忆性、技巧性或速度性的内容为主。而近年来大量的研究表明：学生能够背诵概念、公式，并不等于真正理解了；而当学生能够正确应用知识解决问题，即使不能完整复述或背诵其定义，也意味着真正理解并掌握了。鉴于此，新课程倡导在考试内容方面，少考一些名词解释、计算速度、计算技巧等方面的内容，而多考一些与生活实际问题相关联的、能体现综合利用的、需要创新思维的内容，以反映学生真正理解的状况。考试命题应依据课程标准，杜绝设置偏题、怪题的现象。考试内容的这一变革将使传统的题海战术、大量练习这种通过增强技巧的熟练性和速度、提高记忆的准确性来换取高分的教学方式，受到前所未有的挑战。它要求教师必须打破这种陈旧的教育观念和教学策略，调整自己的教育教学行为，关注学生作为“人”的发展，关注学生综合素质的发展，关注学生的全面发展。

第二，在考试方式方面，倡导给予多次机会，综合应用多种方法，打破唯纸笔测验的传统做法。传统的考试以纸笔考试为主，这只是考试的一种方式，它无法适应考试内容方面日益重实践、重创新等的变化。比如，学生的实践动手能力，就不是单凭一张考卷就能体现说明的，它需要实际的环境加以操作，才能较好地做出评价。因此，新课程倡导考试方式灵活多样，应体现先进的评价思想，如自考、编制试卷、辩论、课题研究、写论文、制作作品、特长或任务表演、情境测验等，再就是非毕业、升学的考试中鼓励采用开卷考试的方式，在综合应用中考查学生的发展状况。同时试行提供多次考试机会，同一考试也可多样化呈现，给予学生选择的空间——学生可以选择什么时间、以什么方式、接受哪一个级别的考试。考试还可分类、分项进行，考试的方式应灵活多样，同时体现学生生动、活泼、主动发展的需要，单是如何适应和参加这种开放、动态的考试就对学生提出了超出“知识技能”范畴的其他素质的要求。可见，考试方式的变革同样给传统教育方式带来巨大的冲击，传统的那种一味追求分数的“只见分不见人”的教育观念和教育方式下产生的学生，将无法适应这种灵活多样、开放的、动态的考试方式。

第三，在考试结果处理方面，要求做出具体的分析指导，不得公布学生成绩并按考试成绩排名。考试和其他评价方法一样，是为了促进学生的发展。因此，对考试结果的处理应加强分析指导，重在为学生提出建设性的意见，而不应成为给学生“加压”的手段。所以应根据考试的目的，灵活选择考试结果的处理方式，如公开反馈还是匿名反馈，完全反馈还是不完全反馈，群体参照反馈还是个体参照反馈等。学生有权决定如何公布学习成绩，学校和教师应尊重学生的权利，关注学生的处境和发展中的需要，保护学生的自尊、自信，认真思考，谨慎选择，以激励为主的方式对考试的结果进行反馈，促进学生在原有水平上的发展。

第四，关于升学考试与招生制度，倡导改变将分数简单相加作为唯一录取标准的做法，应考虑学生综合素质的发展，建议参考其他评价结果（如学校推荐性评语、特长、成长记录袋等），将形成性评价与终结性考试结合起来。传统中将分数简单相加的做法，其实是掩盖了或者混淆了学生发展中的问题，不利于对学生发展进行有效的分析，形成有的放矢的改进计划。如语文成绩 60 分、数学成绩 90 分的学生和语文成绩 90 分、数学成绩 60 分的学生相比，虽然两者总分一样，但两者发展的优势领域与弱势领域却是截然不同的，针对两者发展的改进计划的侧重点也有着根本的区别。而这一切在分数相加之后就被掩盖了。此外，应倡导将毕业考试与升学考试分开，前者重在衡量学生是否达到毕业水平，后者具有选拔的性质；逐步扩大高一级学校的招生自主权等。

考试改革并不能解决课程改革中的所有问题，也不是课程改革成败的决定因素。真正影响和解决课程改革所有问题的关键是观念，是建立符合时代发展要求的新课程观、教育观、质量观、学生发展观和教师观等，而不是某种方法和技术。

（二）发展性学生评价的基本特点

建立促进学生全面发展的评价体系。评价不仅要关注学生的学业成绩，而且要发现和发展学生多方面的潜能，了解学生发展中的需求，帮助学生认识自我，建立自信。发挥评价的教育功能，促进学生在原有水平上发展。高中新课程评价中，建立促进学生全面发展的评价体系是课程评价改革的重中之重。

“为了每一位学生的发展”是新一轮课程改革的核心理念。“促进每一位学生的发展”是我们应当确立的评价核心理念。

第一，发展性学生评价应基于一定的培养目标，并在实施中制定明确、具体的阶段性发展目标。实施学生评价首先需要有一个评价目标，只有有了评价目标，才能确定评价的内容和方法。学生的发展也需要目标，这个目标是学生发展的方向和依据。在传统教育评价中，这两个目标常常出现背离的情况。而发展性学生评价强调这两个目标的一致性，强调评价目标应基于一定的培养目标。

第二，发展性学生评价的根本目的是促进学生达到目标，而不是检查和评比。发展性学生评价所追求的不是给学生下一个精确的结论，更不是给学生一个等级或分数并与他人比较、排队，而是要通过对学生过去和现在状态的了解，分析学生存在的优势和不足，并在此基础上提出具体的改进建议，促进学生在原有水平上的提高，逐步达到基础教育培养目标的要求。

第三，发展性学生评价是注重过程。发展性学生评价强调在学生发展过程中对学生发展全过程的不断关注，而不只是在学生发展过程终了时对学生发展的结果进行评价。它既重视学生的现在，也要考虑学生的过去，更着眼于学生的未来。因此，发展性学生评价重视形成性评价的作用，强调通过在学生发展的各个环节具体关注学生的发展来促进他们的发展。

第四，发展性学生评价关注学生发展的全面性。知识与技能、过程与方法、情感态度与价值观等各个方面都是发展性学生评价的内容，并且受到同等的重视。

第五，发展性学生评价倡导评价方法的多元化。要改变单纯通过书面测验和考试检查学生对知识、技能掌握的情况，倡导运用多种评价方法、评价手段和评价工具综合评价学生在情感、态度、价值观、创新意识和实践能力等方面的进步和变化。这意味着，评价学生将不再只有一把“尺子”而是多把“尺子”，教育评价“一卷定高低”的局面将被打破。实践证明，多一把“尺子”就多一批好学生。只有实现评价方式的多元化，才能使每个学生都有机会成为优秀者，才能促进学生综合素质的全面发展。

第六，发展性学生评价关注个体差异。学生的差异不仅表现在学业成绩的差异上，还表现在生理特点、心理特点、动机兴趣、爱好特长等各个方面。这使得每一个学生的发展目标以及发展速度和轨迹都呈现出一定的独特性。发展性评价正是强调要关注学生的个别差异，建立“因材施教”的评价体系，每一位学生都是不同的个体，不同的人要用不同的方法来对待。

第七，发展性学生评价注重学生本人在评价中的作用。传统的教育评价，片面强调和追求学业成绩的精确化和客观化，忽视了学生的主体性，往往使学生的自评变得无足轻重。发展性学生评价试图改变过去学生一味被动接受评判的状况，发挥学生在评价中的主体作用。具体说，在制定评价内容和评价标准时，教师应更多地听取学生的意见；在评价资料的收集中，学生应发挥更积极的作用；在得出评价结论时，教师也应鼓励学生积极开展自评和互评，通过“协商”达成评价结论；在反馈评价信息时，教师更要与学生密切合作，共同制定改进措施。总之，通过学生对评价过程的全面参与，使评价过程成为促进学生反思、加强评价与教学相结合的过程，成为学生自我认识、自我评价、自我激励、自我调整等自我教育能力不断提高的过程，成为学生与人合作的意识和技能不断增强的过程。

二、评价的目的与方法

高中化学课程评价既要促进全体高中学生在科学素养各个方面的共同发展，又要有利于高中学生的个性发展。积极倡导评价目标多元化和评价方式的多样化，坚持终结性评价与过程性评价相结合、定性评价与定量评价相结合、学生自评互评与他人评价相结合，努力将评价贯穿于化学学习的全过程。

（一）评价目标多元化

评价的基本功能是诊断与甄别、促进与发展、调整与管理，但核心是依据并服务于课程标准和目标，评价目标与课程目标具有很强的对应性。因此，课程目标的多元化决定了评价目标的多元化。评价目标多元化主要表现在评价目标内容的多元化和评价目标要求的多元化这两个方面。

1. 评价目标内容的多元化

高中化学课程目标将促进学生科学素养的全面发展作为化学教学的根本宗旨。由此决定了新的评价将不再仅仅评价学生对化学知识的掌握情况，而是更加重视对学生科学探究的意识和能力、情感态度与价值观等方面的评价。因此，评价目标的内容包括知识与技能、过程与方法、情感态度与价值观这三个方面的内容。从学生的成长上看，评价目标内容包括认知性学习目标领域、技能性学习目标领域、体验性学习目标领域。

2. 评价目标要求的多元化

由于高中学生的发展方向不完全相同，课程内容的学习各异，学生所选择的课程模块不同，没有必要也不可能对所有高中学生采用相同的化学学习要求。因此，对具有不同发展趋向的学生要采用不同的评价要求，以利于促进他们的发展。

（二）评价方式多样化

由于课程评价目标的多元化，对不同的课程目标不能采用相同的评价方式，如情感态度与价值观不可能完全通过纸笔测验来进行评价。每一种评价方式对不同的领域各有其评价的优点和不足，没有一种评价方式对学生各个领域的评价都是最优化的评价。因此，评价目标的多元化势必带来评价方式的多样化。课程标准对评价方式多样化的要求中，主要有以下几种方式：纸笔测验、学习档案评价、活动表现评价等。

1．纸笔测验的更新

纸笔测验是一种重要而有效的评价方式。在高中教学中运用纸笔测验，重点应放在考查学生对化学基本概念、基本原理以及化学、技术与社会的相互关系的认识和理解上，而不宜放在对知识的记忆和重现上；应重视考查学生综合运用所学知识、技能和方法分析和解决问题的能力，而不单是强化解答习题的技能；应注意选择具有真实情景的综合性、开放性的问题，而不宜孤立地对基础知识和基本技能进行测试。

纸笔测验是常用的评价方式，是以学生认知领域为主要考查内容的。新课程的纸笔测验注重考查学生解决实际问题的能力，既要评价学生对化学知识的掌握情况，又要关注学生对化学现象和有关科学问题的理解与认识的发展情况，而不再纠缠对概念、名词、术语和具体细节事实的记忆背诵，更加重视学生应用所学的化学知识分析和解决实际问题能力的考查和评价。在进行纸笔测验时要注意以下两个方面。

（1）评价学生化学知识的掌握情况时要注意测验试题设计的层次性

学生对化学知识的学习过程和对学生学习情况的检测要求，由低到高可分为三个层次：陈述性知识、程序性知识和探索性知识。

陈述性知识：解决“是什么”“知其然”的问题。认知水平为说出、识别、描述等，知识的形态为表层化的知识。如不同的碱金属与水反应的程度不同，钠、钾化学性质、反应方程式的书写和反应的现象描述等。

程序性知识：解决“为什么”“知其所以然”的问题。认知水平主要为理解、解释、说明、转化、分析、解析和推断等。知识的形态为内化的知识。如不同的碱金属与水反应的程度为什么不同？从原子结构、元素的金属性、单质的还原性角度进行分析。

探索性知识：运用相关知识（某一学科或几个学科的知识）分析解决实际问题。解决“怎么办”和“如何做”的问题。认知水平为应用、设计、评价、解决、证明等。知识的形态为升华的知识。

（2）要克服纸笔测验只注重陈述性知识，忽视程序性知识和探索性知识的倾向

纸笔测验要通过实际情景的综合性和开放性问题来考查，既了解学生掌握有关知识、技能和方法的程度，又突出对学生解决实际问题能力的有效考查，还应重视对学生科学探究能力、情感态度与价值观等方面的评价。

2. 学习档案评价的建立

学习档案评价是促进学生发展的一种有效的评价方式。应培养学生自主选择和收集学习档案内容的习惯，给他们表现自己学习进步的机会。学生在学习档案中可收录自己参加活动的重要资料，如实验设计方案、探究活动的过程记录、单元知识总结、疑难问题及其解答、有关的学习信息和资料、学习方法和策略的总结、自我评价和他人评价的结果等。要进行学生档案评价就必须确定学生档案袋的评价内容和评价需注意的问题。

（1）学生档案袋的评价内容

学生档案袋有多种形式，按照建立档案袋的对象可分为学生自己建立的档案袋和教师为学生评价建立的档案袋两类，后者包括前者的所有内容；按照学习的时限可分为学年学习档案、学期学习档案和单元学习档案。

教师为学生建立评价档案袋的目的是收集和分析反映学生学习情况的数据和证据，在制作学生学习档案袋时，需要经常问这样的问题：为了展现学生真正理解的情况，应包含哪些东西？

（2）档案评价需注意的问题

教师要对收集到的数据和证据进行分析，形成一个对学生学习情况的分析报告，客观地描述学生当前的学习情况。在评价过程中需要注意以下问题：应选取具有典型性、针对性的数据和材料进行分析；应对各种测评手段的数据进行综合分析，以全面描述学生的发展情况；如果有纵向的数据（前一阶段，或初中阶段、小学阶段），则应包括纵向分析；如果可以获得其他组（班级、年级、学校）的对比数据，则应通过横向比较来分析学生的发展情况。

3．活动表现评价要注重过程

活动表现评价是一种值得倡导的评价方式。这种评价是在学生完成一系列任务（如实验、辩论、调查、设计等）的过程中进行的。它通过观察、记录和分析学生在各项学习活动中的表现，对学生的参与意识、合作精神、实验操作技能、探究能力、分析问题的思路、知识的理解和应用水平以及表达交流技能等进行评价。活动表现评价的对象可以是个人或团体，评价的内容既包括学生的活动过程又包括学生的活动结果。

活动表现评价要有明确的评价目标，应体现综合性、实践性和开放性，力求在活动过程中对学生在知识与技能、过程与方法、情感态度与价值观等方面的进步与发展进行全面的评价。

（1）活动表现评价与传统认知评价的比较

活动表现评价是建立在对传统的纸笔测验进行批判的基础上的。传统的纸笔测验评价方法的不足有：测验内容关注低水平知识、孤立的内容与技能；测验仅测出结果，没有考虑学习者的思维与问题解决的技能；客观选择题比例高，不能测量出学习者在真实世界中的应用理解能力。与传统的纸笔测验相比，活动表现评价的优点为：涉及较高水平的思维与问题解决能力；可促使所获得的知识和能力在实际中的应用；让学生力求表现出创造、设计能力。

（2）活动表现评价案例设计

活动表现评价是用来评估学生完成任务的过程、结果和产品的质量体系。它将学习与活动结合起来，使学生在活动中培养综合能力和科学素养，同时对学生进行综合评价。这种评价要求学生实际完成某种任务或一系列任务，如编故事、演讲、做实验、操作仪器、辩论、调查、实验设计、制作概念图等，从中表现出他们在理解与技能上的成就。这种评价的根本特点是力求在真实的活动情境中测量出学生的行为表现。因此，活动表现评价的设计力求反映在活动过程中学生的所想、所做与课程目标要求的差异。

三、课堂教学评价

课堂教学改革是新课程实施的关键。可以这样说，新课程实施的成败取决于课堂教学改革的速度和程度。如果在课堂教学中，教师不更新教学观念、不转变教学行为，学生的学习方式依然如故，那么课程改革必将流于形式。在新课程课堂教学评价的理念上，评价者要与上课教师一样，认真领会新课程标准的精神，做课改的指导者和促进者。

总之，课堂的评价直接影响新课程改革的进程，只有全面、客观、公正的评价课堂教学，才能保护教师的课程改革积极性，正确引导课程改革走向深入。

（一）化学新课程对教师教学的要求和评价策略

课程改革的核心环节是课程实施，而课程实施的基本途径是教学，如果教学观念不更新，教学方式不转变，课程改革就将流于形式，事倍功半甚至劳而无功。课程、教材改革是素质教育的突破口，而课堂教学改革将是一场更持久、更复杂的攻坚战。教师教学评价改革中最重要的问题是，对教师教学工作进行评价的重点、内容和标准的制定必须有利于教学观念和教学方式的转变，这样才有可能保证学生学习方式的转变，从而落实课程标准的目标和要求。

对教师教学工作进行评价的基本要求是：以课程改革纲要和新的课程标准为基准，有利于促进学生科学素养的全面发展，有利于发挥教师教学工作的主动性、积极性和创造性，有利于教师实现教学观念和教师教学方式的转变，有利于教师角色的积极转变，有利于良好的校园文化的建设，有利于教师反思意识和专业能力的发展。

对教师教学工作进行评价的重点和内容包括以下几个方面。

1. 教师的教育教学观念

教师拥有怎样的课程观、学生观、评价观对于教师开展教学工作非常重要。最重要的是教师是否愿意接受新鲜事物，是否愿意并善于进行自我反思、不断地调整和自我发展。

2. 教师的教学基本功

新课程对教师的教学基本功的要求不是降低了，而是更高了。例如：教师的语言、表达能力如何，教师的板书、书写技能如何，教师能否清楚流畅和重点突出地表达自己的观点，教师是否善于发现、概括别人的观点，教师的演市和实验技能如何，等等。

3. 教师课堂教学的策略水平

是否善于提出驱动性问题，引发和组织讨论？是否善于处理课堂中出现的突发事件？是否善于调动全体学生积极参与、控制和减少课堂中的无关行为？是否善于引导学生或驱动学生自己提出问题、形成假设、制订计划、实施实验、收集处理有关数据资料、概括得出结论、进行合理的解释推论？是否善于在学生进行学习活动的过程中适时地对学生的学习行为进行适当、有效的评价和指导？是否能够运用合理有效的手段和策略揭示和了解学生已有的认识和观点？是否能够运用有利的事件事实、问题情境、实验证据、模型推理等方法策略使学生现有认识和观点发生积极的转变和发展。

对教师课堂教学的评价应该更注重上述各方面，而不是教师是否按时完成规定的教学任务；更加关注学生在课堂中的感受和收获了多少、发展和变化有多少，而不是教师讲了多少，做了多少。

可以通过了解学生在课堂上主动提出问题的次数和质量如何，学生分组讨论和实验活动时是否积极、有序，课堂上所研究的问题是否有价值，问题是由学生自己提出的还是由教师提出的，是否鼓励学生自己针对问题发表观点和认识，学生有无针对问题的答案提出自己的假设，课堂上所学习的内容是否与课程标准相关，教学是否体现课程标准的要求等各个方面来对教师课堂教学进行评价。

除此之外，还应该评价教师为课堂教学做了哪些准备，为了克服教学中的困难做了哪些努力，为学生做了哪些辅导和服务，选择了哪些有意义的课程资源，教师是如何处理课程标准、教材、课程资源与课时等之间的关系。

（二）化学课堂教学评价应遵循的原则

高中化学新课程的实施，迫切需要与之配套的教师化学课堂教学效果评价方法。新课程理念下教师化学课堂教学效果评价要以新课程理念和现代教育评价理论为基础，要以促进教师的专业化发展为目的，构建一套完整的教师化学课堂教学效果评价方案，并付诸实施。

评价原则是构建和实施评价总的要求，反映了评价的指导思想，即人们期望评价处于何种状态、达到怎样的效果。所以评价原则是评价方案和评价实施过程的灵魂。综合新课程理念下教师化学课堂教学效果评价观和现代教育评价理论，对评价方案的构建和实施提出以下原则。

1. 评价功能的发展性原则

评价功能是评价方案各要素按一定结构组合后所具有的工作能力。新课程理念下教师化学课堂教学效果评价要具有促进教师发展的功能。也就是说：一是要促进化学教师对自己教学行为的分析与反思，促进其对新课程理念有更深、更透彻的理解，能进一步落实到位，课堂教学的策略水平获得提高，从而最终促进学生的发展；二是通过评价的实施，使化学教师热爱化学教学事业的情感获得发展，把化学教学作为自己人生价值获得实现的途径，让自己的个性在其中获得展示和凸显。

2. 评价方式的多样化原则

方式是人们说话、做事所采取的方法和形式。化学课堂教学的评价方式就是指在对化学课堂教学进行评价时所采取的方法和形式。人们通常将评价方法分为定量评价和定性评价两种；将课堂教学评价的形式按评价的主体来划分，分为他人评价、教师自我评价和学生评价三种。

化学课堂教学是一种复杂的教育现象。单纯地将其中的各种变化因素简化为数字，通过分析比较数字大小来评价其优劣——定量评价，或单纯地通过观察、调查、描述课堂中的现象来评价其对课程目标的实现程度——定性评价，都难以准确反映课堂教学的实际状况和运行水平。所以新课程理念下教师化学课堂教学效果评价应坚持评价方式多样化的原则，要采用以定性评价统领，与定量评价相结合，以教师自评为主，包含有他人评价、学生评价在内的灵活多样的形式。

3．评价内容的全面性原则

以往的教师化学课堂教学效果评价往往只以学生的考试成绩为评价内容，或只以教师在课堂上展现的教的情况为评价内容。这些信息显然不是化学课堂教学的全部，其评价的结果也必然不够客观和真实。

新课程理念下教师化学课堂教学效果评价应全面收集化学课堂教学的各种信息，既要包括学生学的状态、在学习中的情感和体验、对教师教的意见、学习收获，还要关注教师教的情况，考虑教师在教学过程中的感受和体会等。只有评价内容的全面，才可能保证评价结果的客观，从而保证评价功能的有效发挥。

4．以学论教的原则

任何评价活动都是有目标导向的，化学课堂教学评价也不例外，其目标是促进学生和教师两个方面都有发展。化学课堂教学活动的目的是促进学生的全面发展，教师专业水平发展的标志应是获得较高的促进学生发展的教学专业水平。因此，新课程理念下教师化学课堂教学效果评价标准应着眼于学生，应坚持“以学论教”的原则，即以学生情绪状态、交往状态、思维状态、目标达成状态来评价教师的教学效果。

同时需要指出，以学论教并不是以“评学”代替“评教”。评学与评教不同，评学代替不了评教，首先，因为二者的直接目的不同，评学是为了促进学生的全面发展，而评教是为了促进教师的发展；其次，评价的范围不同，评学一般只关注学生，不把教师列为评价对象，而评教则既要着眼于学生是否获得了应有的发展，又要着眼于教师从教学目标确定到教学设计以及教学实施过程的各个方面所表现出的素质和水平；再次，评学与评教都关注学生，但关注的侧重点不同。评学既要评价学生的总体学习状况、学习成果，更关注每一个学生个体的学习成效，而评教虽也关注学生个体是否获得了发展，但更多的是从学生群体的状态来评价教师的教学状况；最后，学生在课堂上的状态、学习成效虽然与教师有直接关系，但并不是完全取决于教师。所以，评教不等于评学，不能以评学代替评教。但评教与评学又是相互联系的，评教以评学为基础，二者有共同的涵盖区域，而且它们的最终目的又是相同的，那就是提高学生的科学素养。这是我们在“以学论教”时应特别要注意和把握的。

（三）化学课堂教学评价的基本要素

新课程以发展性教育为基本理念，从发展性教育的角度出发，好的课堂教学的基本特征至少应包括以下几个方面。

1. 教学目标：以促进学生的发展为根本宗旨

以往，人们主要把教学目标定位在对知识特别是教材内容的掌握上，对教材以外的目标考虑较少。当前，在现代教学思想的指导下，课堂教学目标的确立越来越强调要以促进学生的发展为根本宗旨，从“知识与技能”“过程与方法”和“情感态度与价值观”三个维度来确立。首先，在课堂教学中对学科基础知识、基本技能及基本学习能力和相应的思想品德等基础目标的定位要科学、明确、切合实际；其次，重视学生主体性发展目标和体验性目标的实现，即在课堂教学中应注意发展学生的自主性、主动性和创造性，并通过教师与学生间的情感交流形成民主和谐的课堂教学心理气氛，让各层次的学生都能获得创造或成功的心理体验，感受到课堂生活的乐趣和愉悦；最后，教学重、难点确定要合情合理，把握良好。

2. 教学过程：应做到“生动、主动、互动”

（1）生动

这是对教师在教学过程中对教学内容、教学方法、教学策略的选择以及教学能力表现的总体要求。可大体分为：

①教学设计：科学合理、独特新颖、详略得当。

②情境创设：联系实际、适时恰当、启迪思维。

③过程调控：因势利导、随机应变、环节紧凑。

④方法应用：切合实际、激发兴趣、媒体得当。

也就是说，教师要正确理解并根据学生的实际发展水平和特点创造性地使用教材，合理确定重点和难点，精选具有基础性、范例性和综合性的学科知识，让学生掌握扎实的基础知识和学科基本结构。同时，教学内容应充实并反映现代科学技术和学术研究的新成果。

教学内容应具有挑战性，能激发学生的学习兴趣和求知欲望，能引导学生积极思考，能吸引学生主动参与；重视教学内容的文化内涵，体现科学性、人文性和社会性的融合；关注教学内容的实践性，密切联系社会实际和学生生活实际，通过多种形式的教学实践活动，使理论与实际相结合，培养学生的动手实践能力和分析、解决实际问题的能力。

教师要较好地对课堂教学进行组织、管理和监控，根据课堂上不同的情况调节课堂教学节奏；教学容量适当，教学结构清楚，时间安排合理，应变能力强；现代教学技术手段、演示实验以及教具的运用要适时适度且操作规范熟练；教学语言要规范、精练、简明、生动；板书、板画设计要合理，字体规范。

（2）主动

这是对学生在教学过程中的情绪状态、参与方式、参与品质、参与效果等主体性表现的总体要求，可大体分为：

①情绪状态：情绪饱满、状态良好、兴趣浓厚。

②参与方式：积极主动、方式多样、配合默契。

③参与品质：能思善问、善于动手、能够交流。

④参与效果：体验过程、掌握方法、提高能力。

⑤活动时空：分配合理、参与面广、活动率高。

现代课堂教学是学生在内部和外部活动的基础上，主动用现有的知识结构去同化或顺应外部世界的过程，是学生自己建构知识意义的过程。通过学生积极主动地参与课堂教学活动，形成独立获取知识、创造性地运用知识解决现实问题的能力及良好的个性和人格。

好的课堂教学，学生必将情绪饱满，兴趣浓厚，学习主动；有主动参与的时间和空间，有自我表现的机会和学习的主动权；能通过自我选择、自我监控、自我调节，逐步形成自我学习的能力；能在原有基础上、不同起点上获得最优发展，形成自己的特色和鲜明个性，而不是按统一模式“填平补齐”；能经常体验到学习和创造的乐趣，创新意识和创新精神得到培养，形成独特的创造力。

（3）互动

互动是对课堂教学信息交流的总体要求，大体可分为：

①师生交流：教学互动、平等参与、善于沟通。

②同学交流：体现合作、气氛热烈、机会均等。

体现现代教学思想的课堂教学非常关注课堂中体现出来的群体间人际关系和交往活动，并积极建立群体间的合作学习关系。其教学组织形式是集体教学与小组合作学习相结合，教师在“权威、顾问、同伴”三重角色的选择中，学生在竞争与合作两种关系的处理中，形成良性发展的和谐关系。这种关系是一种相互接纳、相互理解的合作、民主、平等、和谐的人际关系。好的课堂教学是师生共同建构学习主体的过程，它通过多样、丰富的交往形式，有意识地培养学生学会倾听、交流、协作、分享的合作意识和交往技能，并让学生在实质性的讨论中真正地交流想法、丰富见解。

3. 教学效果：使学生获得发展

教学效果是指通过有效的课堂教学使学生获得发展。首先，发展就其内涵而言，指的是知识与技能、过程与方法和情感态度与价值观三者（三维目标）的协调发展。具体表现在：学生在认知上，从不懂到懂，从少知到多知，从不会到会；在情感上，从不喜欢到喜欢，从不热爱到热爱，从不感兴趣到感兴趣。对于课堂教学的有效性特征（或表现）可以列举很多，但简而言之是学生愿意学、主动学、轻松学并且学得好。

有效的课堂教学才能有好的教学效果。有效的课堂教学是指教师遵循教学活动的客观规律，以尽可能少的时间、精力和物力投入，取得尽可能多的教学效果，从而实现特定的教学目标，满足社会和个人的教育价值需求而组织实施的课堂教学活动。课堂教学活动的有效性正是在教学效果中体现出来的教师和学生共同活动引起学生身心素质变化并使之符合预定目的的特性。

什么是有效教学？一般认为，经过一堂课或者一个阶段的教学，对于化学学科，学生能够保持持续的学习兴趣，取得明显的学习收获，同时在学习之中，创新意识和实践能力有明显的提高，这就是课堂教学有效性的基本内涵。而“兴趣”和“收获”，就是衡量高中化学课堂教学效益的两个主要依据。

（1）学生有兴趣是课堂教学有效性的前提

兴趣是驱使学生去学好功课的内在动力。现代心理学认为，青少年心智发展的根本原因是一种内在的认知需要。学生在学习过程中不断碰到新的问题，就产生了探究的求知欲望，从而激发出学习的积极性。

（2）学生有收获是课堂教学有效性的体现

课堂学习必然要讲求收获和回报。因此，学习收获作为衡量课堂教学有效性的重要依据，必须在课堂教学之中具有明显的体现。其具体内容为：

①学科知识的收获，可以称为知识有效。化学是一门知识点多又散的学科，如何让学生在有效的时间内有所收获，这是我们教师必须思考的问题：每节课都要让学生感觉有收获。

②创新实践能力的提高，可以称为能力培养有效。从教学功能上看，化学教学更加重视培养学生分析问题、解决问题的能力，引导他们运用分析、推理、概括等方法来认识问题的实质、掌握规律，完成从感性认识上升到理性认识的飞跃，在这个过程中培养学生的创新思维和创新能力。

那么如何在教学中培养学生创新思维？通常认为实验设计最有利于创新思维的培养和提高，可以使学生的潜能得到挖掘。比如，化学习题中常常涉及一些与实验相关的内容，用书面的方式解决，思维有一定的局限性，如果放手让学生通过设计实验来解决，有意识地为他们创设一种良好的探究情境，则有利于培养其思维的发散性，培养他们动手动脑的能力。

课堂教学是在固定时间、固定地点内，针对固定学生进行的，有效教学不仅要看教学目标的达成度，做到“有效果”，还要“讲效率”，不能“投入多、产出少”，更要“讲效益”，我们的教学不能只面对少数“优生”，应尽最大可能不使一个学生掉队。只有这样才是真正有效的教学。

分析成因，主要是教学方法仍以讲授为主，单调枯燥、缺乏情感，教学过程中多灌输验证、少启发探讨，多指责压抑、少宽容引导，多包办限制、少激励创新，尤其是对学生的学法指导是空泛、低质、缺乏策略的。所有这些都造成了学生无自主学习的意识，学习习惯差，学习能力不强，学习质量自然不高。学生最终获得的化学知识具有很强的记忆性色彩，在多变的真实情境中，常常不能有效迁移、灵活应用，就像上面提到的“举三无法反一”。因此长期以来，教师教得无味，学生学得无趣，教学效率低下，于是只能兴“加时之风”，靠“补课之功”，搞“题海战术”，行“死记之道”，教师教得辛苦，学生学得痛苦。有鉴于此，开展有效课堂教学的研究是新课程改革赋予教师的第一要务。

影响教学有效性的因素是多方面的，社会的进步、校园的环境、家庭的生活状况等很多方面的影响不可忽视，有效教学的研究必须与时代发展同步；而教师的教学观和教学技能、学生的学习态度与方法、教学资源及利用的影响更为直接，这些是一线教师关注的重点。

总之，有效教学主要是指通过教师在一段时间的教学之后，学生获得的具体进步或发展。教学是否有效，并不是指教师有没有完成教学内容或教学是否认真，而是指学生有没有学到什么或学生学得好不好。如果学生不想学或学了没有收获，即使教师教得很辛苦也是无效的教学；同样，如果学生学得很辛苦，但没有得到应有的发展，也是无效或低效的教学。可见有效教学是符合新课程的基本理念的——促进学生发展。课堂教学的有效性是教师的永远追求，教师要在新课程的理念指导下，以学生发展为本，吸取传统教学的成功做法，转变教学模式，讲究方法策略，精心设计，用心调控教学过程，精讲导学、巧问诱思，把主动权交给学生，就会发现学生比预想的聪明多了，课堂也会变得活力四射。

（四）化学课堂教学评价标准

制定新课程课堂教学评价的标准可从下列几个方面来考虑。

1. 优质的课堂教学目标：基础性目标与发展性目标的协调与统一

基础性目标是按照新课程标准、教学内容的科学体系，进行有序的教学，完成知识、技能的教学。发展性目标包括以培养学生学习能力为重点的学习素质和以情感为重点的良好社会素质。课堂教学目标就是把知识、技能教学与能力、情感教学有机地结合起来。

这里值得强调的是，课堂教学的各项目标都应既有与认识活动相关的内容与价值，又有其相对独立的内容与价值。这些方面的综合，才构成学生学习的整体发展。当然，这不是一两节课能完成的，但却必须通过每节课来实现，它渗透在课堂教学的全过程。因此，在确立课堂教学目标时，要注意两方面的关系与整合：一方面是知识体系的内在联系与多重关系，以求整合效应，另一方面是学生学习活动诸多方面的内在联系、相互协调和整体发展。只有这样，课堂教学中完整的教育才能成为可能。

2. 科学的课堂教学过程：激励性、自主性和探究性课堂教学策略的有机统一

新课程教学策略研究，主要解决学生学习的三方面问题：一是学生“爱学”，即学习的能动性。二是“会学”，即学习的自主性。三是“善学”，即学习的创造性。由此推出课堂教学策略的三个体系：激励性教学策略体系、自主性教学策略体系、探究性教学策略体系。

（1）激励性教学策略体系

让学生明确学习的重要价值。使学生对一个学科有兴趣的最好办法就是使他感到这个学科值得学习。教师通过精心设计教学过程，优化导入设

计，适当补充与学生生活相关联的教学材料，激发学生的学习兴趣。

正确运用肯定和奖励的评价方法。奖励具有促进的力量，让学生发现自己学习上的进步，不断获得学习预期的满足。采取适当的竞争方法，适度的竞争有助于激发学生学习的热情。

建立互尊互爱、民主平等的师生关系。学校是满足学生需要的最主要场所，学生到学校里学习和生活，主要的需要是自尊和归属。因此，要真诚地爱每一个学生，真正满足主体的最大需要，激发他们主动学习的强烈愿望。

(2) 自主性教学策略体系

问题设计最优化。教师需要注意典型问题的设计、分析和解决，为学生自主的发展提供时间和空间。

学习形式多样化。教师要努力提供丰富多样的教育资源，充分运用现代信息技术及其他种种技术、组织手段，让学生有可能利用各种学习方式，通过多种感知途径，在集体与个别学习中，在思辨、操作、争论和探究的过程中，实现自主学习。

在教学中注重学法指导。教师的教应当着眼于学生的学。整个教学过程其实是一个“从教到学”的转化过程。在这个过程中，教师应当千方百计地创造条件，注重对学生的学法指导，传授学法，使学生能“自为研索，自求解决”。

指导学生学会自由学习。自由学习即冲破教育框架的束缚，在开放的环境中，自主地选择学习目标、学习内容和学习方式。我们的教学不能限于仅有的几本教材，要鼓励学生广泛涉猎、拓宽视野，学会收集所需的信息，摒除各种错误信息，形成良好的自学习惯。

指导学生学会自我评价。人对事物的看法是由自己来调节的，学生要学会学习，必须学会自我评价，学会自我调节和监控。通过对学习过程、方法和效果的分析，掌握学习策略。并运用学习策略主动地规划自己的学习任务、确定发展方向、选择学习方法。

(3) 探究性教学策略体系

指导学生大胆质疑，给学生发现问题、解决问题的机会，并以学生的问题作为教学的出发点。

引导学生对教学内容进行评议。鼓励学生发表不同意见和独创性的见解，这是培养学生探究能力和创新精神必要的也是重要的方法。组织学生进行研究性学习。研究性学习要求学生经常接触研究性质的作业，设计专题性课题，让学生在收集信息、处理信息和研究信息中发现真理、发展认知，提高研究能力。

3. 理想的课堂教学效果：情绪状态、交往状态、目标达成状态的和谐统一

“以学论教”是现代课堂教学评价的指导思想。这里的“学”，一是指学生能否学得轻松，学得自主，主要包括课堂教学的情绪状态、交往状态；二是指学生有没有会学，主要是指课堂教学的思维状态、目标达成状态。这里的“论教”，主要是从课堂教学的四大状态（情绪状态、交往状态、思维状态、目标达成状态）来评价课堂教学效果。没有情绪状态、交往状态，容易形成课堂教学中的“泡沫现象”“表面繁荣”；四大状态的和谐统一，才可能产生理想的课堂教学效果。

新的课程评价理念要求在进行课堂教学评价时，一定要本着为师生发展服务的原则，既要关注教师的自身发展，同时还要对课堂教学做出较为准确的评价，才可能不断提高教师的教学水平，使教学改革沿着正确的方向发展。

好的课堂教学必须体现以主体教育思想为核心，符合学生终身学习与发展要求的现代教学观（包括现代教学的课程观、知识观、学生观和质量观）。

第六章 高中化学课堂技能实战分析

第一节 高中化学课堂教学建议

化学知识是培养学生化学学科核心素养的重要载体化学教学是落实化学课程目标，引导学生达成化学学业质量要求的基本途径；化学学习评价是化学教学评价的重要组成部分对于学生化学学科核心素养具有诊断和发展功能。教师在化学教学与评价中应紧紧围绕“发展学生化学学科核心素养”这一主旨优化教学过程有效提高教学质量发展素质教育落实立德树人的根本任务。

一、深刻领会化学学科核心素养的内涵科学制订化学教学目标

（一）深刻领会化学学科核心素养的内涵

宏观辨识与微观探析、变化观念与平衡思想、证据推理与模型认知、科学探究与创新意识、科学态度与社会责任五个方面是从正确价值观念、必备品格和关键能力层面对化学学科核心素养内涵的揭示是学生科学素养在知识与技能、过程与方法和情感态度与价值观三个方面得到全面发展的综合表现。

化学学科核心素养构成要素之间具有内在的本质联系。宏观辨识与微观探析、变化观念与平衡思想和证据推理与模型认知分别是从学科观念和思维方式视角对化学科学思维进行描述。科学探究与创新意识是对化学科学实践的表征科学态度与社会责任是对化学科学价值取向的刻画

是化学学科整体育人功能和价值的具体表现。

（二）科学制订化学教学目标

应统筹规划化学教学目标。学生化学学科核心素养的发展是一个持续进步的过程因此教师应依据化学学科核心素养的内涵及其发展水平、高中化学课程目标、化学课程内容及学业质量要求（包括学业要求和学业质量水平）结合学生的已有经验对学段、模块或主题、单元和课时教学目标进行整体规划和设计。例如结构决定性质是化学学科的核心观念是宏观辨识与微观探析思维方式的具体表现形式。对于这一观念的学习就可以整体设计为四个阶段。在必修阶段元素周期律的学习中要求认识元素“位”“构”“性”之间的内在联系能根据元素“位”“构”的特点预测和解释元素的性质；在选择性必修课程化学键与物质的性质的学习中要求学生根据化学键的特点能解释和预测化合物的性质；在选择性必修课程分子间作用力与物质的性质的学习中要求学生能解释和说明分子间作用力、氢键对物质性质的影响；在选择性必修课程有机化学基础模块的学习中要求学生能根据有机化合物官能团的结构特点解释和预测有机化合物的性质。

教师应避免教学目标的制订流于形式。教师应根据具体教学内容的特点和学生的实际来确定化学教学目标切忌生硬照搬化学学科核心素养的相关方面的知识防止教学目标制订得表面化和形式化。

二、准确把握学业质量标准合理选择和组织化学教学内容

（一）整体规划化学教学内容的深广度

学业质量标准是对学生完成相应的课程内容学习时所应达到的化学学科核心素养水平的一种描述用于检验和衡量学生化学学习的程度和水平。因此它不仅对化学教学评价具有指导作用同时它也是教师选择化学教学内容的一个重要依据。为此教师应仔细研读化学学业质量标准明确化学教学内容在各学段的不同水平要求整体规划不同学段化学教学内容

的深广度。例如化学反应与能量转化的内容在不同学习阶段都有所涉及但教学内容的深广度和学业质量要求是不一样的。在必修阶段要求学生能基于具体的现象与事实描述和说明化学反应中的物质与能量转化；在选择性必修阶段要求学生能基于化学反应的本质来解释和说明化学反应中的物质与能量转化能从物质与能量变化的角度选择和评价燃料从 STSE（科学、技术、社会、环境）角度认识化学反应中物质与能量变化的价值形成全面节约资源、物能循环利用的意识。

（二）合理组织化学教学内容

化学教学内容的组织应有利于促进学生从化学学科知识向化学学科核心素养的转化而内容的结构化则是实现这种转化的关键。内容的结构化主要有以下三种形式：

1. 基于知识关联的结构化

它是按照化学学科知识之间的逻辑关系组织起来的如化学键知识的结构化，化学键分为离子键和共价键，又分为极性键和非极性键等。

2. 基于认识思路的结构化

它是从学科本原对物质及其变化的认识过程的一种概括如元素“位”“构”“性”的关系（周期表中的位置决定它的结构再由结构决定性质）。

3. 基于核心观念的结构化

它是对物质及其变化的本质和其认识过程的进一步抽象以促使学生建构和形成化学学科的核心观念。例如对元素“位”“构”“性”三者的关系从学科本原可进一步概括出“结构决定性质反映结构”这一化学学科的统摄性观念这一观念是宏观辨识与微观探析等化学学科核心素养的具体体现。教师在组织教学内容时应高度重视化学知识的结构化设计充分认识知识结构化对于学生化学学科核心素养发展的重要性尤其是应有目的、有计划地进行“认识思路”和“核心观念”的结构化设计逐步提升学生的化学知识结构化水平发展化学学科核心素养。

（三）贴近生活、社会实际重视化学与其他学科的联系

化学科学与生产、生活和科学技术的发展有着密切的联系对社会发展、科技进步和人类生活质量的提高有着广泛而深刻的影响。在教学中教师应重视 STSE 内容主题的选择和组织紧密联系生产、生活实际使学生认识到化学能够创造更多物质财富以满足人民日益增长的美好生活需要；使学生能综合运用所学知识解释和解决有关的 STSE 问题。例如在乙醇的教学中教师可选择酒在人体内的转化途径、酒驾的检验、不同饮用酒中酒精的浓度、工业酒精和食用酒精的区别等内容使学生充分认识到化学科学的价值。

在化学教学中教师还应重视跨学科内容主题的选择和组织加强化学与物理学、生物学、地理学、材料科学和环境科学等学科的联系引导学生在更宽广的学科背景下认识物质及其变化的规律帮助学生拓宽视野开阔思路综合运用化学和其他学科的知识分析解决有关问题发展科学素养。例如在氢键的教学中可选择 DNA、蛋白质结构中的氢键使学生认识到氢键与生物体的密切关系。

三、充分认识化学实验的独特价值精心设计实验探究活动

（一）充分认识化学实验的独特价值

以实验为基础是化学学科的重要特征之一化学实验对于全面发展学生的化学学科核心素养有着极为重要的作用。化学实验有助于激发学生学习化学的兴趣创设生动活泼的教学情境帮助学生理解和掌握化学知识和技能启迪学生的科学思维训练学生的科学方法培养学生的科学态度和价值观。在化学教学中可以从以下几个方面发挥化学实验的教学功能。

引导学生通过实验探究活动学习化学。例如可通过“催化剂对过氧化氢分解反应速率的影响”的实验探究活动帮助学生了解催化剂是影响化学反应速率的一个重要因素。重视通过典型的化学实验事实引导学生认识物质及其变化的本质和规律。例如可通过具体实验数据引导学生讨

论第三周期元素及其化合物的性质以及性质变化规律；利用化学实验史实引导学生了解化学概念、化学原理的形成和发展认识实验在化学科学发展中的重要作用；引导学生综合运用所学的化学知识和技能进行实验设计和实验操作分析和解决与化学有关的实际问题。

教师应认真组织学生完成课程标准中要求的必做实验重视培养学生物质的分离、提纯和检验等实验技能树立安全意识形成良好的实验室工作习惯。教师应根据学校实际情况合理地选择实验教学形式有条件的学校尽可能多地为学生提供动手做实验的机会；条件有限的学校可采取教师演示实验或利用替代品进行实验鼓励实验的绿色化设计，开展微型实验；注重发挥现代数字技术的作用积极探索现代数字技术与化学实验的深度融合合理运用计算机模拟实验但不能完全替代真实的化学实验。

（二）精心设计实验探究活动

实验探究是一种重要的科学实践活动是化学学科核心素养的构成要素之一。教师应依据科学探究与创新意识素养发展水平和学业质量标准结合学生的认知发展特点精心设计实验探究活动有效地组织和实施实验探究教学增进学生对科学探究的理解发展科学探究能力。

实验探究活动应紧密结合具体的化学知识的教学来进行。例如实验探究卤族元素的性质递变规律实验探究维生素 C 的还原性等使化学知识的学习、科学探究能力的形成与化学学科核心素养的发展有机结合起来。

实验探究教学要讲究实效不能为了探究而探究应避免探究活动泛化、探究过程程式化和表面化；应把握好探究的水平避免浅尝辄止或随意提升知识难度的做法；应避免实验探究过程中教师包办代替或对学生放任自流的现象。

四、创设真实问题情境促进学习方式转变

（一）创设真实且富有价值的问题情境

真实、具体的问题情境是学生化学学科核心素养形成和发展的重要

平台为学生展现化学学科核心素养提供了真实的表现机会。因此教师在教学中应重视创设真实且富有价值的问题情境促进学生化学学科核心素养的形成和发展。

真实的 STSE 问题和化学史实等都是有价值的情境素材。例如“氧化还原反应”的教学教师可以提供有关汽车尾气及其危害的素材使学生产生运用化学方法解决这一问题的欲望提出如何根据氧化还原原理对汽车尾气进行绿色化处理的问题。“什么是绿色化处理”“汽车尾气的主要成分有哪些?”“如何将有害物质转化为无毒无害的物质?”“如何转化需要哪些条件?”等这些具体的问题解决任务能促使学生查阅文献、设计方案、实验探究等正是在这样的问题解决过程中学生的化学学科核心素养得到了提升生态文明的意识得到了增强。

（二）积极促进学生化学学习方式的转变

学生化学学科核心素养的发展是一个自我建构、不断提升的过程教师要紧紧围绕化学学科核心素养发展的关键环节引导学生积极开展建构学习、探究学习和问题解决学习促进学生化学学习方式的转变。为此教师应尽可能设计多样化的实验探究学习任务应结合具体的化学教学内容的特点和学生的实际引导学生开展分类与概括、证据与推理、模型与解释、符号与表征等具有学科特质的学习活动应注意设计真实情境下不同复杂和陌生程度的问题解决活动引导学生通过小组合作、实验探究、讨论交流等多样化的方式解决问题。

五、实施“教、学、评”一体化有效开展化学日常学习评价

化学学习评价包括化学日常学习评价和化学学业成就评价（主要有化学学业水平合格性考试和学业水平等级性考试）。应树立“素养为本”的化学学习评价观紧紧围绕化学学科核心素养的发展水平和化学学业质量标准来确定化学学习评价目标注重过程性评价和结果性评价的有机结合灵活运用活动表现、纸笔测验和学习档案评价等多样化的评价方式倡

导学生自评、同伴互评与教师评价相结合充分发挥评价促进学生化学学科核心素养全面发展的功能。

化学日常学习评价是化学教学不可或缺的有机组成部分是化学学习评价的一种重要表现形式是实施“教、学、评”一体化教学的重要链条。教师应充分认识化学日常学习评价对于促进学生化学学科核心素养发展的重要性积极探索开展化学日常学习评价的有效途径、方式和策略。

提问与点评、练习与作业、复习与考试等是有效开展化学日常学习评价的基本途径和方法。课堂提问的设计应有意识地关注对化学学科核心素养达成情况的诊断。例如“有哪些因素影响物质体积的大小”这一问题的设计就具有素养诊断价值。有的学生只能基于“宏观”视角思考影响因素有的学生只能基于“微观”视角思考影响因素而有的学生却能基于“宏观辨识与微观探析”视角指出影响因素并能给予解释。

教师应注意发挥课堂练习和课后作业对于学生化学学科核心素养的诊断与发展功能依据课程内容的各主题的学业要求精心编制成精选课堂练习和课后作业题使“教、学、评”活动有机结合同步实施形成合力有效促进学生化学学科核心素养的形成与发展。单元与模块复习应依据内容要求围绕化学核心概念和观念的结构化来进行通过提问或绘制概念图等策略诊断学生化学核心概念和观念的结构化水平；对于处在“知识关联”水平的学生应引导他们进一步概括核心概念的认识思路形成基于“认识思路”的结构化从而提升化学核心概念和观念的结构化水平发展化学学科核心素养。

单元与模块考试应以学生化学学科核心素养的达成情况为考核重点试题命制应以学业质量标准的要求为依据题目应具有一定的情境性和综合性为学生解决真实情境下不同复杂程度的化学问题提供素养表现的机会。通过考试教师可以较为准确地诊断出学生化学学科核心素养的发展水平和化学学业质量标准的达成情况为有针对性地提出学生化学学科核心素养发展的改进建议提供依据。

六、增进化学学科理解提升课堂教学能力

（一）增进化学学科理解

开展基于学生化学学科核心素养发展的课堂教学对化学教师的专业素养提出了更高的要求教师进一步增进化学学科理解。化学学科理解是指教师对化学学科知识及其思维方式和方法的一种原本性、结构化的认识它不仅是对化学知识的理解还包括对具有化学学科特质的思维方式和方法的理解。

教师应注重通过多种途径和方法提高化学学科理解能力应反思自身化学学科理解方面的不足主动参加有关的学习和培训活动；应充分发挥化学教研组、备课组的作用结合具体的教学内容有针对性地开展所教内容的学科理解研讨；积极发挥区域教研的优势通过“名师工作室”和“学科教研基地”等多种形式开展教研活动使教师的化学学科理解能力得到相应地提高。

（二）提升课堂教学能力

发展学生的化学学科核心素养要求教师积极开展“素养为本”的课堂教学实践主动探索“素养为本”的有效课堂教学模式和策略。在化学教学设计和实施中教师应科学制订具体可行、基于化学学科核心素养发展的教学目标挖掘教学内容在化学学科核心素养发展方面的独特价值设计和开展多种形式的实验探究活动有目的、有计划地引导学生运用化学科学思维方式和方法学习化学知识注重引导学生在化学知识结构化的自主建构中理解化学核心观念设计基于真实情境的问题解决任务使学生在解决问题的活动中逐步发展化学学科核心素养。

“素养为本”的化学课堂教学设计与实施对教师来说是一个新的、富有挑战性的研究课题。教师要以改革的精神主动探索积极开展“素养为本”的课堂教学行动研究在行动研究中总结和提炼发展学生化学学科核心素养的有效途径、方法和策略提升自身开展“素养为本”课堂教学

的能力。

第二节　高中化学课堂教学方法

化学课堂教学方法是指教师和学生为了完成教学任务、实现教学目标而采用的共同活动方式是教师指导学生掌握知识技能、获得身心发展而共同活动的方法是教师的施教活动、学生的学习活动以及教师和学生相互作用和构建人际关系的活动它关系到教学目标能否实现、教学任务能否完成以及完成的程度、质量和效率。目前两种对立的教学方法是注入式和启发式。注入式教学方法是指教师从主观出发将学生看成单纯接受知识的容器向学生灌注知识无视学生的主观能动性教师仅仅是一个现成数字的负载者和传递者学生仅能起到记忆器的作用。启发式教学方法则是指教师从学生的实际出发采取有效的形式去调动学生的学习积极性指导他们自己去学习的方法。启发式教学方法才是目前我们要求掌握的特别是新的教学方法不断出现的“互联网＋”时代更是如此在此基础上出现了两种典型的化学教学方法即化学实验启发教学法和化学多媒体组合教学法但在应用化学教学方法时一定要有针对性和多样化选取最优化的教学方法。

一、化学教学方法的分类

根据教学活动中学生的不同认知方式我们将常用的教学方法分为五大类即以语言传递为主的教学方法、以直观感知为主的教学方法、以实际训练为主的教学方法、以引导探究为主的教学方法和以情感陶冶为主的教学方法。

（一）以语言传递为主的教学方法

这类教学方法最为广泛主要包括讲授法、谈话法、讨论法和读书指导法等。

1. 讲授法

讲授法是教师运用口头语言系统连贯地向学生传授知识、技能发展学生智力的一种教学方法。它可分为讲授、讲述、讲解和讲演四种。优点是可充分发挥教师的主导作用，在短时间内获得大量系统的科学知识并能结合知识传授进行思想品德教育。讲授法要求内容要有科学性、系统性和思想性要认真组织、系统完整、层次分明、重点突出、语言精练。讲述可用于讲述化学史、陈述组成、结构、性质、变化等；讲解用于分析化学事实解释和论证比较复杂的内容等；讲演用于对某个专题系统介绍等比较适合高年级学生。

2. 谈话法

谈话法是教师通过和学生相互交谈以引导学生根据已有的知识经验通过独立思考去获取新知识的一种教学方法。优点是能照顾到每个学生的特点充分激发学生的思维活动有利于发展学生的语言表达能力并使教师通过谈话直接了解学生的学习程度检查自己的教学效果从而提出一些补救措施来弥补学生知识的缺陷开拓学生的思维使学生保持注意和兴趣。教师要做好计划对谈话中心、内容和问题做好充分准备问题要明确具体教师要善于诱导结束前要进行小结。

3. 讨论法

讨论法是全班或小组成员在教师的指导下围绕一个中心问题发表自己的看法和见解相互学习的一种方法。学生要具备一定的基础知识、理解能力和独立思考能力。优点是通过对所学的内容展开讨论学生之间可以集思广益、相互启发、加深理解、提高认识激发学习热情培养对问题的钻研精神锻炼语言表达能力。教师主要是提出有吸引力的问题明确具体要求指导学生收集资料引导学生围绕中心、结合实际自由发表，让每个学生都有发言机会结束前要做小结并提出进一步思考的内容。

4. 读书指导法

读书指导法指教师指导学生通过阅读教材和参考书以获得和巩固知识培养学生自学能力的一种方法。指导阅读教材时要要求学生预习为上课打好基础培养学生良好的阅读习惯。参考书阅读有精读和泛读两种。读书指导法对培养学生的阅读能力、教会学生学习、发挥学生的自学能力有独特的价值。教师要明确目标、要求给出思考题教会学生使用工具帮助学生学会阅读方法并用多种方法指导学生阅读。

（二）以直观感知为主的教学方法

这种教学方法具有形象性、具体性、直接性和真实性的特点主要有演示法和参观法两种。

1. 演示法

演示法是指教师通过展示实物、教具和示范实验来说明和验证某一事物和现象使学生掌握新知识的一种教学方法。它主要有实物、标本、模型、图片的演示；图表、示意图、地图等演示；电影、录像等演示。演示法体现了直观性和理论联系实际的教学原则。演示法要操作规范引导学生集中注意力发展学生的观察能力并分析归纳综合得出结论。

2. 参观法

参观法又叫现场教学法是教师根据教学目的和要求组织学生进行实地考察和研究使学生获得新知识巩固、验证旧知识的一种教学方法。优点是能够使教学和实际生活、生产联系起来激发学生对知识的渴望和兴趣扩大学生的视野使学生直接接触社会并从中受到教育和启发同时培养观察事物的能力和习惯。参观前要根据教学目的和要求做好充分准备参观时引导学生收集资料做好记录参观后组织学生总结。

（三）以实际训练为主的教学方法

以实际训练为主的教学方法是指以形成技能技巧、培养行为习惯和发展学生能力为主的教学方法。《化学教师综合技能训练》教材就是典型的实际训练法。此法的特点是使学生通过实践活动动脑、动口、动手提高学生分析问题和解决问题能力并养成良好的行为习惯。以实际训练为主的教学方法主要有练习法、实验法、实习法、实践活动法四种。

1. 练习法

练习法是学生在教师的指导下巩固知识、培养各种技能技巧的基本教学方法。它包括说话练习、解答问题练习、绘画和制图练习、作文和创作练习、运动与文娱技能技巧练习等。优点是可以有效发展学生的各种技能技巧对培养学生的意志品质有重要作用。此法主要是明确练习的目的要求方式要多样注意学生基础知识的积累和基本技能的提高，进行及时检查和反馈评价培养学生自我检查的习惯。

2. 实验法

实验法是教师引导学生使用一定的仪器和设备进行独立操作引起某些事物和现象产生变化从而使学生获得直接经验培养学生技能技巧的教学方法。它常用于自然科学的学科教学如教材中的化学实验教学训练和科技活动训练部分。优点是可以将理论与实践相结合有利于激发学生的求知欲、培养学生独立使用仪器进行科学实验的基本技能、严谨的科学态度和扎实的作风。此法要求教师认真编写实验计划加强实验指导做好实验报告批改和实验总结工作。

3. 实习法

实习法是教师根据学科课程标准的要求指导学生运用所学知识在课内和课外进行实践操作将知识运用于实践的教学方法。如数学测量实习、化学教育实习等。优点是有利于理论与实践相结合培养学生运用书本知识从事实际工作的能力有重要现实意义。此法要求在教师指导下有目的、有计划、有组织地进行教师要加强指导实习结束后要指导学生写出实习报告并进行成绩评定。

4. 实践活动法

实践活动法是让学生参加社会实践活动培养学生解决实际问题的能力和多方面实践能力的教学方法。此法要严格以学生为中心教师只是学生的参谋和顾问教师要保证学生的主动参与不能越俎代庖。

（四）以引导探究为主的教学方法

以引导探究为主的教学方法是指教师组织和引导学生通过独立的探究和研究活动而获得知识的方法。此法称为发现法又名探索或探究法、研究法。学生在教师指导下对所提出的课题和提供的材料进行分析、综合、抽象和概括自行发现并掌握相应的原理和结论。此法的特点是关注学习过程甚于关注学习结果要求学生主动参与到知识的形成过程中。优点是能够使学生的独立性、探索能力、活动能力和创新能力在探索中得到高度发展。教师要明确探究发现的课题和过程严密组织教学创造有利于学生发现的良好情境。

（五）以情感陶冶为主的教学方法

以情感陶冶为主的教学方法是指教师根据一定的教学要求有计划地使学生处于一种类似真实活动的情境之中利用其中的教学因素综合地对学生施加影响的一种教学方法。此法的优点是改变了传统教学只重视认知、忽视情感的弊端对培养学生的学习动机、丰富生活体验、发展学生创造能力、培养学生的高尚道德和审美情感都有重要作用。缺点是应用范围有限更多是作为辅助性教学方法使用。这类教学方法分为欣赏教学法（对自然、人生和艺术等的欣赏）和情境教学法（创设一定的情境引起学生情感体验生活展现、图画再现、实物演示、音乐渲染、言语描述等情境）。化学新课标要求今后在课堂教学中应该尽量从生活、生产和社会等方面去创设一定的情境进行教学。

二、化学教学方法应用注意事项

化学教学方法多种多样但选择时必须有针对性和多样化要采用最优化原则注意情境性与启发性。教师可以根据学习动机的激发方法（创设新奇情境、成功情境说明学习意义提出期望要求利用有效评价等）来选择合适的教学方法。在教学活动的组织和实施过程中要注意个别教学、分组教学、团体教学的使用与配合。在组织方式上要分清课堂教学、实验教学、电化教学等不同的组织形式。教师还要按照学生接受—复现、复现—探索、自主探索的认知活动方式进行选择。在教学活动中内部活动方式主要有分析、抽象、综合、概括、判断、推理、比较、归类、论证等。而外部活动方式则有陈述、谈话、讨论、阅读、展示、演示、参观、实验、练习、实习、其他活动等。在选择教学方法时一定要注意将内部活动和外部活动结合起来进行。

在使用教学方法时还必须进行教学活动的检查、反馈和调控。教学活动的检查方法主要有测验（口试、笔试等）、观察（练习、作业、表情等）、调查（谈话、问卷、自陈等）三种方式。反馈方式主要有评定成绩、做出评论两种。调控方式主要有教师控制、教材控制、机器控制、学生自控。过去的教学方法仅仅是教学活动的组织与实施如今是多层次、多维度和多类型的复杂体系必须合理地选择和优化教学方法。

三、化学教学方法的选择、组合和优化

教学方法要根据教学目的和任务的要求、课程性质和特点而定；要根据每节课的重点和难点、学生年龄特征、教学时间、设备和条件、教师业务水平与实际经验和个性特点而定。教学方法还受到教学手段、教学环境等因素的制约这就要求我们要全面、具体、综合地考虑各种关系进行权衡和取舍。选择化学教学方法时要看该方法是不是有利于完成既定的教学任务、达到预定的教学目的；是不是适合于教学内容符合学科的研究方法；是不是适应学生个体以及学生集体的发展水平和心理等方面的需要学生是否具有必要的学习准备；是不是具有相应的教学条件如实验设备；是不是符合化学教学规律和教学原则；是不是有利于落实教学指导思想、教学策略和教学思路。选择化学教学方法时还要看教学方法本身的教育价值；教师对教学方法的了解、使用教学方法的经验和能力及教学风格等个人品质和个性特征。

教学方法运用的综合性是指教师根据教学任务和教学内容的需要综合运用多种教学方法而不要长期只使用一种教学方法。教学方法运用的灵活性是指教师在实际应用教学方法当中要从实际出发随时对其进行调整以达到最佳教学效果。教学方法运用的创造性是指教师从教学实践出发在把握现有的基础上进行教学方法的创新。如现在的对分课堂、翻转课堂、微课、慕课等教学方法的运用等。

四、主动学习法

主动学习法是一种强调口头表达、书面表达、参与式学习和“做中学”的创新教学法。目前国内教育不论是本科还是基础教育阶段都越来越突出学生的中心地位注重激发学生的学习兴趣和潜能创新形式、改革教法、强化实践。

（一）主动学习与被动学习

主动学习其实并不是一个新鲜概念。它是指学生以口头表达、书面表达和动手实践的方式而非被动地阅读、听讲和观摩教师演示来进行学习的一种创新的教学方法从英国兴起至今已经在全球不少学校尤其是大学中被广泛应用。和被动学习相比主动学习在知识留存率方面占有显著的优势。研究显示对于阅读的内容人们只能记住 10％对于听讲的部分只能记住 20％观摩教师演示的部分能记住 30％如果边听讲边观摩演示的话知识留存率能达到 50％但所有这些都属于被动学习的方式总体上来看知识留存率都不理想。

而当人们使用主动学习方式时他们能记住所说或所写内容的 70％以及动手实践过的内容的 90％。对于学习来说知识留存或者说识记仅仅是最初级的一个阶段那么，在更高级的部分被动学习和主动学习的表现分别又是怎样的呢？很显然和主动学习相比听讲、阅读和观摩演示等被动学习方式对知识的理解、应用、分析和创造都是收效甚微的。因为在这种学习方式中学生没有经过深度思考不会创造和使用诸多联想或记忆的线索来将学习提升到高阶思维阶段。但在主动学习中不管是角色扮演、辩论、研讨还是写作、动手实践学生都更有可能领悟到人类千百年来知识探索的精髓和奥秘所在更有可能对知识产生情感联系和“知其然更知其所以然”的透彻理解从而有助于他们在新的情境下或真实生活中对习得的知识进行迁移、整合和创造性应用。通过综合知识留存率和布鲁姆学习能力金字塔我们可以得出一幅现实版的学习效果留存率图当进行接受式学习时比如听音频、视频讲座阅读或听讲学习效果的留存率还不到 20%；当进行参与式学习时比如玩耍、练习、讨论或演示学习效果的留存率可以达到 20%～75%；而当学生在“做中学”时比如和教师共同参与一项任务比如知识讲授后得到即时的、针对性地训练此时学习效果的留存率高达 75%以上。这里要说明的是接受式学习相当于我们通常所说的被动学习而参与式学习和“做中学”则都属于主动学习的范畴但比起参与式学习“做中学”是更高层次的主动学习。还有一点此处提到的学习效果留存率不仅指识记事实性知识还包括对知识的理解、应用、分析、评估和创造。

（二）主动学习课堂操作策略

1. 课堂讨论策略

课堂讨论策略被广泛应用于不同班额、不同学科、不同授课方式的班级中最佳实施时机是复习环节。当学生们对某个单元或某门课程的内容有了一定的了解和掌握更有可能产生高质量的、富有成果的、充满智慧的课堂讨论。此外实施课堂讨论时教师的指导角色不可或缺因为这是一项难度较高的学习任务要求参与者能对所学内容进行批判性思考能对同伴观点进行富有逻辑思辨力的评点、总结、回应和反驳因此需要教师对之进行预先辅导和随堂点拨。

2. 思考—配对—分享策略

思考—配对—分享策略要求学生先花几分钟时间对上堂课的内容做个小结随后和一个或两个同伴讨论自己的小结最后在全班同学面前分享。这项任务对学生的要求很高他们必须对学科内容具备一定深度的背景知识才有可能对课堂内容做出精辟且恰当的小结。另外他还必须拥有把自己的观点和同伴的观点进行对照和联系的能力以充分吸纳同伴们在配对环节贡献的智慧从而在分享环节提供有成果的洞见。当然在这样高难度的任务中教师作为点拨者对于复杂概念的廓清和关键原则的重申也是至关重要的否则思考—配对—分享就有可能变成一场无意义的教学。

3. 学生二人组策略

学生二人组策略是一种学生成对进行提问、回答、讨论的学习策略。在预备环节学生们必须先通读相同的材料并写下自己的问题。随后教师对学生进行随机配对比如学生 A 和学生 B。学生 A 先提问 B 回答然后他们就此问题展开讨论 B 再接着提问，A 回答然后又是讨论。这一轮结束后教师又随机抽取一对比如学生 C 和学生 D 同样 C 先提一个问题（和 A、B 不同）D 回答再讨论随后 D 提问 C 回答……如此循环往复。在此过程中教师来回巡视及时给予反馈和答疑。

4. 一分钟论文策略

一分钟论文策略是一种学生对所学内容进行总结、教师及时给予反馈的教学方式。不过虽然被称为“一分钟论文”但要求学生在极短时间里对给定内容做出简明、精确的总结并以书面形式正确、流畅地表达出来并非易事。一般来说学生都需要花 10 分钟左右做准备和练习。

5. 即时教学策略

即时教学策略是一种课堂“预热”策略。在课程开始前教师预先给学生们布置几个问题和共同的阅读材料一方面引导他们进行预习和阅读另一方面促使他们对本课的目标进行反思随后将这几个问题在课堂上进行充分讨论。实施得当的即时教学能对学生起到导读和导学的作用并使他们对自己的学习更有目标感和掌控感。

6. 同伴互教策略

同伴互教策略要求某名学生就某个专题或某节课本内容展开深入研究准备相关材料并对全班同学进行讲授。通过这样的训练作为“小老师”的学生会对所教内容理解得更加深入、掌握得更加精细对于其他学生而言由同伴来教可能沟通交流和传授效果会比教师更好。

7. 工作室漫步策略

运用工作室漫步策略时教室被布置成一个工作室再划分成若干个讨论组，学生们可以在不同的讨论组之间“跳来窜去”贡献自己的意见和智慧。该策略形式灵活，最终学生对于某个话题的见解必须以 PPT 演示的形式向全班同学呈现。

第三节　高中化学课堂教学技能

课堂教学是教师把精心设计好的教学设计（教案和学案）在课堂上实施以取得预想的教学效果。课上必须充分发挥教师的主导作用调动学生的主体积极性上课过程中要注意数字的及时反馈和调控要严格控制教学时间提高课堂教学效率。在教学过程中要培养学生的宏观辨识与微观探析、变化观念与平衡思想、证据推理与模型认知、实验探究与创新意识、科学精神与社会责任等五大化学核心素养。

一、教学语言技能

教学语言是教学数字的载体是上课的必备条件。教学语言的基本要求是遵守语言的逻辑规律化学语言应该准确、鲜明、生动合乎语法用词恰当等。教学语言还要适应教育教学要求声音清晰、洪亮、流利发音标准声音抑扬顿挫语速适当语调要有节奏和变化等。教学语言必须符合化学学科特点正确应用化学术语确切表达化学概念符合化学语言规范等。化学教师应该努力使自己的教学语言出口成章每节课的教学语言记录下来就是一篇精彩的讲稿或文章。

教师用教学语言讲授时应该做到内容完整、层次分明富有逻辑性既注意全面和系统又抓住重点、难点和关键；讲授时必须语言准确、精练、生动学生能听清、听懂有感染力能引起和保持学生的注意力；讲授时还应注重启发性引导、分析、阐述和论证注重激发学生积极思维使师生活动协调、同步；讲授时能恰当运用板书、板画及表情、手势等手段来配合注意收集讲授效果的反馈数字能及时做出适当的调整。

二、指导学习活动技能

学生的化学学习活动主要有课堂上的听课、记笔记、观察、思考、实验、探究、讨论、自学、练习以及课后的复习、作业、预习、阅读、收集资料、实践活动等。教师在教学中要不断地组织实施这些课内和课外学习活动提高组织和指导学生进行学习活动的技能。

（一）指导听课技能

听课和记笔记是学生课堂上最重要的学习活动。在课堂教学中教师要在上课前做好学习定向工作使学生大概了解学习目标、方法和步骤要重视做好每节课的小结工作，使知识结构化和系统化帮助学生完成模型认知和知识建构。在讲课时重点和难点内容有必要重复讲授并利用停顿和提高语调、控制较慢的语速和配合板书让学生能听清和看清并配合使用积极的情感表达与丰富的副语言技能充分调动学生的学习积极性发挥学生的主体性使学生自动自觉地想听课和要做笔记。课堂上教师还要指导学生合理分配注意力善于用耳、眼、脑、手相互配合和协调使用在老师上课停顿时抓紧记笔记，先将不理解的问题记下来等课后再认真思考或请教老师与同学记笔记时还要学会选择内容主要记老师讲课的思路、内容提纲、疑难问题、教材中没有的重要补充内容和学习指导等并要学会用简明扼要的文字、图表和符号做笔记以便于节省时间。教师还可以组织班级优秀笔记展示和交流等活动逐步提高对课堂笔记的要求以提高学生听课和记笔记的效率。

（二）指导讨论技能

讨论是在教师的组织和指导下相互质疑和论辩、启发和补充共同得到问题答案的一种集体学习活动。它要求学生具有一定的知识基础、思考能力和讨论习惯也要求教师有较强的组织与管理能力和丰富的教学经验。教师组织和指导学生讨论的难点是控制讨论的方向和时间提高讨论效率和学生的积极性。首先教师要围绕教学目标精心设计讨论题使其具有较好的思考性、论辩性难度适中最好配合化学实验、情境导入、课堂练习和作业等活动方式。其次是让学生理解讨论题及意义给学生足够的思考时间教师可以采取提前公布讨论题、引导学生复习有关知识、阅读教材和参考资料、收集资料和准备必要的发言稿等方法。再次是鼓励、要求学生在认真思考、准备的基础上各抒己见积极大胆地发言勇于坚持正确的意见、修改和放弃错误的意见还要让学生在讨论中紧扣主题相互切磋和学习。最后教师要及时帮助学生排除疑难、障碍和干扰尽量让学生自己分辨是非、纠正错误得出正确的结论教师不轻易表态和包办但更不能放任自流、袖手旁观要注意掌握时机积极引导培养学生自己组织讨论的能力等。

（三）指导练习技能

练习是以巩固知识、形成技能和发展能力为目标的实践训练活动是教学过程中的重要环节。通过练习可促进学生将学到的知识与实际相联系使学习效果进一步得到深化和提高也是教师获得反馈数字的重要途径但练习一定要防止陷入题海中要力求精练和取得高效率。

首先是针对学生发展的需要精心选择、编制练习题要有明确的练习目的内容要在全面的基础上突出重点和难点练习题还要有典型性、思考性、开放性和趣味性的特点化学练习要尽量联系生活和生产实践难度和题量都要适当减少重复练习保护和发展学生的学习兴趣。其次是引导学生复习有关知识进行审题与解题指导讲清要求与格式对复杂的练习按分步练习—完整连贯—熟练操作顺序分阶段组织练习。练习前教师要指导学生复习相关知识并进行例题示范特别要讲清解题思路注意一题多解和举一反三。再次是教师通过巡视检查及时收集教学反馈数字实行分类指导对完成较好的同学可以增加要求更高的补充练习；对出现错误和完成有困难的学生则进行指导和课后辅导；对普遍感到困难的题目则要补充讲解如果有时间还可以让学生上黑板演示练习过程并组织全班同学观摩和评价。最后教师及时对学生的方法、过程和结果进行讲评组织学生互评、自评。教师要做好练习总结在学生有了实践体会的基础上总结出审题、解题或操作的一些规律加深并提高学生对相关知识的理解并布置一些课后作业（家庭作业）让学生进一步练习提高解题技巧。

（四）指导自学技能

化学课程的自学主要包括阅读、实验、思考、解决问题、课前预习、复习和表达等而狭义的自学则专指学生独立阅读教科书。教师在组织和指导学生自学时首先要引导学生认识到自学是学习的首要任务充分认识这一思想对于学生适应学习型社会、提高自身发展潜力具有重要意义。其次是通过教师自身的示范让学生逐步学会收集、选择学习材料自己确定学习任务、重点等。再次是让学生知道自学阅读不仅要动眼还要动笔摘录要点及时记下心得、体会整理和编写知识小结做好阅读笔记。还要注意多动手练习来深化理解、学会应用和掌握知识学会善于动脑注意新旧知识的对比联系发现问题后通过独立思考或与同学讨论解决注意进行概括和总结抓住重点和精髓。最后学生要逐步掌握学习各类内容的规律教师注意组织好自学成果的交流、讨论和示范活动。例如对理论性知识要注意产生有关概念、原理和定义的事实依据学会通过抽象、概括和推理自己得出结论了解有关知识的应用及其范围并能具体举例；对元素化合物知识要多联系实验现象弄清物质的结构、性质、用途与制法之间的联系与规律并形成概念图。

（五）指导合作技能

合作学习是以小组为单位通过学生或学生群体间的合作性互动来促进学习达到整体学习成绩最佳的学习组织形式。合作学习把个人之间的竞争转化为小组之间的竞争力求通过组内合作使学生尽其所能达到最大程度地发展。教师在组织合作学习时首先要明确个人责任培养团体精神鼓励每个成员发挥最大潜力在独立思考的基础上在平等民主的氛围中人人参与各抒己见。重视小组成员间的相互支持、鼓励和帮助使每个成员达到预期目标。其次是合理组建学习小组促进学生共同参与精心设计合作学习内容发挥小组各成员的作用。再次是把握合作学习时机提高每个成员的参与欲望，由于合作学习方式不能每节课都采用也不是整节课都使用教师要把握恰当的时机组织小组合作学习让学生带着迫切的愿望投入到合作学习中。最后是进行适时、合理地评价调动参与者的学习积极性。在合作学习过程中如果学生每一个有价值的问题、精彩的发言或成功的实验操作都能得到组内其他成员的赞许那么学生就能体验到合作学习的快乐可有效激起他们继续合作的欲望。

（六）指导探究技能

探究式教学是由学生自己寻找问题答案的教学活动方式它以学生独立自主学习为前提给学生提供观察、调查、假设、实验、表达、质疑及讨论问题的机会让学生将自己所学的知识应用于解决实际问题。探究式教学有利于开发学生的智力发展学生的创造性思维培养自学能力有利于学生学习和掌握学习方法培养五大化学核心素养为终身学习和工作打下坚实的基础。化学教师的作用就是调动学生的探究积极性引导学生发现问题、提出问题、分析和解决问题促使他们自己去获取知识发展能力。

教师在组织和指导探究教学时首先要发掘蕴涵在教材中的探究因素充分利用化学实验进行探究活动不能只满足学生做实验还应注意创设问题情境让学生自己设计实验通过实验探究活动发展学生的发散思维和批评性思维充分挖掘学生的创新意识与科学精神。其次是激发学生探究、思考的兴趣。教师要注意引导学生形成思考实验现象、发现问题、解决问题和探究原因的兴趣引导学生质疑和创新使学生主动进行探究活动。再次是教师要敢于放手留给学生思考的空间。当学生在探究活动中遇到问题时教师不能急于解释和给予帮助要利用学生已有的知识去进一步引导要留给学生思考的时间和空间并注意启发学生去发现新问题引导他们找出不同的方法和思路鼓励学生自己设计实验方案并亲自观察、尝试、探索、实践还要允许学生出现错误不能求全责备，使学生在自由、和谐的轻松氛围中去探究充分展现自己的才华。最后是按照科学探究的过程规律指导学生开展探究活动。要按科学探究的方法抓好情境创设、发现问题、明确问题、提出假设、收集资料、进行验证、形成结论和讨论交流等环节；并注意引导学生总结科学探究方法重视科学精神和社会责任。

三、板书板画技能

板书是在课堂教学过程中教师利用黑板、白板、磁性板等以精练的文字和化学符号传递数字的行为方式。板书是一种重要的课堂教学手段是课堂教学的有机组成部分。板书设计是课时教学方案的重要组成部分是教师的基本功之一。

板画主要指绘制常用化学实验仪器图及其装置图是学生巩固和加深理解化学基础知识不可缺少的途径板画要求按现行的高中化学课程标准执行。高中学生应初步学会描绘简单仪器及其装置图通过板画可使学生熟悉仪器的名称、性能、大小及连接方法科学地掌握仪器装置的原理；同时板画可作为直观教具提高教学效果激发学生的学习积极性。板画训练时要由简到繁分步画出。绘制时要求形象正确、比例适当、条理清晰、重点醒目以表现实验装置的要求达到贴切美观的教学效果。

四、模型、图表和标本使用技能

化学模型是以化学实物为原型经过加工模拟制作的仿制品是对化学实物三维表现的构造示意。有些实物不易得到或因体积需要缩小或放大都可以制成模型。常见的化学模型有化工生产的典型设备如炼钢高炉模型等；化工生产流程如接触法制硫酸简单流程模型等；物质结构模型如电子云模型、有机物分子结构的球棍模型和比例模型等。图表是指化学教学中的各种图和表。图是事物形象描述或理论关系的生动描述。常见的图表主要有化学实验图如实验仪器装置图、基本操作图等；化工生产图主要是典型设备构造示意图和工艺流程图；物质结构图如电子云图、原子结构示意图等；物质相互关系图如元素化合物及其相互关系图等；各种曲线图如溶解度曲线图等。标本是指经过挑选或加工外观品质符合教学要求的化学实物。高中化学教学中常用的实物标本有矿物标本、重要化工产品标本、冶金产品标本、化学试剂标本和物质的晶体标本等。

这些模型、图表和标本在化学课堂教学中具有不可替代的作用。在宏观辨识与微观探析（如电子云图、原子结构示意图等）、变化观念与平衡思想（如物质相互关系图等）、证据推理与模型认知（如溶解度曲线图等）、实验探究与创新意识（如实验仪器装置图、工艺流程图等）、科学态度与社会责任（如炼钢高炉模型、各种化工和矿物标本等）五大化学核心素养的养成方面有重要作用。因此我们在化学课堂教学中要充分利用学校的各种模型、图表和标本在讲授相应知识模块时配合使用真正发挥好这些辅助教学工具的作用使课堂教学达到最佳效果。

五、作业和辅导技能

布置作业是课堂教学活动的组成部分主要是告诉学生应进行哪些工作和完成这些工作的方法。作业的形式主要有阅读教科书和参考书、做练习题、进行调查、参观、绘制图表、实验（学生在家中可做一些简单的实验）等。布置作业时注意作业的内容要围绕重点解决难点；内容表达要明白作业的范围要确定；措辞要科学；要启发学生思维培养学生分析及解决问题的能力；要启发学习动机使学生认识到作业的重要性；要重视指导进行作业的方法。对特殊困难的学生最好另外进行个别辅导；要注意适度如分量过重学生不能完成会降低学习兴趣有些学生还会认为是学习负担。批改作业可以采用全收全批与部分批改相结合精批细改与典型批改相结合集体批改与个别批改相结合等方法。辅导是一种辅助性的教学组织形式以弥补课堂教学的不足便于了解学生学习上的问题和意见研究学生的认识规律做到教学相长是提高教学质量的重要措施。辅导应有目的地进行辅导重点在于指导学习方法提高学生的能力辅导要启发学生的自觉性使其乐意参加辅导时教师要循循善诱满腔热情。

六、提问技能

提问主要是教师通过预先设计的一系列相互联系的问题启发、引导学生经过思考做出正确回答以师生对话方式围绕课题的重点与难点展开讨论。提问和解答问题要注意避免机械的一问一答式注意双向交流要做到问题提得好提出的问题既要使学生能回答上又不能过于简单学生不加思考就能回答出来。课堂问题主要分为导向性问题（探究性问题）、评价性问题和形成性问题以及引导学生思考进行的反问、变换问题、有效追问等。提问时必须选择恰当的时机和对象以恰当的方式提问以引起学生注意真正达到启发思考、培养学生能力的目的。问题提出后教师还要鼓励学生大胆发言并善于倾听学生的发言依学生回答问题的情况进行有效追问。教师必须训练和提高提问艺术不能用“是不是”或“对不对”等简单判断的方式进行提问一定要进行灵活有效的深化、转问、反问、回问等高级提问技术的学习和训练。教师也不能只满足于少量学生烘托课堂氛围的回答问题对沉默和边缘的学生要给予关注和适当的提问并根据学生掌握的情况采取强化和相应补救措施提高课堂实效。

七、情感表达与副语言技能

教师的情感技能是提高课堂教学效率的有效手段教师的情感技能中最重要的是使学生得到对教师态度倾向的感受和体会教师的热情、信心、亲近、鼓励等都可以增强学生搞好学习的信心和驱动力。用于传递情感的副语言主要有各种面部表情、眼神、微笑、声调、头和手的动作如点头、摇头、挥手、拍肩膀等。教学副语言以口头语言为基础、配合口头语言活动进行没有形成独立的语言系统不能叫语言但在课堂教学中有重要作用教师一定要多学习和训练正确的情感表达与副语言技能。

第四节　高中化学课堂导入技能

课堂教学情境导入是指知识在其中得以存在和应用的环境背景或活动背景学生所要学习的知识不但存在于其中而且得以在其中应用也可能含有社会性的人际交往。教学情境的特点和功能不仅在于可以激发和促进学生的情感活动、认知活动和实践活动还能提供丰富的学习素材有效地改善教与学。

一、教学情境导入的功能和特点

学习的过程不只是被动接收数字更是理解、加工数字主动建构知识的过程。认知需要情感促进认知。适宜的教学情境不但可以提供生动、丰富的学习材料还可以提供在实践中应用知识的机会促进知识、技能与体验的连接让学生理解所学的知识，进一步认识知识的本质运用知识解决问题发展能力。只有学习的内容被设置在该知识的社会和自然情境时学生才能体会到学习情境的意义。课堂导入艺术的特点主要是针对性、启发性、新颖性和趣味性。针对性是指情境导入要满足学生听课的需要针对性强；启发性则是情境导入能启发学生的思维能力；新颖性是指情境导入指向能吸引学生的注意；趣味性则是情境导入能激发学生学习的兴趣提高学习效率。

二、课堂教学情境导入方法

课堂教学情境导入点主要有四个方面从学科与生活的结合点入手创设情境如盐的教学情境设计为加工皮蛋的录像；从学科与社会的结合点入手创设情境如食盐和纯碱的教学情境设计为西部盐湖开发；利用问题探究创设情境如溶解度的教学情境设计为食盐与硝酸钠比溶解能力强的对话；利用认知矛盾创设情境等。下面是化学教师常见的九种情境导入方法。

（一）开门见山平铺直叙

开门见山式导入即在上课开始后教师开门见山地介绍本节课的教学目标和要求、各个部分的教学内容、教学进程等让学生了解本节课的学习内容或要解决的问题。当学习内容对学生来说是一类新知识或新领域从学生原有认知结构中不易找到新知识的“生长点”新知识的学习方法和学习程序又没有适当的范例供借鉴运用时可选择直接导入法但此法在化学教学中应该尽量少用或不用。

（二）温故知新探求新知

温故知新是一种常用的导入方法其特点是以复习已经学过或学生日常生活中已经了解的知识为基础将其发展和深化引出新的教学内容。复习旧知识的导入方式重在恰到好处地选用与新授课内容关系密切的知识达到温故知新的目的。

（三）巧设悬念引人入胜

悬念式导入它是指教师上课伊始有意设置一些带有启发性的疑问摆在学生面前又不直接说出答案使学生感到“山重水复疑无路”迫使其去寻求“柳暗花明又一村”从而进入学习新知识、解决新问题状态的一种导课方式。在化学课的教学中有相当一部分内容缺乏趣味性讲起来干瘪学起来枯燥。对这些章节内容的教学教师若能有意识地创设悬念便能使学生产生一种探究问题奥妙所在的愿望激发起学生学习化学的兴趣。

（四）故事吸引启迪思考

把课讲得生动形象深入浅出始终是衡量教师教学艺术水平的标准之一。寓意深刻而又幽默轻松的故事加之铺陈渲染绘声绘色的教学语言是学生喜闻乐见的导课形式。采用故事导入方式应注意故事内容要与新课内容有紧密的联系；故事本身生动有趣，对学生具有启发性；同时讲故事时语言要精练故事要短小精悍用时不长一般的故事引入有 2～3 分钟就可以了。

（五）直观演示提供形象

直观演示是指教师上课伊始通过展示图片、动画、影像等先让学生观察实物、模型、电视或实验等引起学生对即将讲授内容的关注然后提出问题引导学生观察、思考、分析从而使学生直接进入寻求新知识的一种导课方式。如讲授有机物的分子结构时展示球棍模型和比例模型让学生从模型认知中建构分子结构再对模型进行重新组装和定位让学生从宏观辨析中领悟有机物分子的微观结构及其变化。

（六）创设质疑实验探究

为了培养学生勇于质疑、乐于发现、勇于创新的精神突出以人为本的科学发展观，教师在教学时就必须创设质疑情境把学生“机械接受”过程变为“主动探究”过程。以“SO_2（二氧化硫）的性质”为例二氧化硫可以使红色的酚酞试液、品红试液和紫红色的高锰酸钾溶液分别褪色很多教师在处理这一部分内容的时候习惯于告诉学生结论，那就是在三个过程中 SO_2 分别表现了酸性氧化物的性质、漂白性和还原性。但这样无疑只是让学生被动地接受知识我们可以设计这样的质疑情境：“SO_2 能够使这三种有色试液褪色那么它们的反应原理分别是什么呢？该怎样证明呢？”然后引导学生交流讨论，最后形成实验探究思路：向褪色后的酚酞溶液中加入 NaOH（氢氧化钠）等碱性物质会看到溶液重新变红从而证明使红色的酚酞褪色是因为 SO_2 与水反应生成亚硫酸中和了溶液中的碱性物质；加热褪色后的品红溶液红色复现证明使品红褪色是 SO_2 表现了漂白性（暂时性漂白）；而向褪色后的高锰酸钾溶液中加入 $BaCl_2$（氯化钡）溶液，可以根据沉淀现象判断 SO_4^{2-}（硫酸根也可称为硫酸根离子）的存在证明 SO_2 表现了还原性。这样先以质疑情境引发学生思考再以实验场景验证学生的思维过程不仅更加符合现代教学论的要求而且对学生的学习效果也必然产生更积极的影响。

（七）联系实际激发思考

在化学课上教师以学生已有的实际经验或是为学生提供的实例（可能是生产、生活、社会中的实际问题也可能是新闻媒体的报道或历史上曾经发生过的事情等）出发，通过讲述、谈话或提问等方式引导学生思考、激发学生学习新知识的兴趣和欲望进入新课题的学习。

（八）魔术引入提高兴趣

魔术引入是指教师在上课前精心准备一个与本节课内容相关的化学魔术略带神秘地表演给学生看从而激发学生学习兴趣的一种特殊的化学实验引入方法。如讲解二价铁与三价铁的相互转换时做一个“茶水变色”的魔术；讲解氨气的性质时做“空杯生烟”的魔术；讲解过氧化钠的性质时表演“滴水生火”的魔术等。

（九）新闻事件社会热点

教师上课前查找与本节课内容相关的新闻事件或社会热点问题以图片、文字或视频的形式向学生展示从而引起学生的共鸣提高学生的科学精神和社会责任并顺利引出新的教学内容。

三、课堂教学情境导入注意的问题

课堂教学情境导入时应该注意：情境导入作用的全面性尽量使设置的情境包含整节课的主要教学内容；情境导入作用的全程性尽量使设置的情境贯穿于整节课的全过程；情境导入作用的发展性尽量使设置的情境是最新最近发生和发展的内容；情境导入作用的真实性尽量使设置的情境真实可靠不能道听途说凭空设想；情境导入的可接受性尽量使设置的情境能让学生接受不能太极端和太过于暴力设置的情境更不能对学生产生负面影响。

从以上所举实例可以看出具有艺术性的课堂情境导入在于教师创设的问题情境中的问题恰当、情境生动、引人入胜并且内容精练这样就能在短时间内收到良好的教学效果激起学生的学习动机和兴趣。当然课堂导入应因时而变因势而改争取让化学课堂的导入如春天怒放的花朵争奇斗艳万紫千红。

第五节　高中化学课堂管理与调控技能

课堂管理和调控是保障教学活动达到既定目标、顺利完成教学任务的重要举措。教师在课堂教学中应注意通过课堂观察等途径收集学生数字在充分了解学生的基础上采取有效的管理和调控措施。

一、课堂观察技能

课堂观察是调控和管理的基础是教师为了收集来自学生的数字而进

行的觉察学生行为、个性和其他特点的过程。课堂观察可以向教师提供教学反馈数字使教师能够对教学及时进行调整还可以使教师增加对学生的了解有利于进一步做好教学评价和今后的教学工作。

周密的计划是做好课堂观察的关键。首先教师要确定观察的重点内容如学生对学习目标的了解、学习态度、学习结果、参与教学活动的积极性、兴趣和爱好、情绪和注意力、人际交往活动、思维品质、创造性、认知能力、表达能力、遵守纪律和规则等都是观察的内容。但每次重点观察的内容不能太多要结合每节课的具体教学内容有重点地观察几项但不能忽视偶发事件最好对每节课和每项观察内容设计出观察指标。特别注意课堂观察要面向全体学生教师可采用时间抽样法进行系统观察即按照一定的时间间隔和顺序有计划地轮流对不同的学生进行重点观察并与全面扫描和搜寻特别现象相结合。还要做好观察记录表教师要努力排除来自自身的各种干扰如成见、先入为主、光环效应、标签效应、平均效应和趋同现象等还要排除来自观察现场的各种干扰对于一时难以弄清和做出判断的现象可以课后多与学生接触做进一步了解以便准确地做出判断和评价。

二、课堂常规管理技能

课堂管理的常规内容主要包括空间与时间利用、纪律和秩序的维持等。

（一）空间利用技能

空间是教学的制约因素和重要资源。在化学教学的常规管理中必须重视对教学空间的结构设计和管理因为教室的座位会影响学生的视力、学习成绩和心理健康成长同样也会影响教学效果。为了促进学生的成长和发展教师在空间上必须科学地安排学生座位。如果让不同气质和性格的学生在座位的空间分布上错开搭配则更加有利于组织合作学习也更有利于学生形成比较完善的心理品质。当然还要定期交换和调整学生座位可促进学生更好地成长。另外为了更好地组织探究教学将传统的纵横矩阵式排列改进为弧线形或U形排列可以减少来自教师上课时的监控压力和影响克服刻板、不利于学生交往和合作学习的弊端。有条件的学校还应该尽量小班化教学以便更好地组织和开展探究教学、实验研究和小组合作学习。

（二）时间利用技能

时间是学习过程中的一个决定性因素。尽管课程计划、课程标准统一规定了各年级化学课程的总学时但在实际教学中由于不同的教学和管理方面因素的制约实际上各个学校的教学时间特别是有效的教学时间各不相同。研究表明成绩优秀的学校由于学生或教师的缺勤、教学中断、学生注意力涣散、学校组织的各种活动等，会浪费20%左右的可利用教学时间而成绩较差的学校更是失去了40%的时间。随意安排教学活动、“满堂灌”、重复练习、教学定向不清、教学环节衔接和过渡不良、教学进度和速度不当、学生被动学习等都会降低化学教学时间的有效利用率。所以教师在教学过程中要做好教学设计在各个教学环节中设置好时间并严格管理和利用好教学时间尽量使课堂高效在课标规定的时间内提高课堂效率。学校在管理上也要强化时间观念在正常上课时间内尽量少安排一些大型活动保障有效的教学时间。

（三）纪律管理技能

宽严适度的教学纪律是保证化学课堂教学顺利进行和搞好化学教学的重要条件。在教学过程中教师要注意辩证地利用好纪律的强制因素、学生自身的自制因素和教师人格魅力的亲和性因素。

一是要建立和谐的师生关系。学生自觉遵守纪律和维护纪律教师尊重学生人格尊重学生自尊心不一味地依赖严格的班规和班纪。让学生通过演讲、表演、辩论、比赛等多种形式、多种活动提高其主人翁责任感、集体荣誉感自觉维护纪律。在此基础上教师要多了解学生面对学生个体不能搞“一刀切”。学生父母的文化程度、对教育的认识、家庭成员的不同认识和理解都会影响学生的亲情感、同学情以及与教师的沟通程度。凡是师生关系和谐的班级都有良好的课堂纪律。

二是要针对班级的具体情况进行分析和教育。例如有些班级的学生在上课时出现问题马上就想讨论课堂上出现一片嗡嗡声。此时教师要抓住带头讨论的学生并进行纪律教育使学生认识到课堂纪律的重要性并自觉维护好课堂纪律。

三是要做到纪律管理的条款细致化。如不在教师没有布置讨论问题时随便讨论不做与学习无关的事情等。凡是违反了纪律的同学要受到在全班同学面前背课文或写化学方程式等惩罚促使学生认真遵守课堂纪律。

三、问题处理技能

一是要对出现的问题做出准确判断。在课堂教学过程中常常会遇到各种各样难以预料的问题。其中有些问题如果不及时解决就会影响教学的顺利进行。如上课时遇到学生睡觉、玩手机、吵闹、打架等问题教师必须准确判断是否需要马上解决拖延会不会影响后续教学活动问题属于什么类型、性质（要分轻重）是如何产生的原因是什么，怎样有效、迅速地解决问题原因是否在于教师方面能否发动学生解决等。

二是要善于处理偶发事件。偶发即不分时间、场合的突发事件。教师没有准备学生在课堂上违规是“百花齐放”的很多问题是始料不及的对偶发事件的处理既能表现出教师的人格魅力又能表现出教师在学生心目中的形象。教师的语气、语态、体态都会影响对偶发事件的处理。处理偶发事件时要注意说话的语气及态度有理不在声高引用一些听起来顺耳又能教育人的常用语言如“年轻人冷静点”“请勿扰乱课堂”等课后有理再说也不迟。不要对学生气势汹汹要因人而异因事而异能让气氛缓和尽量缓和事后再进行教育。教师在处理偶发事件时还要做到不偏心。特别要注意避免“先入为主”的心理如果在处理问题时对学习好的学生偏心那么这个教师在学生心目中的形象会大打折扣。一定要立场公正处理事情要有原则奖惩分明是非分明不包庇成绩好的学生对成绩差的学生不要有偏见。

三是要学会冷处理。对课上发生的一些小事件教师不要急于处理更不能急于发表意见以免做出过敏和过激的反应可以师生共同冷静思考几分钟以免影响课堂教学。让学生心里有数课后再进行处理或让学生说出事情缘由分析利害关系分析自身优缺点等。不一定总让教师来说明情况讲明道理高中学生具有一定的是非辨别能力要让他们在成长中逐渐形成正确的价值观和人生观。

四、课堂调控技能

课堂调控是实现预定教学目的的必要和有效手段。课堂调控时教师要做到建立期望让学生了解和接受学习目标和完成学习任务了解教师的期望促进学生主动学习。充分利用教学情境激发学习兴趣并利用兴趣的迁移和发展来进行情感调控。通过学生自评、互评和教师评价使学生及时得到自己学习情况的反馈数字并进行强化评价时要以表扬和鼓励为主让学生正确、全面和辩证地认识自己。

教师在课堂调控方面必须做好节奏控制。教学节奏是指某些教学参数在教学过程中连续、交替和重复出现的规律性表现。这些参数主要有教学密度、速度、难度、强度、重点分布以及情绪强烈程度等。所以在课堂教学中要力争教学过程张弛有度、节奏合理防止疲劳提高教学效率。为了建立良好的教学节奏教师要努力探究把握好课堂的最佳教学时段充分利用学生的最佳脑力状态和情绪状态将短时注意与长时注意有效结合，适时地形成教学高潮并要注意教师和学生活动的及时与适度的变化以确保课堂教学的高效。

同时对课堂上出现的问题要有灵活、果断与恰当地反应并做到发现问题及时调控。在正常的教学过程中遇到学生上课睡觉、玩手机甚至吵闹和打架等问题时教师就要及时地调控课堂。例如发现学生上课睡觉教师可以走到学生面前轻轻地提醒或要同座的学生帮助推醒课后可再找他问清楚睡觉的原因只有找到原因后才能对症下药，较好地解决个别学生上课睡觉的问题。又如学生上课玩手机是目前常见的现象教师可以在上课前提出不能玩手机的要求在教室前面做些小袋子给学生存放手机与学生签订何时使用手机的协议还要发动学生一起想办法解决等。至于吵闹和打架等极端情况发生时则要立即解决不能搁置处理。当学生学习积极性不高参与程度降低缺乏动力时教师的调控方式就是调整教学方案针对学生的兴趣增加或调整学习活动任务。当学生上课疲劳和无精打采时就要变换学习活动方式或进行内容调控。当学生注意力分散或受到干扰时教师要掌握注意力分散的合理性重在进行引导给予适当和短暂的应激释放机会然后通过让学生回忆被中断的学习活动引导并提醒学生进入教学过程。

第七章　高中化学教学模式研究

第一节　高中化学 PBL 教学模式

发展、创新已成为现代社会的本质特点，而未来教育的发展，也要迎合社会发展的需要。未来教育发展注重培养学生的创新能力和问题意识，以及自主学习能力、终身学习能力和交往合作能力。教师不能简单地以知识传授为目的，而应以激发学生的问题意识，形成对问题的独立见解为目的，同时在课堂教学过程中，应体现学生的主体性，培养学生的自学能力，使学生学会与他人进行交流、合作，能主动、积极地进行学习。

要顺应未来教育的发展，同时也为了克服传统课堂教学存在的弊端，需要建立一种新型的、可行的教学模式，而基于问题的学习（Problem－Based Learning，简称 PBL 模式）正是从学生学习角度出发设计的一种能克服传统课堂教学存在的弊端的教学模式。在教学中，可以以 PBL 模式作为一个突破口，让学生通过一系列问题的解决来进行创造性学习，不仅体现了学生的主体性、创造性，也达到了培养创新能力、自主学习及合作学习能力的目标，有利于学生综合素质的全面发展。

一、PBL 模式概述

（一）PBL 模式的含义

有关 PBL 的含义，不同的学者有不同的看法，目前仍存在很多歧义，有人认为 PBL 可以是一种教学策略、是一种以问题驱动的学习环境、是一种课程，也是一个过程、可以是指通过真实或接近真实情境或案例的学习，让学生参与学习课程的一种方法。

由此可见，对于什么是 PBL，到目前为止没有统一的认识。但从内容、学习过程的控制特征方面来看具有一定的共性，概括看来 PBL 模式是把学习置于复杂的、有意义的、真实的问题情境中，通过让学生合作解决真实的问题，来学习隐含于问题背后的科学知识，形成解决问题的技能，并发展自主学习能力的一种新的教学模式。这种教学模式让学生在特定背景下通过协作学习解决问题，有利于学生学习兴趣的激发，强化学习动机，并且有助于知识情境化，让学生学会学习，学会解决问题，做到自主学习、合作学习、终身学习。

（二）PBL 模式的基本要素

关于 PBL 模式的基本要素，国内外研究者从不同的角度进行分析，综合各种看法，可以将 PBL 的基本要素简单地概括为三个：问题情境、学生和教师。课程围绕问题情境组织、展开，学生是致力于解决问题的人，而教师扮演的是学生解决问题时候的工作伙伴和学生解决问题过程中的指导者。高中化学与生活、化学的发展都息息相关，较多素材都有利于用于创设具有一定意义的问题情境。情境中的问题大多是劣构的，结构不明确，没有简单、唯一、模式化的解决策略和答案，是一种开放性的问题情境。当学生处于问题情境中能多角度看待事物的环境，能激发学生的探索欲望，维持学习的兴趣，在强大动机的驱使下能识别问题的症结所在，积极地寻求解决问题的方法。同时能得到教师的指导，构建与后续学习的需要和联系，培养自主学习的能力。

（三）PBL 模式的特征与优势

基于问题的学习是让学生在真实的问题情境中学习，把所学的知识、技能与生产生活实践相联系，围绕着解决一些具有结构性、真实性的问题，而进行的一种有针对性和实践性的学习，能够平衡学生的需求、课程和特定学习情境的学习标准间的关系，具有独特、优良的教学价值。根据 PBL 模式的定义，可以看出 PBL 模式主要有以下特征与优势（表 7—1）。

表 7—1　PBL 模式的特征与优势

特征	优势
1. 是一种以学习者为中心、学习小组为单位的教学模式	1. 强调有意义学习，而不是对事实的简单记忆
2. 问题驱动知识和能力的运用，促进更深入	2. 教师是组织者、合作者、引导者的了解，更好地能力发展
3. 创设开放性的教学环境	3. 通过问题解决，增强学生的自主学习意识
4. 把问题作为教学的组织中心、学习的驱动力及学生能力发展的手段	4. 小组合作学习，充分体现人际交往能力和团队协作能力
5. 问题是真实的、结构不良的、开放的、有意义的	5. 开放的学习环境有利于形成自发的学习
6. 在问题解决的过程中获得新的知识、发展能力态度	6. 师生间、生生间的关系更融洽
7. 注重过程，真实的、基于绩效的评价	7. 学习水平提高了

（四）PBL 模式与传统教学模式的比较

PBL 的教学综合了发现学习、协作学习、自主学习以及范例学习等多种学习方式的特点，与传统的教学模式相比，在教师、学生、教学策略、媒体、评价方式、学习环境等教学的要素方面都发生了深刻的变化（表 7—2）。

表 7—2　PBL 模式与传统教学模式的比较

教学要素	传统教学模式	PBL 模式
教师	1. 教学中的权威、主导者 2. 教师独立工作 3. 主要向学生教授已有的知识经验	1. 教学中的引导者、合作者、组织者 2. 教师间相互支持、合作 3. 以指导学生获取解决问题的策略、方法为主
学生	1. 被动学习，成为装载数字的"容器" 2. 各自学习，相互竞争 3. 主要是记忆并重复已有经验知识	1. 主动、积极参与学习过程 2. 以学习共同体形式开展协作学习 3. 强调知识的意义建构，以及各种能力的培养
教学策略	一般以单一的形式传递数字给全体学生	个体与其他同学和教师建立合作关系；小组协作学习，共同解决问题；学生在特定情境下自主收集数字，获取并应用知识；教师在教学中为引导者

续表

教学要素	传统教学模式	PBL 模式
媒体	主要为教师在讲授过程中向学生演示知识服务	主要作为学生获取数字、处理数字和解决问题的认知工具
评价方式	1. 以完成特定的学习任务来评定成绩 2. 评价主体单一，教师是唯一的评价者，且按成绩把学生分成不同的等级	1. 不仅只有考试评价，还有多种灵活的评价方式 2. 自我评价、教师评价以及同伴评价综合利用
学习环境	学习是以个人为中心的，是相互竞争的	学生在一种相互合作、支持的环境中学习

二、PBL 模式的理论依据

教育学、心理学的发展，为 PBL 的教育、教学改革提供一定的实践指导和理论支持，下面将从教育学基础和心理学基础上与 PBL 联系较为紧密的发现学习理论、创新教育理论、实用主义教育理论以及建构主义学习理论四个方面进行概述。

（一）布鲁纳的发现学习理论

20 世纪 50 至 60 年代，知名心理学家布鲁纳提出了家喻户晓的发现学习理论，发现学习中教师和学生的角色有了很大的改变，其强调教师不是知识的陈述者和解释者，而应成为学生的助手和问题的提出者，帮助学生理解学科的思想和结构。学生应该是一个“思考者”“发现者”，能在教师的启发引导下，利用教师或教材提供的材料亲自去发现问题的结论、规律，了解学科知识的结构。

布鲁纳认为发现学习是一种情境性的探索学习，具有以下几个特点：

第一，发现学习就是引导学生发现自己想法的过程，运用自己的思维去学习。

第二，学生自主建构知识，使知识成为自己的知识，教师应帮助学生把新知识同已有的知识结构建立联系，利用已有知识结构去建构新知识、发现新事物。

第三，自我激励式的学习，注重学生的内在动机，唤起学生主动建构的热情。

第四，采用共同建构的假设式教学，教师和学生相互合作、交流，学生积极地参与各种活动，在师生、生生合作中主动建构知识。

从发现学习的内涵、特点可以看出发现学习与PBL具有很强的联系，二者都强调学生积极主动参与建构自我的知识结构，要求教师不仅仅是简单地传授知识，而应该给学生提出问题，同时指导学生运用发现学习法或PBL，让学生自己获得对问题的解决策略、解决过程的理解。综上可知，布鲁纳的发现学习理论对有效地落实教学具有关键的理论和现实的指导意义。

（二）创新教育理论

创新教育是以培养人的创新意识、创新精神和创新能力为根本目的实践教育，在学生综合能力的培养中强调创新素质的重要性。问题是知识向创新转化的中介，是创造的必要非充分条件，没有问题就没有创新，要保护和发展学生的创新性，首先要强化学生问题意识的培养。可以将创新教育看作为以培养学生问题意识为起点的“问题教育”，始终围绕着问题展开，主要强调发现问题、提出问题、分析问题、解决问题的过程。培养创新型人才需要创新型课堂教学，如此才有可能把人的创造力最大限度地开发出来，一般来说，创新型课堂的教学有以下四个显著特征：

第一，课堂教学的前提为创新教育思想，并在创新教育观念的指导下，改变传统以“课堂、课本、教师”为中心的教学观。

第二，以创新为目的，摆正继承与创新的关系，体现创造性。

第三，以学生为中心，体现主体性，为学生提供充分从事教学活动的机会，让学生成为课堂的主人，教师不再是教学的“主导者”。

第四，以问题为中介，体现创新思维，让课堂教学始于问题，归于问题，让问题成为贯穿课堂教学过程的主线。

第五，以开放为特征，体现生命力，主要表现在教材和教学过程的开放，打开学生的思维。

从创新教育的本质及创新型课堂的特征可以明显体会到它与 PBL 理念的相似之处。PBL 教学模式具有创新型课堂教学的上述特征，改变了传统封闭式的学习环境，其教学活动富有开放性和实践性，学生是课堂的主人、活动的主体，让学生经历发现问题—分析问题—解决问题—发现问题的过程，来培养学生自主获取知识、运用知识和创新知识的能力。

（三）杜威的实用主义教育理论

近代美国知名的实用主义教育家约翰·杜威（John Dewey），强调教育的社会必要性，要以社会生活为基础，反对以“课堂、教材、教师”为中心，鼓励把学生置于问题情境中，并帮助他们探究，他的实用主义理论直接支持了教学的发展。具体地说，包括以下几个方面：

第一，以儿童为中心。杜威的理论中重视儿童的主体地位，强调儿童自身所具有的能力和主动精神，主张要细心地观察儿童的兴趣，反对传统教育忽视儿童的兴趣、需要的做法，认为教育应以儿童为起点，教师扮演的是“合作者、帮助者和引导者”的角色。

第二，以社会为中心。依据杜威所持的“学校即社会”的观点，他选择与社会、生活、科学相关联的数字作为教材内容，创设一个社会性的开放结构作为课程结构。书本上或者是教学中直接传递的知识为“惰性知识”，不应该成为学生学习的知识，只有在具体、真实的问题情境中去学习，知识才能被灵活运用，富有实用价值。

第三，以活动为中心。杜威重视实践应用，认为儿童是社会化的积极学习，所以教学应以活动为中心，包含情境、问题、假设、推理、验证五大要素，应唤起儿童的求知欲与兴趣，促进他们进行学习，培养学生各方面能力。教育是一种社会过程，而学校是社会生活的一种形式。

综上所述，可以明显看出杜威的教学思想与 PBL 的联系，杜威的教育理论直接支持了 PBL 教学的发展，同时也突出了 PBL 的特点，可以说它为 PBL 提供了哲学基础。

（四）建构主义学习理论

建构主义是认知学习理论的新发展，被视为对传统学习理论的一场革命，对当前的教学改革产生了十分深刻的影响。建构主义主张以学生为中心，重视学习的主动性、社会性和情境性，强调教师与学生间的交流协作。在知识观上，强调知识的动态性以及情境性教学。主张知识的吸收应该依赖学生结合个人经验背景的基础上自主建构，应结合具体情境深入了解知识的复杂性。反对简单地把知识当作固定的东西灌输给学生，这样导致的结果是学生仅仅是教条式地掌握知识内容。

在学生观上，建构主义强调学生经验世界的丰富性和差异性，认为学生在过往生活、学习的经历上已形成了丰富的经验，因此他们在学习新知识时，对一些现象、问题几乎都有了自己的一些看法，并不是毫无基础的。而有些问题即使他们尚未接触过，无现成的经验，但面对问题的时候，他们往往能够在以往的相关经验基础上形成对问题的某种合理的解释或推理。同时，在经验背景差异性的影响下，学生对同一问题会产生多种不同的看法，当他们共处于一个学习小组中时，通过相互间的交流沟通，能促进他们多角度地理解、分析问题。所以，教师应该重视学生已有的经验的丰富性和差异性，并以此作为新知识的拓展点，引导学生从已有的知识经验出发不断提升自我。

在学习观上，建构主义强调学习的主动建构性、社会互动性和情境性。认为学习是学生主动建构知识的过程，而不是教师对知识的简单传授，教师的作用只是促进学习者自己建构知识而已。建构主义认为学习是通过对某种文化的参与、内化为相关知识和技能的过程，这一过程通常需要一个学习共同体的合作互动来完成，学习共同体的交流、互动和协作对于知识建构具有重要的意义。同时强调学习、知识和经验的情境性，即情境认知，认为知识是不可以脱离活动情境而抽象存在的，应该与情境化的社会实践活动结合起来。

综上所述，建构主义强调学生是自己知识的建构者，对具体情境进行意义建构，建立新的知识网络，重视学习活动中学生的主体性、师生之间和学生之间的协作、交流，主张建立一个民主、宽松的教学环境。“情境、协作、交流、意义建构”作为建构主义教学模式的四个基本要素，这也正好是 PBL 模式的特征体现，因而可以说建构主义理论是 PBL 模式最强的理论支撑，为其提供了理论基础。

三、高中化学教学中应用 PBL 模式的优点及原则

（一）高中化学教学中应用 PBL 模式的优点

1. PBL 教学体现高中化学教学目标

高中化学课程改革的目标更加全面，不仅仅停滞在学生掌握知识与技能的层面上，更注重学生学习化学的兴趣，重视学生科学素养、正确价值观及实践能力的培养。新课程的教学目标具有发展性，关注学生的未来发展，强调学生自主学习、合作学习、终身学习意识的培养。

PBL 教学强调以学习者为中心，通过创设开放性的学习环境，让学生充分参与化学教学活动，不仅能激发学生的学习兴趣，也有利于学生的个性发展。解决问题过程的相互协作、自主思考，有助于培养学生的情感态度价值观，促进综合能力的培养。PBL 教学模式以问题作为学生学习的驱动力，围绕问题这个中心，创设和谐、民主的教学环境，提供更多的、有意义的、适用性强的相关教学资源，使学生参与到有意义的学习中来，有利于提高学生的科学素养。综上可以看出，高中化学教学目标与 PBL 教学目标大体上是一致的，了解并把握好上述目标对学生而言意味着学会求知、学会共同生活、学会做事、学会生存。

2. PBL 教学体现高中化学内容的特点

课程改革的一个根本目的就是要解决学校教育与社会生活、生产以及科学发现严重脱钩的问题，从而提高学生的综合素养、科学素质。化学是一门应用性很强的学科，和日常生活、工农业生产的联系十分密切，从解决实际问题开始组织教学是可行的。例如从学生日常生活中见到的“钢铁腐蚀及防护问题”及接触到的“溶液”开始，从工业生产中

“合成氨的实际转化率和如何提高转化率”以及“金属冶炼”开始，等等。要安排课程内容，课堂教学需从学生解决这些及其他一些日常生产生活中遇到的实际问题开始，让学生去发现问题、提出问题、收集数字、设计方案、解决问题并得出结论，教师应及时给予学生适当的方向性的指导。高中化学内容涉及很多的概念、原理、规律等，往往因其高度的概括性、抽象性，使学生感到枯燥乏味、晦涩难懂，从而难以入手，影响了学习的情绪。因此，可把学生所要学习的知识与他们周围的现实生活联系起来，从中发现问题，最后确定需要解决的问题。为使教材更加生动活泼，新课程改革后在高中教材中设置了大量的探究课题，强调改变传统教学中学生被动接受知识的状态，鼓励学生主动地探究学习。所以可以以问题为突破口，以学生为主体，让学生收集资料，设计相关的探究实验，有利于知识的迁移、运用，为真正改变教材与实际生活的脱节提供可实现的具体途径。

3. PBL 教学符合高中生的学习特点

在高中阶段，学生的认知结构发展基本完整，认知能力不断完善，思维能力更加成熟，能脱离外部表现的束缚，通过现象揭露对象的本质特征。考虑问题，能多角度全方面分析，明辨主要问题与次要问题，能考虑到各种不同情况，做到具体问题具体分析。

在高中阶段，学生的抽象思维、逻辑思维、辩证思维快速发展，其能力大幅度提高，思维更具目的性、方向性，思维过程更加灵活。能用多种法则、公式、原理去解决新问题，能运用理论假设进行思维，遵循提出假设、设计实验、验证假设的一般过程解决问题。

高中学生生活经验丰富，生活常识与科学知识逐渐累积，能更深刻地了解事物之间的内在联系，思维具有更强的预见性，迁移运用能力增强，能产生更多不同的想法。同时高中生能够有意识地进行自我反省、自我控制，促进了学生思维的正确性、高效性。

高中阶段学生思维、认知的特点，自我意识的发展以及丰富的生活经验，都表明 PBL 学习对高中生来说具有很巨大的应用空间。

（二）PBL模式在高中化学教学中应用的基本原则

1. 主体性原则

PBL模式强调在化学教学中要充分重视学生的主体地位，从问题的发现到问题的解决这一过程中，都要求学生主动参与。学生是问题的解决者和意义建构者，教师只是扮演问题解决过程中引导者和协助者的角色，提供学习材料，引导学生学习，监控整个学习过程，使化学教学顺利地进行。要提倡师生间、生生间的交流与合作，充分发挥班集体促进学生主体性发展的作用。

2. 全面发展性原则

化学教学要促进学生的全面发展，PBL模式在应用时，要充分重视从学的角度思考教学问题，关注学生主体性、创造性、自主性的全面协调发展，让学生在获取知识与技能的同时，思维、能力、情感都得到培养，在教学中实现学生自身的全面发展。

3. 情境建构性原则

PBL是基于真实问题情境的学习，让学生在有意义的、复杂的、真实的情境下学习，同时为他们提供相关的材料，学习过程中给予及时的指导。问题是学习的开端，所以问题情境的构建对教学的顺利进行及教学的有效性起着决定性作用。化学是一门以实验为基础的学科，并且与社会生活、生产息息相关，教师应以化学内容及其特点为基础，以生活生产实践为背景，创设真实的问题情境，使知识问题化，问题情境化，学生由疑而提出问题，产生求知欲，进而解决问题，从而深入地理解教材。在问题情境的互动教学中，每个学生在原有的知识经验的基础上不断将知识与技能、过程与方法、情感态度与价值观整合在一起进行自主建构，从而实现学生各方面素质的协调发展。

4. 预设性与生成性相融合的原则

在化学教学中运用PBL模式，更加注重学生的主体地位，强调师生间、生生间的交流与协作，这导致互动的过程中会产生许多无法预期的结果。再好的预设与课堂实施之间必然存在着一定的差距，当教学过程中有偶发的事件时，教师应把握课堂教学中闪动的亮点，根据实际情况进行灵活、积极地引导和指导，推动教学的动态生成，使教学更加灵活机动。所以要有效地实行高中化学教学，必须做到预设与生成的有机融合并及时反思，使二者相辅相成。

第二节　高中化学课堂有效提问教学模式

一、相关概念界定

（一）有效提问

“有效提问”的核心是“有效”。在《现代汉语词典》中“有效”一词的解释为：“能够实现预期目的，有效果”。所谓“有效”，在教学中包含以下两层含义：第一，对学生“有效”，可以促进学生在知识、情感态度和学习能力等方面的全面发展；第二，对教师“有效”，可以提高教师的教学技能，促进其专业成长。据此，有效提问指的是教师在深入了解教学内容和学生实际情况的基础上，精心预设问题，在教学中通过创设良好的问题情境，生成适当的问题以引导学生主动思考和参与对话，并能根据学生的反应及时适当地做出评价的过程。

（二）高中化学课堂有效提问

高中化学课堂有效提问是指化学教师依据化学课程标准，深入了解相关教学内容并结合高中学生特有的认知水平，对问题进行精心设计，在课堂教学中通过创设良好的问题情境，选择恰当的发问时机，生成适当的问题以引导学生主动思考和参与对话，并根据学生的反应及时做出适当的评价，最终实现学生和教师双方面都得以发展的过程。

（三）高中化学课堂有效提问的特征

高中化学课堂中的有效提问是相对于低效和无效提问而言的。低效的问题一般具有以下几个特征：第一，自问自答，问题形同虚设，没有任何实际意义；第二，选择性提问，比如说有的教师习惯性用“是不是”“对不对”“有没有”等让学生在选择的过程中迷失自我；第三，问题难度不当，问题过易，学生随口说出答案或是问题过难，学生无从下手；第四，思考时间不足，教师好不容易问出一个质量稍高的问题，但由于留给学生的思考时间不足，没有达到预定的效果。那什么样的提问才是有效提问呢？有效提问有以下几个显著特征。

1. 有较高的知识关联度

所谓知识关联度是指教师所提出的问题和学生已有知识发生联系的程度。有效的问题一般都是教师在对外部现象或材料进行深入观察基础上，结合学生的已有经验进行分析、对比，再将二者进行充分关联，使之转化为学生有所知有所不知的问题。

2. 有较好的预设明确度

有效提问中问题的指向预设和解答域预设都比较明确。问题的指向预设，主要是从对象角度，预设某种实体、性质、状态、原因（因果关系）以及命题等存在；问题的解答域预设就是问题自身所认定（或假设）的问题解答范围，它指示着解答者到哪个域限中去寻找答案。无效提问或低效提问往往预设不明确。

3. 有较高的数字综合度

较高的数字综合度指的是一个问题的提出要能反映出较多的数字，它不是单一数字的重复，而是多个数字在不同方向的联系。其主要考察的是数字的广度而不是深度。

4. 有较高的思维参与度

有效的问题的解决不仅需要学生有丰富的知识经验，更需要在这个过程中利用他们的逻辑思维、批判性思维等创造性思维的参与，所以有效提问对学生而言一定是一个需要多种思维参与才能解决的问题。

二、高中化学课堂有效提问的理论基础

（一）最近发展区理论

最近发展区理论是由心理学家维果斯基（Lev Vygotsky）提出来

的，在这个理论中他将学生的发展分为“现在”和“潜在”两种水平。其中“现在水平”指的是学生在独立活动时所能解决的任务水平；“潜在水平”指学生在别人的帮助下才能解决的任务水平。“最近发展区”就是指两者之间的差距。在设计问题和对教师的课堂提问进行评价时，首先需要考虑的就是学生的最近发展区。问题的设计得太难，超出学生的最近发展区学生就不会回答或对你的提问毫无反应，提问若都在学生的现有水平，尽管学生都可以准确、完美地回答，但对学生而言只是对掌握知识的简单重复，不利于学生思维能力的培养。只有适当高出学生已有认知水平的问题，才是真正有效的问题，才能使学生处于一种“愤”“悱”状态，才能够激发学生思维，调动学生积极性，实现真正师生互动。

（二）建构主义理论

当代心理学理论中行为主义发展到认知主义后的进一步发展之后就出现了建构主义，建构主义被誉为是“当代教育心理学中的一场革命”。与行为主义所不同的是，建构主义更强调意义的生成，强调知识是动态建构的，是学习者的知识经验在一定的条件下由内向外的“生长”，其过程不是被动的、机械的传递和授受，而是在学生的主动参与下积极地参与和对话。虽然前人已经建构好了化学的相关知识，但对于学生而言却是未知的。教师的作用就是引导学生学习前人的建构过程去建构自己的知识。在建构主义指导下的有效提问要建立在充分了解学生已有知识经验的基础上，为学生创设能唤起学生求知欲，激发学生学习兴趣的问题情境；灵活调节问题的难度和范围，使之符合学生的“最近发展区”；给学生适时和适当正面的反馈，激发学生的学习兴趣。

（三）问题教学法

问题教学法是随着新课改的实施而逐渐兴起的一种教学方法。其主要是指将教材上的知识点通过教师的情境设计以问题的形式呈现给学生，让学生在一系列发现问题和解决问题的思维活动中，实现对知识的掌握，技能的提高和自学能力的发展的一种教学方法。其主要过程可以分为三大环节：一是创造问题情境，让学生去发现和提出问题，并进一步明确要解决的问题；二是对问题进行探究，集合个人或是集体的智慧设计问题的解决方案并着手解决；三是对解决的问题进行反馈整理，并对问题进行质疑，进一步拓展延伸。这三大环节，教师在实际教学中可以灵活应用。课堂提问和问题教学法有相同之处，都是通过教师精心地预设问题的情境，来激发和鼓励学生参与，最后在相互探讨中实现问题解决的一种教学活动。课堂提问的有效实施，需要问题教学法的指导，才能实现在日常的课堂教学中更好地设计提问，以引起学生思考从而培养学生的质疑精神和创新精神的目的。

（四）课堂互动理论

课堂互动是人际互动的一种。它指的是发生在特定的时间、地点（课堂）和特定的人群（教师和学生、学生和学生）之间的一种以平等对话为基础的特殊互动，包括师生双方在课堂上所发生的各种形式、性质和程度的心理相互作用或行为的相互影响。课堂提问是课堂互动的主要形式，它主要通过教师和学生之间一系列的言语行为和非言语行为进行的。课堂提问中教师的言语行为主要是指教师用语言、符号、图形向学生提出问题并引导学生正确思考从而实现教学目标的手段；学生的言语行为主要指的是学生对教师提出问题的回答与讨论，同时也包括学生在学习过程中对同学和教师的提问产生疑问。课堂提问中的非言语行为主要指在提问过程中教师和学生、学生和学生之间的肢体动作、面部表情和目光等，这也是师生之间互动的一种重要方式，教师可以通过对学生非语言行为的观察来了解学生对问题的理解情况。

课堂互动理论对本研究的启示：教师应在平等对话的基础上，在提问过程中综合运用适当的语言行为和非语言行为与学生进行互动，同时对学生语言行为和非语言行为体现出来的数字进行整合，及时对问题的类型、难度和呈现次序进行调整，以提高课堂提问的有效性。

三、高中化学课堂中有效提问的实施策略

（一）有效问题的设计策略

1. 选择适合的问题类型

提问的目的是促进学生主动参与课堂，实现课堂的教学目标，最终促进学生思维的发展，培养其终身学习的能力。不同类型和层次的问题对学生能力培养的作用是不一样的。现代教育学的研究告诉我们：高认知水平的学习活动更能刺激学生思维的发展，因此在具体的操作过程中，教师可根据每节课的教学任务，将教学过程分为若干个教学片段，针对每个教学片段，从方法、技能等多方面着手，至少涉及一个核心的高认知水平的问题，再安排一些随机提问。

2. 控制问题的难易程度

在具体教学中，首先需要教师充分了解学生的生活经验、兴趣爱好和已有的知识和认知发展水平，在学生的最近发展区设问，让学生“跳一跳，摘到桃”，问题不难也不易，这样才能使学生能够永久保持一种对问题的探索心理，促进学生思考。其次，对于一些难度较大的问题，教师还可以通过一定的策略和方法降低问题的难度，比如说在问题提出之前可以设置一些台阶式或是搭桥式提问。

3. 安排好问题的层次结构

按照布鲁姆的问题分类标准，按照认知水平由低到高依次可将问题分为知识、理解、应用、分析、综合和评价六个层次。问题本身并无有效无效之分，只要教师应用得当，都可以是有效问题。具体操作时教师可以根据教学目标、教学内容和学生的认知水平，合理安排各类问题呈现的顺序和所占的比例。一般情况下，教师都是按照循序渐进的顺序进行提问，先用一些低认知水平的问题（知识水平的问题）了解和诊断学生对相关知识的掌握程度；然后再利用一些应用水平的问题，考查学生对相关知识的理解应用情况；最后再通过分析、综合、评价等高认知水平的问题来最终发展学生的思维能力和批判精神。另外，考虑到提问的

最终目的是发展学生的思维能力，可以适当增加高认知水平问题所占的比例。

4. 创设适宜的问题情境

根据建构主义理论，学生的学习活动总是在一定的情境中产生的，脱离了一定情境的问题是很难吸引学生的注意力，引发学生去思考的。因此在课堂教学中，教师就要想方设法地对问题提出的情境进行创设，使问题能够直观、鲜明地呈现到学生的面前，激发他们的认知冲突，调动他们的思维积极性。在具体的教学中，教师可以运用自己的“发现之眼”，从生产生活中，从化学史实中，从丰富多彩的化学实验中，同时结合多媒体数字技术进行情境的创设。

（1）联系生活实际，创设问题情境

学生熟悉的生产、生活情境出现在化学课堂，可以让他们体会到化学与日常生活的密切联系，感受到化学知识的重要意义和作用，从而提高他们解决问题的兴趣和动力。

（2）利用化学实验，创设问题情境

各种化学实验现象明显、趣味性强，能有效激发学生的好奇心和求知欲。如在关于钠的氧化物的教学中，可以设计“滴水生火”这个实验并由学生来完成，看到棉花团的剧烈燃烧，学生们万分惊奇，想知道其中原因，纷纷提出各种猜想。然后教师就可以告诉他们之所以会有这种神奇的现象是因为棉花团中包裹了少量 Na2 O2 的原因，进而引出问题，这个实验现象说明 Na2 O2 有怎样的性质？如何设计实验进行验证？

（3）利用数字技术创设问题情境

现代的多媒体技术，可以将动画、声音、图像、图形和文字进行有机合成，并显示在大屏幕上，可以充分刺激学生的各种感官，具有很强的真实性和感染力，可以调动学生的积极性。教师在创设问题情境时，可以充分利用多媒体技术。比如说在进行 SO_2 性质教学的引入时，教师就可以引导学生观看酸雨危害的相关报道，使学生产生感官上的震撼。然后设问：酸雨的主要成分是什么？造成酸雨的罪魁祸首又是谁？那在这个过程中发生了怎样的变化？SO_2 具有怎样的性质呢？

（二）有效提问的实施策略

教师精心设计的问题，在课堂上能否真正发挥其预期的作用，在很大程度上还取决于教师的提问水平，这主要涉及提问时机和提问对象的选择，同时与教师的课堂上提问的速度和学生回答之后，教师面对学生所给出答案的处理方式和方法也有很大的关系。具体在问题提出环节，教师需要注意以下几个方面。

1. 提问时机恰当

课堂提问必须把握适当时机，依照教学的进程发展和学生的思维过程提出问题。学生在遇到问题的时候，往往习惯用原有的方法和经验去解决，这就是思维定式。解决问题时我们需要思维定式，但是在遇到原有的习惯方法解决不了的问题时，或是在遇到思维的瓶颈时，就需要教师及时提问，通过一系列启发性的，有层次的问题帮助学生从不同的角度或深度解决问题，提高学生分析问题、解决问题的能力。

2. 对象面向全体

提问过程中学生的最大参与度是课堂有效的重要指标，在提问的实施过程中教师可以从叫答方式的选择、提问对象的确定和理答对象三个方面保证学生的最大参与度。

叫答方式是指教师提出问题之后选择学生作答的方式。常见的叫答方式有提问前指定某一学生进行回答、提问后叫自愿举手的学生回答、提问后学生齐答、教师自问自答等。实践证明，教师应尽量采用先提问再回答的方式，以保证提问后全体学生都进入思考的状态。对回答问题学生的选择，教师也可以不仅仅局限于举手的学生，还可以根据问题的难度和对学生的了解选择没有举手的学生回答，并在他们回答正确之后给予适当的鼓励。这样不但给了这部分学生展现自己的机会，增加了自我效能感，而且可以保证课堂提问学生的最大参与度，增加了课堂提问的有效性。

提问对象是指提出问题后教师选择问题的回答者。在课堂提问中，教师应该依据问题的难易程度，将问题分层次地分配给不同层次的学生，做到“因人施问”或是“带问寻人”。基础较差的同学可以回答难度较小的问题，重点是让他们体验成功的欢乐，提高其自信心和学习的兴趣；基础较好的同学可以分析难度较大的问题，鼓励他们运用多种方法，从多角度对问题进行思考，以提高他们的综合分析的能力。这样分配可以使不同层次的学生都有机会参与到课堂教学中来，都能体验到成功的快感，从而使课堂提问发挥出更大的效应。

理答对象是指教师在评价反馈时面对学生的范围。学生回答之后，教师要针对学生的回答做出适当的评价和反馈。教师的评价需要针对学生回答的具体内容来展开，但是在针对问题的回答进行反馈时，就需要调整对象，面向全体学生进行了。学生的回答体现的多数情况下不只是他一个人的看法，其他和他有类似或不同想法的同学，教师也要关注到，只有这样才能体现素质教育的“全体性”。所以，在进行反馈时教师要面向学生全体，使每一位同学都能参与到提问后的延伸和引导环节中来，提高学生在课堂提问中的参与度，保证课堂有效提问的实施。

3. 及时判断评价

对学生回答做出及时准确的判断和评价，是保证课堂有效提问的关键，在具体实施的过程中，教师可以从以下几方面加以注意。

（1）评价语言激励性

教师在评价时，要坚持以表扬为主，多用激励性评价，即使回答错误，也要努力挖掘其中的闪光点，给予其某一方向或是某种程度的肯定，用激励性的评价把学生换回对问题积极思考的课堂氛围中来。特别是当课堂上出现了一些独到的见解或是创新的问题时，教师一定要给予肯定和表扬，并用一些接纳性的或是探究性的评价引导学生进一步思考，比如“这个思路很好，能具体说说你是怎么想到的吗?”“这个方案不错，你看当进行到这一步的时候，可能会遇到什么问题，怎么解决呢”，鼓励他们提出更多的创意和想法。

（2）评价方式多样化

在学生回答完问题后教师可以采取多种方式对学生的回答进行评价，比如采用各种语言和非语言的方式。语言可以是口头语言，也可以是书面语言，比如“你真棒”“你的回答让我们对这个问题有了新的认识”。通过这些真切的语言，传递教师对学生的肯定和关切之情。非语言的评价主要指表情、动作等肢体语言。学生回答之后，教师一个鼓励或疑惑的眼神、一个点赞或摆手的姿势都可以给予学生适当的鼓励和指引。此外，还可以设立各种奖项，如“最佳创意奖”“最佳思路奖”“最佳表现奖”等，通过给学生颁奖，让学生对学习化学更有信心和动力。

（3）评价形式多样化

对于课堂提问进行评价，可以是教师对学生的评价，也可以是学生对学生的评价。在学生进行评价的过程中，教师只要在最后做适当的点评和小结，就能给更多的学生创造表达自己观点和想法的机会，这不但可以激发学生思维的积极性还可以激发学生的潜能。虽然学生对学生的评价往往很简单，说不到“点”上，也没有教师评价得那样具体，但是学生之间的评价可能更贴切，更易被学生所接受，因为他们的思维水平是大致一样的。再者，在这个过程中学生也加深了对所学内容的理解，同时可以很好地锻炼他们分析问题和语言表达的能力。

（4）评价尺度多样化

由于每位学生的层次水平不同，所以对他们评价尺度也应不同。对成绩优秀的学生要求要高，有表扬也要有鞭策，多提更高层次的要求，如“你的做法其实可以再精炼一些”，不能让其骄傲自满，故步自封；对成绩一般的学生进行评价时要多肯定，多鼓励，让他们感受到教师对他们的期待，如“我相信你能答对，大胆说出来，没问题的”；对成绩差一点的学生进行评价时，更要多激励，及时发现他们答题时的闪光点，进行表扬和鼓励，让他们感受到教师对他们的关注与信心，帮助他们克服自卑心理，树立自信心。

4. 恰当反馈引导

反馈指教师对学生的回答进行深入讲解的过程。这里包括两种情况：一是当学生回答正确时，教师可以对其进行适当延伸和追问，或是请其他学生就答案提出更深层次的见解和补充；教师也可以以不同的表述方法重复学生的观点和例证，或是在随后的教学中应用或反复提到学生的观点，使学生看到他对教学的贡献，增强他的自豪感和成就感，使之更努力地投入对问题的积极思考中来。二是当学生答非所问或是回答不出问题时，教师要以合适的方法对学生进行鼓励、启发和引导。启发和引导是由帮助学生给出答案的一系列暗示组成的，当学生回答问题有困难时，教师首先可以通过重复问题，核查学生对问题的理解是否明确，然后在引导学生对已学知识的回忆和理解基础上，让其明白解决问题所需的根据和理由，进而应用所学知识解决问题。在这个过程中教师还可以进一步引导学生思考，打开思维，产生新的想法或对其原有想法进行判断和评价。

（三）有效反思的策略

是否及时有效地进行反思，是影响教师课堂提问的重要因素之一。在实际调查中发现能够及时对每节课进行反思的教师并不多，能够专门将提问这一环节拿出来进行反思的教师更是少之又少。教师除了要注意及时反思之外还可以从以下几方面加以注意，提高自己的反思水平。

1. 反思时间全程化

传统的观念认为教师的反思时间是在实施课堂提问之后，反思的时间可以贯穿在提问前、提问过程中和提问后三个阶段。提问前的反思主要发生在课前对提问的思考和预设上，教师可以在上课前对照有效提问的标准对自己的提问设计进行修正；提问后的反思主要是指教师对课堂上的出彩之处进行分析并找出不满意的地方进行完善；而课堂提问中的反思指的是教师在提问的实施过程中，针对课堂提问的监控，及时发现并解决提问过程中发现的突发问题。所以，不同的反思时间具有不同的任务安排，教师在提问的实践过程中应注意把握合适的反思时间进行适当反思。

2. 反思形式多样化

教师反思的过程就是一个积极对话的过程，包括与自我对话、与文字对话、与学生对话、与同行对话等。按照教师对话对象的不同，可以把教师反思的形式分为如下几种。

（1）自我反思

自我反思指的是教师与自我之间有关对提问设计的认识，提问过程的监控与思考，提问效果的评价与分析的对话。教师的自我反思可以贯穿在整个提问过程中，主要是以课前预设的效果和评价标准为依据，一般是通过书写备课笔记进行反思，也可以结合录音，录像分析进行更加全面和细致的反思。

（2）通过学生进行反思

课堂提问真正的服务对象是学生，课堂提问的最终目标也是为了促进学生的发展，这决定了教师在反思时应充分了解学生对课堂提问的反馈意见，主动征求学生对课堂提问的评价。教师可以通过课后找学生访谈，或是编制调查问卷来了解学生对课堂提问的感受和意见，充分发挥学生的主体作用，师生共同努力，提高课堂提问的水平。

（3）通过同伴、专家进行反思

教师在反思过程中可能会存在一些不确定的因素，或是在过去的工作已经形成的一些固化的思想、观念，如对低层次问题的偏爱或是笼统的反馈评价，这些问题可能自己不易发现，再者或是明白自己存在的问题却不知道原因在哪，如何改善等，这时候就需要有同伴或是专家参与到自己的反思过程中来，对自己进行帮助和引领。教师这时候可以利用微格教学或是录像的方法邀请同伴或专家对自己的提问的某个特定方面进行分析和评价。

3. 反思内容全面化

为了提高自己的提问水平，教师必须对提问进行全面的反思。具体操作时可以参照有效提问的标准或是课堂提问的评价量表进行，从问题设计的理念和依据、提问语言、提问时机、提问对象的选择、课堂理答的方式、现场生成问题的处理等方面进行。不仅反思课堂提问中存在的问题，也要分析其中的闪光点，不仅要反思预设问题的处理情况，也要反思生成问题的生成环境和处理方法，不仅反思教师的提问也要反思学生的提问，通过反思逐渐形成自己的提问风格。

4. 反思与实践相结合

对课堂提问反思之后，更需要教师主动利用反思成果跟进行动和实践，否则所有的反思也只是停留在书面，是纯理论的“经验”。教师可与在问题预设和提问实施中实践反思的成果，对比现在的实践和原来的提问：提问技能是否发生了变化？哪些地方发生了变化？这种变化带来的效果如何？还可以在哪些提问环节进行改进？等等。在反思中实践，在实践中反思，在这样反复循环的过程中最终提高自己的提问水平，形成自己的提问风格。

第三节　高中化学任务驱动教学模式

一、高中化学任务驱动教学法的基本特征

任务驱动教学过程体现了“以任务为主线、以教师为主导、以学生为主体”的教学过程。在任务驱动教学中，教师的主导作用和学生的主体作用是相辅相成的，主导推动主体，主体促进主导，直至完成整个教学过程。教师为任务的展开创设合理的情境，提出任务，环环相扣的教学过程推动学生发挥主体作用从而完成任务。在任务完成过程中，学生集思广益，开拓思维，同时会提出与任务有关的问题，促进教师发挥主导作用来点拨学生合理完成任务。在学生、教师的推动下，任务本身可能出现一些不可预知的变化，也可能有更深层次的拓展，从而促使学生全面掌握知识。任务、教师、学生三者的互动体现了任务驱动教学模式的基本特征。

（一）任务为主线

任务驱动教学模式的核心是任务设计，任务贯穿于整个教学过程中。课堂教学以任务为主线，师生间围绕任务互动，学习以任务完成为标志。可以把任务根据不同的标准进行分类。例如，根据任务完成的时间限制可分为学期任务、单元任务、课时任务；根据任务结果可分为作品展示的任务、问题解决的任务；根据学生的个别差异性可分为基本任务和扩展任务；根据学生的认知结构和知识结构可分为封闭型任务和开放型任务。任务的分类有助于教师设计任务。

在任务驱动教学过程中，任务不但是学习的知识载体，而且是教学的内容。相当一部分教师错误地认为任务驱动中的任务就是让学生去做一件具体的事，完成具体的操作，完成任务就是任务驱动。在任务驱动教学中，任务设计的质量直接关系教学效果。虽然学生完成了任务，但是学生的能力却没有得到培养，这样的完成任务不等于任务驱动。任务应该与要求学生巩固的技能和相关的知识点有密切联系，但任务不能只停留在掌握基础知识和基本技能的基础上。在设计任务时，可以从解决问题的具体过程来考虑，使任务的完成过程既满足教学的需要，又满足学生学习技能培养的需要。同时，任务还应该具有探究性、创造性和生活性，即任务应来源于学生的学习和生活的真实世界，反映与学生相联系的客观世界。也就是说，任务不是凭空捏造的，任务设计要把学生所学习的、生活的真实世界浓缩于任务之中，使学生与任务的交互就是学生与真实世界的交互，而不是站在真实世界之外来学习和认识不相关的任务。而化学教学中的任务特指通过使用化学原理或化学反应来解决某个或多个实际问题。

（二）教师为主导

任务驱动教学模式是基于建构主义教学理论的教学方法，与传统的行为主义强化学习理论相比，教师的作用将发生转变。这种角色转变有两重含义：一是从传统的知识讲授者、灌输者转变为学习的组织者、引导者、协作者；二是从讲台上讲解转变为走到学生中间与学生交流、讨论、共同学习。任务驱动教学模式要求教师必须明确自己所担当的角色，认识到学生学习的知识不是靠教师的灌输被动接受的，而是在教师的指导下，由学生主动建构起来的。在整个教学过程中，教师不是可有可无，无事可做，而是比传统教学中的作用更加重要，更加不可缺少。教师的主导作用主要体现在以下五个方面。

1. 任务的设计者

教师分析教学目标，制定切实可行的教学任务。

2. 任务情境的创造者

建构主义学习理论强调创设真实的情境，创设情境是任务完成的前提。例如，讲到盐类水解时创设问题情境：厨房里的两个调料瓶中都有些白色固体，只知它们分别是食盐与纯碱中的某一种，请你利用家庭现有条件，用两种方法把它们区别开来（简要写出步骤、方法、现象和结论）。

3. 学生完成任务的帮助者

学生完成任务需要教师引导，教师根据学生需求及时提供有效的帮助。

4. 任务完成的评价者

教师要对学生完成的任务制定一定的评价标准，尽量对学生的任务完成过程及结果做出客观准确的评价。

5. 课堂教学的监控者

化学课堂教学是动态的，特别是学生实验教学，随时需要教师的监控，需要教师及时指出任务完成过程中出现的问题，引导学生向任务完成的方向努力。

（三）学生为主体

从学生角度来说，任务驱动是一种学习方法，适用于学习操作类知识和技能，而学生是学习的主体。任务驱动教学有助于体现学生主体地位，主要表现为以下几点。

1. 激发学生的学习欲望

教师精心设计的任务可以引起学生的注意，激发其主动投入执行任务的过程中；在完成任务的过程中，学生可以体验成就感、满足感，从而进一步激发其求知欲望，形成一个感知心智活动的良性循环。

2. 培养学生提出问题、分析问题和解决问题的能力

任务驱动是一种伴随着问题解决的教学方法，所有的教学内容都蕴含在任务中，能让学生通过问题的解决来主动建构概念、原理、方法等。提出问题是分析和解决问题的前提，学生只有提出问题，才会有所思考，才能有所认识，然后有所掌握，有所创造。在任务驱动教学模式下，学生必须学会质疑，提出需要解决的问题，探究解决问题的方法和途径，只有这样才能顺利完成任务。

3. 培养学生的协作意识

学生完成任务的过程不仅是与教师交流的过程，还有大量学生之间相互的协作与交流。研究表明，学生之间的交流产生的认知冲突对学生全方位地认识事物有重要作用。在这种生生互动中，学生反思自己的想法，借鉴别人的观点，学会从其他角度认识事物，更进一步地组织、完善自己的观点与结论。任务驱动教学模式通过要求学生完成任务，为他们提供交流互动的机会。

4. 培养学生自主学习的能力

任务驱动教学将学习置于接近真实的环境中，有时甚至是真实的情境中。在这种学习情境中，学生不但学到了知识，而且培养了知识迁移能力，学会了解决实际问题的过程和方法。在任务的完成过程中，学生提出疑问，查找资料解决问题，最终完成任务，从而完成了相关知识的建构。随着任务的完成，学生的成就感也得到了满足。这时学生强烈地希望再去尝试新的任务，提出问题，解决问题，循环往复。在这个过程中，学生自主学习的能力得到了提高。

二、高中化学教学中任务的设计原则

任务设计是任务驱动教学方法中的重要环节，任务直接影响教学效果。因此，任务设计非常关键。任务设计得适当能诱发学生深思，使学

生很快进入思维的状态中，使教学任务得以顺利地进行。在具体的实践基础上，高中化学教学中任务设计有六个原则。

（一）任务设计要有明确的教学目标

任务目标要明确。在设计任务的过程中，要有一个明确的目标，这样才能有的放矢。一个目标的完成，需要很多的知识点，这时可以把总体目标分解为一个个的小目标，并且把每个小目标设计成为一个个子任务，使之容易掌握，再通过这些子任务来体现总体目标。

在设计任务时应注意以下两种错误的倾向。

1. 教学目标片面化

以往的化学课程过分关注知识与技能目标，将化学学习定位在形成知识和技能上，以知识、技能的熟练程度为衡量有效教学的标准，忽视了学生运用方法解决问题和形成价值观的过程；课程要求的统一性掩盖了学生的差异，导致不同学生在原有基础上难以获得良好的发展。在任务设计时，教师把任务当作一种纯技能训练的中介，忽视了用它来培养学生其他方面的科学素养。

不可否认的是，任务驱动教学中的任务非常适合基本知识和技能的培养，但这并不是说，它只能培养技能层面的科学素养，科学素养的培养是一个整体的过程。任务的完成不仅是技能上的训练，还伴随着对技能方法和学习方法的掌握，以及对科学文化的感受和内化。

新的课程理念要求尊重学生个性发展，以全面提高学生的科学素养为宗旨，从知识与技能、过程与方法、情感态度与价值观三大方面较全面地阐述课程目标。

2. 过于追求教学目标指向的完整性

强调任务教学目标指向的完整性，并不一定要将科学素养的各个方面都放在一个任务中体现。任务能培养学生哪个或哪些方面的科学素养就以它们为目标，绝不可牵强附会地将实现不了的目标列入其中。

（二）任务设计要符合学生的特点

因为不同的学生接受知识的能力不一样，不同年龄阶段的学生接受知识的能力也是有差异的，地域差别、学校差异等因素也导致了学生的化学学习能力的差异性。设计任务时，教师要从实际出发，充分考虑学生的现有文化知识、认知能力、年龄、兴趣等特点，遵循由浅入深、由表及里、循序渐进的原则，注意分散重点、难点，根据学生已有的知识经验展开教学，尽力体现“以教师为主导、以学生为主体”的教学策略。对新的知识或有难度的任务，教师要先进行必要的讲解与点拨；对基础较差的学生，开始时应布置一些简单易实现的任务，让他们体验到一定的成就感，培养其学习化学的兴趣。教学设计要为学生留有活动余地，任务不能太琐碎，应具有一定的完整性，便于培养学生的综合应用能力。同时，要处理好教学任务之间的联系，不要孤立地设计任务，以确保教学的连续性和系统性。

（三）任务设计要符合真实性原则

教师要创设出与当前主题相关的、尽可能真实的学习情境，使学生的学习直观化和形象化。学习任务应来源于学生实际的学习和生活，是学生熟悉的日常学习和生活经验。这样有利于学生运用已有的经验，唤起其学习欲望；同时，有利于改造和拓展学生的已有经验。所谓贴近学生学习和生活的经验包括两个方面：一是利用学生已有的学习和生活经验来教学，如调查生活污水对河流的污染，并用化学反应机理说明原因；二是将化学知识应用于解决学生学习和生活中的实际事例，如氧化还原反应对人类的危害。设计任务时可以根据需要，有针对性地选择这两种贴近实际学习和生活的方式。

真实性原则中还要注意不可片面地理解任务“来自实际”的含义，选取来自实际但远离学生生活经验的实例，会导致学生在学习和完成该任务的过程中要补充大量的基础知识，进而课程主题被冲淡，学生不知所云。如调查衣料所用纤维制品的性能、价格和市场占有率，以及如何识别它们，这样的任务就比较大，不适于课堂教学，只可作为课后实施的开放型任务。实际上，所谓来自实际的任务，其核心目的是唤醒和激发学生的学习动机，烘托课程主题，提高学习效率。

（四）任务设计要遵循可操作原则

在化学学习中，学生亲自做实验得出结论比听教师讲、看教师示范要有效得多。教师提出问题后，让学生通过自己的探索去尝试，最后完成任务。设计任务时，一定要注意任务的可操作性，要设计出只有通过亲身实践才能完成的任务。当然，任务不能太有难度。如果学生经过很大努力也难以完成，这样会让他们对化学学习失去信心。任务也不能太容易。如果让他们感觉化学太简单，也会对学习失去应有的认真。任务难易程度最好限定在学生的“最近发展区”附近，以达到最佳效果。一般说来，封闭型任务涉及的知识点不宜过多，应采用个别化学习方式；开放型任务应由多个学生共同协作完成，学生在相互交流中不断增长知识技能，促进学生之间形成良好的人际合作关系，有利于培养学生的创新精神和创新思维。

（五）任务设计要遵循趣味性原则

人们常说，兴趣是最好的教师。设计的任务如果能引起学生的兴趣，将会大大激起学生的求知欲望。

（六）任务设计要注重渗透方法，培养学习能力

设计的任务要给学生“留白”，给学生充分创造和发展的空间，并使学生能举一反三、触类旁通，思维得到发展。同时，任务的设计要注重渗透方法，培养学生的能力。

第四节　高中化学开放式课堂教学模式

一、高中化学开放式课堂教学的内涵

对化学教学来说，培养逻辑思维能力是重要的，但只有逻辑思维能力是远远不够的。如果说“逻辑思维”是收敛的、封闭的，那么“创造性思维”必须是发散的、开放的。开放式的化学教学，则是有效地将二

者整合为一的关键性方式。

（一）化学开放式课堂教学的内涵界定

开放式教学与封闭式教学是相对的，“问题”是化学的核心，以开放性问题来引导开放式课堂教学是化学学科的基本特色。因此，化学开放式课堂教学是指在化学课堂教学中，以“开放性问题”为教学内容，以开放性思维为培养目标，以开放性活动为培养方式的一种课堂教学形式。

高中化学开放式课堂教学之“开放”包括教学目标的开放、教学内容的开放、教学过程的开放、教学方法的开放、师生关系的开放、教学环境的开放和学业评价的开放。化学开放式教学是一种教学理念，一种教学文化，一种教学形式，一种教学艺术，它具有民主性、动态性、创造性、合作性的特点。高中化学开放式课堂教学模式有两层含义：一方面是指课堂教学要为学生创设一个有利于群体交流的开放的活动环境；另一方面是让学生的化学学习活动成为一个生动活泼而富有个性的过程，给学生创新思维的发展和发挥提供更广阔的天地。

（二）化学开放式课堂教学的内涵释义及要素分析

化学开放式课堂教学有三个基本特征：第一，学生与化学活动融为一体；第二，学生的活动是开放的；第三，问题本身是开放的。因此，化学开放性教学，是在开放的人文环境中创设有利于学生探索学习、合作交流的化学开放性问题情境，在开放的问题解决过程中，在学生已有的化学认知基础上通过有效的教学方式，使不同水平的学生在不同的层次上得到相应的发展，获得不同的学习和情感体验。化学开放式教学的内涵包括以下几个方面。

1. 教学目标开放

由于学生化学学习能力和水平的差异，教学目标不能追求完全的统一，教学目标的理论内涵是人本主义心理学的教学观念。教学目标的开放性体现在两个方面。其一，群体的开放性。整体的三维目标设计本身就应该具有一定的开放性，也就是说教学目标整体应该是动态的，是可以在教学中适度调控的，如果在教学中大多数无法达到学习目标，教学目标可以随之降低，反之亦然。另外，教学目标还要具有一定的延伸性、发展性，可以促进学生课后反思，为其后续发展预留空间。其二，个体的开放性。按照我国现在的实际教学情况，还不能为每一个学生设计一个教案，设定一个个性化的教学目标。在教学目标设计时要考虑不同水平学生的学习要求，教学目标设定要有层次性。无论对于哪一层次的学生，为他们设立的目标都应在他们的最近发展区内，从而有助于每一位学生的个体性发展。

2. 教学内容开放

虽然教学内容的基础是课本，其体系和内容是相对固定的。但是教学呈现内容的方式是开放的，呈现的角度是开放的，知识元素可扩展的外延也是开放的，这是后现代主义的课程观和建构主义的表达。首先，从宏观设计的角度来看，化学教学的内容既要强调终身学习必备的基础知识和基本技能的掌握，也要重视加强课程内容与学生生活以及现代社会科技发展的联系；其次，从课堂教学的角度来看，教师在教学中要根据学生掌握知识和能力发展的情况，对教学的内容进行适当伸缩，要体现一定的教师自主性和教学开放性。

3. 教学过程开放

教学的发生和发展总是在动态因子的组合中进行的，因此教学过程应当是开放的，其体现了后现代主义的教学观。教师教学为激励学生主动参与教学活动，将更多时间和空间让给学生，鼓励他们动手实验去探求事物的本质。在活动过程中师生互动、生生互动，不同层次的学生都参与其中，不为追求外在的开放、形式的开放，而为实现学生“愉快学习”和“积极参与”。

4. 教学方法开放

教学方法的运用和研究是开放的，只要能激发学生的主动性可以尝试使用各种方法，这是化学教育哲学的思辨。各种教学方法之间应是相互开放的，这要求教师灵活运用各种教学方法和教学手段对课堂教学进行动态调控。

另外，教学中适当运用计算机模拟与化学实验相结合，促使学生对化学问题现象与本质的探究。大多数学生对于数字技术的引入和化学实验很感兴趣，可以多开展这样的教学方式。

5. 师生关系开放

开放式教学需要建立民主、和谐、平等的师生关系，这一内涵的理论基础是后现代主义的主体论。开放的师生关系既强调教师在教学过程中的主导地位，又要求尊重学生在教学活动中的主体地位。教师与学生一起开展探索活动，与学生分享经验与成果，在教学中，教师要引导学生、信任学生，让学生真正成为课堂的主人，既要通过课堂教学来推动学生智力发展，又要通过学生的发展来促进教师课堂教学。

6. 教学环境开放

教学环境开放包括教学时间和教学地点的开放、学生心理环境的开放。由于班级授课受课堂时间的限制，往往不能使某些教学内容的探索过程完整呈现出来，化学课程本身具有实验方面的需求，因而，应将教学时间和学习环境进行适当开放，让学生走进实验室、走进大自然。除了教学过程的开放，还可以进行课前和课后的开放。让学生课前预习，课后及时巩固。教师也可以布置一些开放性的题目，让学生开展有目的地自主学习。

7. 教学评价开放

对于教学评价，应从学生的课上学习情况、课后作业情况，师生互动、生生互动情况，学生的学习投入情况等方面进行评价。这样才能体现教学评价的开放性。

二、高中化学开放式课堂教学模式的建构

（一）高中化学开放式课堂教学模式的建构原则

根据新课程改革对高中化学开放式课堂教学提出的新要求，结合化学开放式教学的理论基础和基本内涵，高中化学课堂开展开放式教学需

要遵循以下六个原则。

1. 开放性原则

这是开放式教学最直接、最本质的原则。这种开放是全面的开放，从思想到行动，从课上到课后，从教学到评价，努力形成一种开放、弹性、多元的动态体系。教学目标应是弹性的，教学过程应是动态的，教学内容应是开放的，教学方法应是多元组合的，教学结果应是多样的，学生发展应是多种取向、多种可能和多种机会的，教学评价应是多维的。

2. 主体性原则

开放式教学的核心是促进教师和学生的双向发展，使教师和学生能够准确定位和执行自身角色功能。一方面，教师在主导地位上，创设开放性环境，发挥学生主体性作用，促进每个学生的发展。另一方面，学生在开放的环境中，思维被激发、扩展，可以有效刺激教师进行教学反思，为教师提供更生动的教学案例、更丰富的教学经验、更广阔的教学触角和更多元的教学思维。

3. 过程性原则

过程性原则就是在教学过程中师生共同参与，充分体现化学思维过程的原则。在教材中，一些结论都是前人总结的结论和定理。在第一次接触时也能像前人一样去推理得出结论，教师着力引导学生多思考、多探索，让学生学会发现问题、提出问题、分析问题、解决问题以及亲身参与问题的探讨活动中。在引导学生参与的活动中，学生通过动口、动手、动脑亲自体验过程。实践证明，这种参与式教学对学生认知的发展会产生深远的影响，能促进学生思维能力的提升。

4. 探究性原则

开放式课堂教学提高了学生独立思考能力，善于为学生创设问题情境，解决问题的方法，激发学生的成就感，激励学生表达自己的认知和见解、想法。

5. 合作性原则

开放式教学的目的并不是强调片面学生个体的发展，而是强调群体发展中的个体突破。课堂教学必须发挥集体的作用，在合作当中才能构建真正平等的氛围，才能提供真正开放的环境。合作能力本身就是开放式教学培养的核心目标及核心方法之一。

（二）高中化学开放式课堂教学模式的基本环节解析

1. 确定开放目标，创设问题情境

问题情境是一种内心状态，一种当学生感知到的学习内容与其原有认识水平冲突，对疑问急需解决的内心活动。从定义上分析，它具有三要素：未知的事物（目的）、思维动机（如何达到）、学生的能力水平（觉察到问题）。心理学研究表明，个体都具有弥补知识空缺、解决认知失调的本能性反应。学生具有了学习新知识的渴望，就能促进其学习中的各种活动。教师所创设的情境必须是学生现有能力有可能达到的，这样才可能引发有效的思维和成为探索的开端。问题情境的有效设置能够引起学生求知欲，为有效的课堂探究提供保障。问题情境的设置必须生动有效才可能激发学生探究欲望。教师在教学活动中，有效地、有意识地创设问题情境，激起学生探究事物的愿望，引导他们体验解决问题的快乐，提高了创造思维。问题情境具有强烈的吸引力，能激发学生对学习的渴望，使学生自我效能感提高，促进学生养成自主想象的思维习惯。而情境创设的依据是教学目标，而有效的情境创设有利于激发学生的问题意识。新课程三维目标体系为开放式教学目标，教学目标的设定也直接影响教学内容的选择和问题情境创设。

（1）知识性目标及情境创设原则

知识与数字不同，它是一个结构，支撑着创造性的思维并提供判断的框架。知识提供的是思维的原始材料，使人们可以运用它来思考。知识的价值在于作为思考的焦点激发各种水平的理解，而不是作为固定的数字让人接受。

从教学内容本身来看知识体系并没有很大地改变。但是教师对知识内容的解读和理解方式必须发生相应的改变，也就是改变教师对知识的理解视角。打破原有对知识数字化的理解。知识虽然是以传授数字的形式进入课堂，但是它所扮演的角色不再仅仅是讲授的内容课程的数字主线，而是课堂探究的引发剂，是贯穿课堂的数字主线和活动主线。因此教师在准备课堂教学内容的时候必须考虑到“如何创设情境、引发疑问”这个问题，也就是找到知识本身的“疑问点”，必须做到使学生“有疑而问，而不是无疑而问”，而课堂教学中开放式问题设计更是教学设计的核心。

知识情境设置注意“适中性原则”，虽然化学课堂教学的具体内容是有课标规定的，但是对于学生而言都是新的知识，所以学生内部的认知动机都是一样的，对于获取新知都能起到正向推动作用。因此教师在挖掘知识内涵的时候应当注意到学生现有知识结构认知水平的状况，合理选题。另一个方面知识点“引发性”要好，并不是一个难度适中的知识就能引发学生良好的问题意识，开放式教学的目的并不仅仅局限于思维训练还取决于实践能力、情感体验等诸多要素。

知识情境设置注意“多维性原则”，知识本身是一维性的，也就是只能体现其自身的数字性。如果开放式教学中教师只注重知识本身，那么教学过程就只能是知识的传递过程，教学的教育效能就大大降低了。所以在进行教学设计时选择知识情境就必须注意到教学其他各方面的要求，在知识情境的设置中就应当加入，行为、过程、情感等若干因素，从而丰富教育情境的活动因子增强教育的有效性。

（2）行为性教学目标及情境创设原则

开放式教学中行为的因素被大大强化，充分鼓励学生在课堂上展开广泛的交流。行为能力的培养不再是教育的影响因素，而成为必须实现的教育目标。学生只有通过交流活动才能有效地将所学的知识转化成能力，知识建构才能更有效地完成。

教学中行为的意义不单单是使学生的思维更加活跃，使学生产生更高的思维活性，而是通过行为使学生获得相应的能力，形成相应的素养，养成相应的意识品质。教学过程中行为内容的选择，要根据知识内容中渗透的相应的实践能力进行确定，并以此刺激学生的感知以便更好地获取知识进行建构。知识体系有其建构性，行为能力也有其建构性，实践能力的养成也是一个螺旋上升的过程，是在一定行为能力的基础上继续建构的。因此教师在教学中不但要强调化学逻辑分析等行为能力的习得，也要强调化学行为能力的建构，使学生养成的行为能力不是孤立的单个技能，而是有效的行为整体，这样的能力才是有意义的。

（3）情感性教学目标及情境创设原则

在教学目标中考虑意识情感的因素，就是通过现代化的教学理念与教学技术的有机整合实现既教书又育人的教育目的。情感教育的实现可以将知识能力升华为一种精神动力，反向激发更有效的知识学习和能力养成。为学生知识能力的更有效发挥提供内驱力的保障。

通过对知识的探究和行为过程的实践，学生可以获得相应的情感体验，这是从学习的外部条件向内部动因转变的关键性过程。教育的目的不仅仅是让学生获得相应的知识技能，这种技能要发挥效力，必须使之转化成必要的能力，而要使这种效力发挥良好的作用就必须使之以意识的形式固化，这样教育才真正起到了“教书育人”的作用，也为学生的自身发展奠定了良好的基础，为教育向良性方向的循环提供了方向。

首先，注意过程体验中的自我养成。在情感教育内容实施过程中教师应当力争让学生自主发现、自主总结、自主养成。不是通过形式化地说教，否则会使学生产生厌学心理。保证学生的自主发现，就必须在教学方法的选择和实施上认真考虑。

其次，创设真实的体验情境。教师应当在教学设计中让学生在获得相应的化学学习情感体验的同时，让学生体会到具有这些品质的意义。所以教师不但要为学生提供真实的情感养成情境，还要为学生提供相应的应用情境，促进情感的内化。

最后，提供有效的言语指导。有效包括“促进性”和“实效性”两个层面的意思。所谓“促进性”就是教师的指导是为了使学生更好地发展，所以教师应当考虑学生的自身情况，实现有效地换位思考，为学生发展提供帮助。“实效性”就是教师应当注重言语指导的时机，不是在所有时候都要提供指导，也不是说指导等同于讲授，“有效的指导不意味着让学生马上理解”。有效的言语指导的真正意义是做到“引导”与“激发”，从而使学生有效地完成探究过程，但应当注意“有效”不意味着“顺利”。

2. 设计开放问题，展开自主探索

开放题设计不是一元性的，而是学生与教师要共同参与，教师编制出开放题呈现给学生，学生要对其进行自主探索，并可以修正改进开放题内容，这样做到一种双向性的交流互动。教师所提供开放题是一个能激发学生思维的学习环境。让学生主动探索，积极思考，促进知识的建构，培养学生的探究批判能力。教师则利用多媒体为学生提供内容丰富、数字量大、具有交互功能的学习资料。教师要在环境中培养学生思维力，使学生可以更有效地投入后续的合作探究之中。教师在设计开放题时应遵循以下的基本原则。

（1）开放性原则

开放性原则，扩展学生的思维空间，让学生模仿探索创新，开放学生的思维和创造潜力，有利于学生感受领悟到再生创造知识的方法和技巧，培养学生的创新意识和能力。该原则要求开放性问题的设计应根据教材和学生基础知识的内容，注意避免主观主义和追求人云亦云。

（2）灵活性原则

该原则有利于学生的思维呈现活化状态，促进学生思维灵活性、敏捷性品质的形成。该原则要求设计时形式要灵活多样、生动活泼、不拘一格。

（3）层次性原则

该原则将帮助学生进行更深入地思考，运用所学知识并不断地扩大使用知识的范围，提高学生思维的深刻性。该原则要求设计开放题应讲究梯度，应根据学生的认知规律及思维特点，由浅入深，拾级而上，螺旋上升，层层开放。

（4）实用性原则

该原则既有利于调动学生分析、研究、解决问题的兴趣，又有利于使学生体会到知识的实用价值，体验到化学知识来源于生活，又服务于生活。从而促使学生自觉用化学眼光去观察、分析生活实际问题，提高解决实际问题的能力。避免学习和运用知识的脱节。该原则要求设计应紧密联系生活实际，多设计一些面向生活的开放题。

3. 合作交流讨论，建构新知结构

开放式教学不但要有开放的教育模式，还要培养开放性的个体，其中，培养学生交往的技能及分享、合作的态度是一项重要内容。在分享中的彼此激励能帮助学生有效地看见自己与他人的差异，主动建构自己的知识体系。与个体单独活动及集体活动相比，合作交流对实现这方面的目标具有独特的作用。以开放式教学小组活动的形式展开积极的讨论，可以为学生提供更广阔多元的开放思路，整个的学习过程都可以在其中进行：从合作协商修正开放问题，到分工合作分析讨论问题，再到交流研讨不同想法得出结论，然后共同行动拓展实践意义，最后一组内反思评价整合差异性。

4. 反馈调节巩固，强化运用变式

反馈是课堂教学的一个重要环节，是实现有效控制的主要手段。它是学生深化、巩固所学知识的一个过程，也是教师了解学生掌握知识、发展思维、强化能力程度的一个重要手段。其主要是通过课堂练习的形式，课堂练习应当采取分层次进行的方式，但是课堂教学实践有限，层次不能过多，分为三个层次比较适切。不同学生进行针对性练习，并且在保证基础的同时，预留一定的发展空间。另外，注意化学习题“变式”的应用。提供概念变式、原理变式加强反馈练习的多元性，使学生能够对于所学习的知识掌握得更加准确。

5. 多维深化拓展，评价作业反思

这一部分首先要求学生反思自己的思维过程，完成知识的梳理，总结规律，提取方法。另外，可通过开放式练习题的讨论或自编题来实现拓展、创新。自编题是学生在对知识、问题有较深透的理解的基础上才能完成的，它需要综合各方面的知识进行创造性地思考，它是使学生的主观能动性得以充分发挥的有效措施，也是丰富课堂内容的有效方法。

上述五个环节环环紧扣，其教学设计呈现出开放性特征：教学题材来自教材，来自生活，来自学生，在情境化中强化学生问题意识；课堂上教师提供开放问题，学生可以修正讨论，并通过交流合作形成多元化的共性意见；设计的练习呈现条件开放、结论开放、策略开放；结合评价的多种方法，真正实现开放式课堂教学的开放性、主体性、过程性、适度性、探究性、合作性。

第八章　高中化学实践教学中教师专业发展体系

第一节　教师成长发展的学校培养策略

一、加强职业道德建设

德育是素质教育的灵魂。学校应始终坚持德育为先，坚持以德育人的优良传统，全方位、多层次地开展德育工作，营造和谐的育人氛围，把教书育人、管理育人、服务育人、环境育人落到实处。学校应努力打造一种人格平等、教学互动的教学环境，以德立校，把思想政治教育和师德教育作为教师成长的重要内容。

（一）以科学的理论武装人民

抓好政治理论学习，坚持政治理论学习制度；加强政策、民主法制和维护社会稳定的教育；加强教师敬业爱生、为人师表的教育；加强教师心理健康的教育。

（二）以健全的制度规范人

要搞好教师思想道德建设，学校应制定各种制度并每月对教职员工进行一次师德评估，每学期进行2～3次学生及家长反馈，研究教师的师德行为，对违反师德规定的教师，在晋级、评比中坚决实行一票否决。

（三）以先进的形象带动人

树典型，倡导高尚师德师风；以丰富的活动激励人，通过开展演讲、事迹报告、安全分析、师德研讨等活动，激励教师树立高尚的教师形象。

二、努力营造学习、反思、进取的积极氛围

随着改革开放的不断深化，教育科研、教学改革等领域的研讨活动异常活跃，这就创造出有利于教师强化反思的各种机会。学校应努力创造机会，鼓励教师参与这些活动，真正让反思成为教师自觉、主动的一种研究意识和能力，成为教师的一种习惯。为此，鼓励和指导教师结合自身的教育教学实践开展行动研究、案例研究不失为一种有效的途径和方法。在活动中，广大教师不断积累教育教学经验，积极参与相关课题的研究，不定期撰写教育教学心得、案例和论文，长此以往，许多教师将会脱颖而出，迅速成长为教育教学骨干。参与活动的过程中，教师通过学习不断反思自己的实践经验，提高自己的认识。

三、构建发展性教师评价制度

评价应是多元性的、建设性的和发展性的，学校可建立“教师成长档案”，对学科带头人、新教师（教龄 5 年内的教师）等学校中青年教师、接近退休的教师提出不同的要求，引导教师从职责态度、素质能力和教学实效三个方面来评价自己的优点和不足。评价应注重教师本人的纵向比较，关注教师的成长和进步。

四、加强教研制度的建设

（一）建立“师徒”结对子活动制度

聘请有丰富教研经验的教师对青年教师实施带教，及时指导和督促他们不断积累和总结教育经验，让青年教师迅速加入科研型、高素质的骨干教师队伍，缩短其成长期。同时，加强部门间的沟通与协作，尤其是教务处与教科室的合作，开展课堂教学研究，争取得到扎实有效的课

题研究成果，推动教学改革向纵深发展。

（二）推行“五个一”基础工程制度

即每学期读一本教育教学理论书籍、开一堂公开课、在组内或校内做一次教育教学学术发言、写一篇“教学反思”或论文、参加一个课题研究。促使全体教师把教育理论与教学实践紧密结合起来，引导教师成名成家。

（三）抓好教研骨干队伍建设

重点抓好学校领导、教研组组长、课题组组长三支队伍，充分发挥他们在教研工作中的示范带头作用。通过学术研讨、专题讲座、现场观摩、外出参观等形式分层、分类培训教研骨干。

（四）加强学科带头人的跟踪培养与目标管理

学科带头人要充分发挥在教研工作中的示范带头作用，在学校管理、学科教学研究中形成自己的特色，研究出一些高质量的科研成果，带动本组开展群体性教研活动。对已确认为学科带头人的教师要有计划地展示他们的教研成果，为他们搭建更高的发展平台。

第二节　化学教师开展校本教研活动的探索

教学质量是学校生存和发展的基石，提高教学质量的关键就是要不断地开展教学研究。课堂教学是学校开展校本教学研究的最主要的内容，在新课程改革背景下，出现了更多新颖的模式与内容。积极开展有效的校本教研活动，探索高效的课堂教学模式，是确保学校可持续发展的关键。

一、基于课堂教学的校本教研活动的内容与形式

随着我国基础教育课程改革的启动和深化，以课堂为主阵地、以行动研究为主要方式的校本教研活动已成为教师专业成长的一条有效的途

径。在新课程改革的背景下，校本教研活动无论从形式还是内容都发生了变化，其中基于课堂的校本教研活动更是以崭新的面貌、多变的形式成为新课程改革持续推进的不竭动力。

（一）同课异构

“同课异构”这一名称借鉴了化学学科中的“同分异构”，在化学学科中，同分异构体是一种有相同的化学式，有同样的化学键却有着不同的原子排列方式的化合物。有些同分异构体有相似的性质，但也有的性质相差很大。“同课异构”中的“课”是指教学内容，“构”是指教学设计。一般而言，同课异构有两种方式：①同一教学内容由不同教师进行处理、组织课堂教学；②同一教师对同一教学内容在不同教学班级以不同的构思处理、组织课堂教学。我们通常所说的同课异构大多是指第一种，也就是不同的教师选用同一教学内容，根据学生实际、现有的教学条件和教师自身的特点，对教学内容进行合理化安排，进行不同的教学设计。不同教师的教学风格、教师对课程资源的组合能力以及教师对教材的处理艺术，在同课异构中均能得到充分展现。充分比较、学习不同教师执教同一教学内容的教学案例，是教师提高专业化水平、提升校本教研实效性的一条有效而便捷的途径。

同课异构要求教师精心研究教材，潜心钻研教法和学法，以便各显风采，各具特色；同时，同课异构也为集体研讨提供了很好的素材。这种校本教研活动是教师提高教学水平和教学能力、总结教学经验的一条有效途径，对整个教学质量的提升都有着显著的作用。

以同课异构为主题的校本教研活动的基本流程是：组成小组→确定上课课题→进行教学设计→课堂展示和课堂实录→课后研讨→写出教学案例→形成课例。活动开展前，教研组应确定至少有两位授课教师及一定数量较有教学经验的评委教师组成活动小组，然后由教研组研讨确定授课课题。授课教师根据课题进行教学分析，设计出教案初稿并进行试教。如果时间较充裕，授课教师还可根据试教情况进行教学再设计和再试教，直至确定出较满意的教学设计。开展活动时先由授课教师集中进行课堂教学展示，评委教师组织好其他教师（可以是其他学科）进行听课，记下各自的课堂实录。课后研讨是该活动的重要内容。研讨时先由授课教师说课（教学设计、课堂生成、课堂自我感觉等），然后是听课教师点评与探讨，最后由主评教师评课（围绕研讨主题，可利用观课表等），同时完成评课稿。活动告一段落后，参加这次活动的所有教师都可以充分利用教案、观课表、课堂实录、评课稿以及研讨中迸发出的思想火花，结合各自的教学疑难和教学实际写出教学案例。以上过程中的点点滴滴（教案、观课表、课堂实录、评课稿、教学案例、头脑风暴等）都由专人负责记录汇编，从而形成本节课的主题研讨活动课例。

同课异构的教研模式能展示不同教师对教材不同的分析理解、不同的策略选择、不同的资源选用，呈现出课堂教学的多样化。另外，在这样的教学活动中，教师也能正视彼此之间的差异，积极吸收他人的优点和长处，在保持自己风格与特点的同时，相互学习，共同提高。

（二）课堂观察

自从有了课堂教学以来，课堂观察就一直存在。课堂观察，顾名思义就是通过观察，对课堂的运行状况进行记录、分析和研究，并在此基础上谋求学生课堂学习的改善、促进教师发展的专业活动。在课堂观察中，观察者带着明确的目的，凭借自身感官以及有关的辅助工具（观察表、录音录像设备等），直接或间接（主要是直接）地从课堂情境中收集资料，并依据资料进行相应的研究。

课堂观察的主要任务是观察和评价课堂教学活动哪些是有效的、哪些是无效的甚至是有害的，评价的依据主要是教师的课堂教学行为与学生对这些行为的反应。因此在实施课堂观察时，要根据观察计划，尽可能准确地记录教师的行为方式与学生的行为反应。由于课堂教学中的人际交往和数字交流相当复杂，需要记录的观察数字是海量的，因此可以根据研究的重点、评价者的经验、研究的具体条件采用适当的记录方式，如采用录音或录像的方法，也可以用一种特制的专门表格，在单位时间里记录下教师的某一种行为及学生的反应，如每隔 90 秒钟记录一次教师的行为（讲述、板书、实验等）和学生对教师行为的关注程度等。

课堂观察包括课前观察要素的确定、课堂实时观察与记录、课后分析与评价三个阶段。基于课堂观察的目的和功能分析，课前观察要素的确定是有效开展课堂观察的前提基础，为课堂实时观察及课后分析与评价提供方向与导向；课堂实时观察与记录是有效开展课堂观察的保障，为课后分析与评价奠定基础；课后分析与评价是对课堂观察实施效果的有效提升，对教师专业发展、提高教学质量起到关键性的作用。

课堂观察是听、评课的一种范式，是教师研究课堂的一种方式或方法，有利于对课堂行为的局部进行分析与诊断，它主要有三项任务：①描述教与学的行为，诊断教学问题；②帮助教师改进课堂中具体的教学问题；③改变教师日常的课堂研究行为。如有可能，对一位教师的教学行为进行跟踪递进式观察，这对其专业发展有着非常大的促进作用。

（三）微格演课

微格演课是在微格教学和说课基础上发展起来的，它是以认识论、现代教育理论、教育心理学和学科教学论为理论依据，应用现代视听技术手段进行的对教学行为的及时反馈，是一种实践性、操作性极强的校本教研活动。这里的“微”是微型、片段及小步的意思；“格”这里是指分类研究教学行为的规律，从而掌握教学技能。任何一种技能都要通过练习才能获得，教学技能也不例外。微格演课的过程主要有：对教学内容进行分解→分别就所承担的内容和任务进行教学设计→模拟真实课堂进行演课→就演课的结果进行讨论评估→二次演课→组合定型。

进行微格演课需先将教学内容分成若干子单元，如在化学教学中讲授“质量守恒定律”时，可将内容分解成概念、理论、实验、应用四个子单元，然后根据教研组内的人员数量确定分工，每人可承担一至两项任务。每个成员在进行微格演课时重点考虑自己所承担的部分内容，要细而又细，精而又精，同时还要顾及整体，只不过不必考虑自己所负责内容之外的细节。活动时，教师根据事先设定的教学步骤和教学时间依次进行演课。演课时将自己的同事当作学生进行教学演练，并请学校电教组拍摄成录像，便于教学研讨。演课完毕，其他教师应对执教者的教学发表意见，既要提肯定性的意见，也要谈改进性的意见，同时还应结合教学录像边看边评，执教者也可以在大家发表意见的基础上谈个人的看法。这样通过讨论，使大家的认识趋于一致，结束后，执教者根据大家的意见修改自己的教学设计，并准备进行第二次演课。二次演课既是对评估意见的接受，也是对改进建议的检验。最后进行组合定型：教研组在分解演课之后要将各个步骤依据教学目标和教学内容的逻辑顺序组合在一起，使之最后成为一堂完整的课。组合后的教学模型可以由教师直接移植于真实课堂。

在进行微格演课时要协调好部分与整体的关系：微格演课将一个完整的内容进行分解，参与演课的教师在备课时要有整体意识，使子单元的教学设计能兼顾整体，使自己所承担的教学任务与其他人将要实施的教学步骤能够有机地联系在一起，对教学时间不能任意缩短或延长。

二、基于课堂教学的校本研究活动的体会与思考

新课程改革背景下的校本教研活动与原有的教研活动无论在内容、组织形式还是运行、保障机制等方面，都有很大的不同。可以说，教师群体的同伴互助和合作文化是校本研究的标志和灵魂。校本教研活动的形式是多种多样的，对课堂教学的研究则是教师进行教学研究的永恒题材。同课异构、课堂观察、微格演课等校本教研活动，在新课程改革的背景下，被赋予了新的内涵而备受关注，给人耳目一新的感觉。开展以课堂为核心内容的校本教学研究活动，可以使每个教师的想法得以展现，个体的才华得以发挥，实践水平和理论水平取得双重提高，从而促进教师专业的成长。

第三节 化学教师开展课题研究的探索

当前教师成为研究者的观念已成为共识，随着教育改革的不断深入，教师专业化水平的不断提高，教育科研能力已经成为教师专业能力中的有机组成部分。在新课程改革背景下，教师必须改变长期以来习以为常的职业生活方式，从习惯性教学走向研究性教学，由单一的教学实践者变成教学的研究者，这对于广大教师来说无疑是一种挑战。

化学教师不属于专业教育研究人员，但进行化学教学研究是化学教师的基本功之一，对化学教师教学水平的提高和教学改革的深化有着重大的作用。教师在新课改实施过程中要考虑制定教学目标、确定教学重点、考虑课堂教学进程、安排组织实验以及对学生学业的评价等，工作了一个阶段以后要回顾一下工作的得失，思考进一步开展工作的措施。这表明，化学教师在进行教学工作的同时也在进行着教学研究。

一、化学课题研究的范围

化学课题研究是以实践为基础，深入分析和总结化学教育、教学工作中的现象，从而深刻揭示其本质规律的过程。通过对化学教育、教学中的实际问题不断思考、积极探索，可对所研究的问题有较深刻的认识和独到地见解。化学课题研究涉及化学教育教学过程中的各个环节，每个环节都有研究不完的课题，主要可以从以下几个方面进行探索。

（一）化学课堂结构的研究

教学改革的深化呼唤多样化的新型课堂结构的建立，有关这方面的问题亟待深入探究，例如化学教学目的与教学重点的确定原则与体现途径的研究、教学环节与课型的研究、并进式实验的选定原则与实施方式的研究、课堂练习的设置目的与组织形式的研究、课堂教学中如何实现学生学习方式转变的研究等。

（二）学生的素质结构及施教策略的研究

在化学教育教学中应怎样承担学生的素质培养、学生的素质结构应由什么组成和怎样施教等问题已迫切地摆在我们面前，需要由我们做出明确的回答。

科学方法论与科学世界观教育的研究、形成良好严谨学风的研究，不仅是素质教育研究的组成部分，也是素质教育运行机制中需要解决的问题。如高中化学长时间的考前总复习几乎成了一些学校中约定俗成的教学计划，这就需要研究其历史上形成的原因及复习课的地位与作用。

（三）化学课程标准和教材的研究

怎样在化学教学中完整地体现课程标准对知识和能力的规定、课程标准中的知识结构怎样在教学进程中形成网络等，都需要有一批高水平的研究成果。根据化学新课程标准，目前国内出版了多套化学教材，教学设计的优化因为教材的多样化而有了更多可以参照的依据。要把“优化”变成可能，就得围绕课标要求，融合不同版本教材的内容，进行多维对比研究。

（四）化学实验教学的研究

化学是一门以实验为基础的科学，这就决定了在高中化学教学中开展对化学实验教学的研究是一个重要的课题，有必要对怎样组织实验进行深入的研究。怎样使实验课有序地进行、怎样使实验课形成理想的科学气氛，这种课题有很大的现实意义。对化学实验教学的研究还包括对实验内容的研究等。有些实验被很多人引用，但它却未必十分正确。学贵有疑，这是化学教师应有的素质。目前强调探究性实验对学生科学素质的培养的重要性，如何进行科学探究也是一个颇有实际价值的研究课题。

（五）三维目标与思维能力培养的研究

课程标准规定高中化学教学主要应构建“知识与技能”“过程与方法”“情感、态度与价值观”相融合的高中化学课程目标体系。很显然，对这三种目标内容的研究、三种目标之间关系的研究、三种目标结构的研究、三种目标形成过程的研究以及它们在教学过程中发展状况的研究等，都是当前化学教学研究中有现实意义的课题。

学生思维能力的培养是教学研究中一个重要的组成部分，它往往对人的素质形成起着举足轻重的制约作用，这个课题较大，涉及多学科的协同，但并不妨碍从若干具体的化学问题入手来逐步探究解决。

（六）成熟理论再创造的研究

随着改革开放的深入，国外一些已成熟的现代教育理论陆续传入我国，近年来国内也有一些新的教学模式涌现。对这些已成熟和基本成熟的理论，教师可结合自己的教学实际引进到教学改革中来，开展教学研究。

在做这类研究时，要注意的是不能机械地引用，要使实验与研究的过程成为一个再创造的过程。以一种理论为中心，可以兼收并蓄，吸收其他理论的优点，构建属于自己的教学工作体系。

（七）指导备考研究

有考试就有备考，用有限的时间指导学生准备中、高考，这与应试教育是两回事。教育改革在深化，我国的中、高考改革也在深化。指导备考的研究可以包括考试说明的研究、题型的研究、各种题型所承担的功能的研究、能力结构与考查的研究、实验考查的研究、试卷结构的研究等。尤其是中、高考对高中化学教学的正向导向作用应当是一个很重要的研究课题。

二、化学课题研究的一般步骤

（一）确定研究课题

进行课题研究，首先必须选好课题，这在一定程度上反映了整个研究的价值，它引导着研究的方向，制约着整个研究过程。选题主要突出一个“新”字，要选择有别于他人又符合教育发展方向的观点，还可以从一个新的视角来分析化学教育教学现实中的问题，或分析在教育领域新出现的、带有典型意义的问题等。

（二）制订研究计划

研究计划包括课题名称、课题组成员及基本状况、在课题中的分工、课题提出的背景和对教学工作的实际意义、本课题当前在国内外的基本状况、课题研究进度安排、课题研究的基本手段、课题研究的经费支持状况和使用计划等。

（三）查阅文献

从文献中了解他人在有关本课题各方面所做的工作及成就为研究工作提供重要的线索，也可吸取前人工作的经验以避免工作的重复，少走弯路。

（四）确定控制因素

一个客观事实总是由若干因素构成的，在这诸多因素中有一个或几个对其他因素起着制约的作用，这样的因素称为控制因素。确定研究课题的制约因素，可为课题研究的顺利展开提供可靠的保证。例如，研究学生在学习化学时思维能力的形成，思维层次是它的基本因素，而思维层次与思维属性密切相关，在思维属性中，思维的创造性又是最集中的表现，因此在这个课题研究中，可以把思维创造性的形成作为控制因素。

（五）运用因素开展研究

在确定了有关因素和控制因素之后，就着手运用它们开展研究工作。常规手段有：进行有目的的研究性的教学实践、编制调查问卷并实施调查、用对比组的办法在一个阶段后进行测试、对所得数据做统计（有时要用计算机处理）等。然后用初步研究得到的结果提出一个有关本课题结论的假说，将这种假说应用于实践，对假说加以修正，最后得出课题结论。

（六）写出课题报告（论文）

教学研究多数是以课题报告（论文）的形式来表达其成果的。论文的一般结构应包括问题的提出、问题的研究、结论与反思等。研究论文的撰写是课题研究的最后阶段，直接关系到科研成果的呈现。

三、化学课题研究的体会与思考

（一）要重视过程

教师的科研意识是在教育科研的过程中展现的，教师参与教育科研的特点是“教中研”，包括接受既成的科研理论成果，将其转化为具体的教学规范，在教学过程中应用、实践。在教学中自觉地发现问题，然后进行自我探索、监控、评价，达到提高教学水平的目的。

（二）要注重应用

科学研究一般分为基础研究、理论研究和应用研究。教师研究的问题直接来自教育教学实践，是为解决具体问题服务的，它有极强的针对性和目的性。只有使科研与教学相结合，教师的科研活动才有价值。教师的科研应体现在如何将已有的教育理论研究成果尽快地转化到教育教学实践中去，促进教育教学水平的提高。教师在教育科研中应是一名学习者。首先，教师在参与教育科研时应是自主式的学习者。教育科研是一个不断发现、探索、解决问题的过程，这正是“学习”的本质所在。其次，教师作为自主式的学习者是贯穿教育教学过程始终的，只有学习行为日常化，教师的科研水平才能不断提高。

（三）要遵循原则

课题研究要有科学性，即必须具有科学的客观根据和理论根据，所研究内容应具有可行性，且应给出相应的理论支持和具体方案。

作为化学教师，应通过不断学习、研究、反思，来更新知识、确立理念、提升境界。向书本学习，确立合理的知识结构；向学生学习，做到教学相长；向同行学习，取长补短。现代学校鼓励教师进行研究，现代教师要学会研究，在教中研、在研中教。可以写教学日记，进行资料数字的研究；可以写教学札记，进行现状的研究；可以写案例分析，进行个案的研究；也可以将三者结合起来，进行持续的归纳、提炼、总结，直至形成研究成果。

第四节　化学教师开展自我研究的探索

在教育改革的进程中，教师学习一直被视为提高教师质量的重要手段，国内外学者对教师的职前培训和职后专业发展都进行了较为深入的探讨。自我研究是西方教育领域在二十世纪开始流行起来的教师学习和研究的途径，并在教学和教师教育领域迅速发展。自我研究具有内省与对话并存、追求教学原则而非方法、思考与行动并进等特点。自我研究有叙事、传记、教学日志、教师博客、行动研究、案例研究、教学反思等方式。

一、自我研究简述

自我研究源起于对传统技术理性主义教学的批判，摒弃其不分教学情境、对优秀教学行为和教学模式简单复制的弊端，希望教师以具体的、特定的教育教学情境为实践的起点，再以不同的方法和策略去行动。自我研究以发展教师为要旨，希望教师通过不断地批判审视自己的教学过程，发现其中的问题，寻找恰当的解决策略，这样教师既可解决教育教学的困惑，优化教学设计，也可积累经验，促进专业素质的提升。

自我研究贯穿于整个教学实践的全过程，是对一切影响教学进程的因素的研究和分析。在教学前，表现为对教学设计的分析，包括教学目标的分析，教学方法、教学工具和教学手段的使用等方面；在教学过程中，表现为对教学语言、教学行为、课堂氛围、学生反应等一切与课堂情境相关因素的分析；在教学后，表现为对教学效果以及整个教学过程的分析。

自我研究带有“质化研究”的色彩，长期以来，学者们一直认为只有量化研究的研究结果才是科学有效的，认为数据和表格更能科学客观地反映出教育现实。但是在教育领域，教育现象是十分复杂的，影响教育的因素很多，尤其是教育者和教育对象都是有意识的能动的人，他们的观念、态度、情感、知识、文化等对教育都会产生影响，而冷冰冰的数据是无法把这些因素体现出来的，所以人们开始尝试运用质化的研究方法来研究那些复杂的教育现象和教育问题。自我研究正是运用课例、叙事、自传、日志、博客等方式对教师行为以及行为背后的动因进行的研究。例如，对隐藏在教学日志背后的教师的教育理念和教育经验的研究，从课堂录像中教师对课堂问题的处理分析教师的教育教学经验的研究，这些都是对教育教学现象的质化研究。

自我研究既是在行动中的思考，也是在思考中的行动，思考的结果为行动提供活动依据，行动的过程和结果促进教师产生思考，两者相得益彰，彼此促进。

二、自我研究的特征

（一）内省与交流并存

“内省”是中学教师进行自我修炼和自我教育的重要方式和途径，它强调研究者以自己为实践和研究的起点，通过与学生、教材、家长、课程文化、课堂环境、社会、同事以及理论文献等一切与教学相关的事物之间的对话来实现对自我意识的唤醒。自我研究重视内省，但并不像字面上所显现的那样，只是拘泥于自我的活动。单纯的内省反思活动，通常较难顺利、高效地进行，无法使自己及时发现问题。而在跟他人交流对话时，人与人的思维发生碰撞，能激起更深层次、更大范围的思考。反思活动不仅是个体行为，更需要博采众长。教师将自己对某一问题的思考与解决过程呈现给其他成员，在充分交流的基础上，互相促进、互相提高。

（二）现实性和实用性

教师进行自我研究的课题中，出现最多的是教师在教学实践中面临的困境、矛盾、挑战、压力等，如：我目前的教学行为处于一个什么样的水平？我该怎样才能改善教学行为？为什么我在具体的教学实践中会存在理念和行为的脱节呢？我该如何摆脱困境，在工作中得心应手呢？诸如此类。通过对自我成长经历的描述，把技术和理性的东西隐藏起来，解释自己的教学状态，追寻教育工作的足迹，这是一种追寻“意义”的研究，而不是一种对于特殊问题追寻特定答案的研究。

（三）自我研究侧重于问题研究

许多有经验的教育研究者不约而同地提出，那些工作中出现的问题比获得的成绩往往更能吸引研究者的关注。问题通常包括两个方面：消极方面是指教师在教学过程中遇到的困难、困惑、压力和挑战等；积极方面包括教师在实践过程中产生的教学灵感、兴趣等。教师通过对问题的研究，使自己的专业素质得到提升，能更好地驾驭教育教学规律，提高工作效能。

三、教师开展自我研究的常用方法与途径

（一）教育叙事

教育叙事是指教师用叙述或讲故事的方式对教育教学过程中的事件进行描述、分析、论证和反思，从中发掘隐藏其中的教育思想、教育理论和教育信念，从而解释、发现或揭示隐含在复杂多变的教育现象中的本质和规律。

教育叙事研究的出现，实现了教育研究范式的转型，即开始由探究普适性的教育规律转向寻求情境化的教育意义，个体的经验开始受到人们的重视。叙事常用的语言表达方式是叙述、描述，而非理论概括。研究者要清楚地把故事呈现出来，主要靠描述、叙述的方式，而不是通过论证、分析、归纳、推理的形式。夹叙夹议是叙事最主要的方式。其中以叙为主，以议为辅，是叙中带议，而不是议中带叙。以叙述为主，而不是以议论为主，这是叙事研究的文本区分于其他科研论文的重要

表现。

叙事研究的特点分为：①叙述的对象是真实的教学事件；②叙述必须有突出的主题；③叙述必须具有“情节性”；④叙述中包含着反思性内容。

（二）传记法

传记研究即教师的生活史研究，主要通过叙述的方式，分析教师在过去生活中的各种因素对教师的教育观念、教育行为等的影响及其意义。教师以传记的方式叙述自己的教育故事，即教师以自己的生活经历为背景去观察和思考世界，这就促使教师进入沉静思考的层面，倾听自己内心深处的声音，站在不同的角度反思和挖掘自我，于是就可能激发出许多意想不到的想法，它是现实的“我”与历史的“我”之间的对话。

（三）教学日志

教学日志是教师结束一天的工作后，根据教学过程反馈的数字，用精练的文字将所思所想记录下来的。它既可以是对当天教学状况的技术层面的评价，也可以是批判性的反思。教师经常撰写教学日志，能及时检验出教学过程中的优缺点，以便总结经验，吸取教训，不断完善自己的知识技能结构，寻找解决问题的策略，用于应对日后类似的困难。

教学日志记载的内容常有：①听到的、看到的与教学有关的趣事；②进展顺利或不顺利的教学活动或者事件；③成功的经验和方法，灵感的再现；④始料不及和发人深省的问题；⑤教学工作中遇到的问题及解决方法；⑥体验到的情绪、情感，或对某起教育教学事件的感受；⑦自己处理得较好的事情或对其他教师、学生或学校有启发意义的事情。

（四）网络博客

“博客”一词源于“网络日志”（weblog），充分利用博客超文本链接、网络互动、动态更新的特点，可在网络数字流中精选并链接全球互联网中最有价值的数字、知识与资源，进行互动交流、深度沟通及简易的数字发布等。利用博客的核心在于终身学习、主动研究探索的思想。目前越来越多的优秀教师将自己的教学理念、教学行为、教学困惑以及一切与教育相关的问题发表在博客中，与同行、学生或专家交流，博客已成为教师进行教学管理、交流的工具和教师专业发展的一个较新颖的平台。

（五）行动研究

行动研究是教师（或教师在研究人员的指导下）有计划、有步骤地围绕着学校的实际问题，通过边行动边研究的途径，合理地运用教育理论，研究和解决不断变化着的教育问题，改进并提高教学实效的研究。行动研究以提高行动质量、改进实际工作、解决实践问题为首要目标，同时强调教学行为与科学研究相结合、行动过程与研究相结合。

行动研究的一般程序有以下六点：①确立课题。即发现问题、分析问题、确立课题。②查阅文献。分析现状，阅读文献综述。③制订方案。包括目的、假设、对象（范围）、方法（步骤）、资料（数字）、物质保障（经费、环境、设备、设施等）、时间、参加人员及能力分析、人员分工等。④实施行动。包括假设的设立及验证（可借鉴应用实验假说，但教育研究的假设有别于自然科学的实验假设，不能通过科学观察和实践直接进行观测），资料（数字）的收集、处理、综合，进行观察、问卷调查、实验，及时反馈、多方反思、不断校正。⑤总结反思。对研究资料进行整理、分析、解释，做出推论，并对研究进行反思评价，为新一轮的深入研究做准备。⑥评价效果。

在行动研究中，教师集“研究者”与“行动者”两种角色于一体，既是研究者，又是被研究者，即行动者。通过“研究”和“行动”的双重活动，可将行动中的研究成果直接运用于自己的实践，进而提高自己改变实践的行动能力。行动研究的目的不在于建立理论、归纳规律，而在于改进和解决教育教学实践中的实际问题。

（六）案例研究

案例研究最初运用于医学领域中，是研究病人的案例。随着教育科学的发展，案例研究法在教育教学领域也得到了广泛运用，对提高教师专业水平具有重要价值。

案例研究通常以单一的、典型的对象（教学案例）为具体的研究内容，通过对其进行直接或间接的、深入或具体的考察，了解对象发展变化的线索和特点，并在此基础上设计与实施一些积极的教育措施以促进它的发展，然后把这些条件、措施与结果之间联系产生的认识与结论，推广到对一般的人和事的发展变化的认识上去。案例研究需对一些典型特征进行全面、深入地考察和分析，整个过程就像解剖麻雀一样，让人们逐渐看清事物的全貌，因此这种方法也被形象地称为“解剖麻雀法”。

案例研究中，精选教学案例是关键。教学案例一般由三个部分组成：①案例背景。简介案例发生的背景及研究的方法与主题等。②案例描述。教学案例必须蕴含一个或几个教学事件，对它的叙述必须相应地体现出一定的情节性和可读性，描述时应像讲故事一样具体生动。③案例分析。这是教学案例的关键，主要是运用教育理论对案例进行多角度的分析，一般采用夹叙夹议或先案例再议论的方式。

案例研究的特点包括：①案例研究以案例为基本单位；②案例研究是“案”与“理”的有机结合。

（七）教学反思

教学反思是教师对自己的教育教学活动所进行的反馈性思考活动，是把他们的活动从感性的变成理性的、从无意识的变成有意识的思维加工过程。

教师在复杂的教学情境中，对教学行为背后的理论和结果进行反复的、持续的和周密地思考，从而赋予教学实践以意义，寻求改善教学实践的可能方案。教学反思是慎思的过程，通过界定问题和寻求解决问题的方法，来提高教学的质量。在教学反思中知识、思想和行动是整合的。教学反思在意义重构中的功能在于能够使经验中的各个部分之间、经验与经验之间、经验与其相关的知识之间产生有意义的联系。经常反思的教师不是仅仅寻求结论，也不是整日忙忙碌碌地工作而不去反思行动的理由和结果，而是从他们自己的实践和学生的学习中不断建构其中的意义，创造与此相应的理论。在教学反思中，教师所获得的不仅仅是对自己行动的理解、实践的改善、知识的扩展，还有对所拥有的理论的提升。

教学反思的特征包括以下几点：①教学反思针对的是教学实践中的困惑和惊奇；②教学反思是批判性的思考过程；③教学反思是把具体情境概念化的过程；④教学反思是探究性的过程；⑤教学反思是把过去的经验引向未来的行动；⑥教学反思是从多元的视角重构教学情境的过程；⑦教学反思是教师主动学习的过程。

第九章　数字教育背景下 高中化学互动教学模式的优化创新

第一节　数字教育背景下 化学互动教学模式中师生角色的转变

数字时代背景下，传统的教学模式已经不能满足如今的教学需求，高中化学教学开始逐渐向着多元化的方向发展，互动教学方式是其中的主要内容。互动教学模式对教学过程中师生之间的关系进行转换，打破了传统的教学观念，促进了教师与学生之间的交流与沟通，极大地提高了教学的质量。

一、互动教学模式的理论依据

互动教学模式中的理论依据是建构主义。建构主义强调学习的主动性，认为学习的本质就是在掌握一定的学习经验后，自主地对新知识进行建构。同时，建构主义强调学生在课堂学习中的重要性，是学习的主体，教师只是学生学习的指导者、领路人。

人与人的互动、人与资料的互动、人与多媒体的互动是传统教学模式中的三种主要类型。人与人的互动分为两类，即学生与学生之间的互动交流、教师与学生之间的互动交流；人与资料的互动，是指与化学教材的互动，主要分为两方面，一方面是指教师以化学教材为主进行化学教学，另一方面是指学生将化学教材作为主要的化学学习的资源；人与多媒体的互动主要是指教师利用化学教材中的光盘来辅助自己完成化学教学。

互动教学模式的主要特点是互动性，通过加强师生之间的互动、促进师生之间的交流来提高教学质量。这种教学模式打破了传统的以教师为主体的教学模式，使学生成为课堂的主体。这种教学模式促进了学生自主学习的积极性，开始逐渐成为高中化学教学中的主要教学方式。这种教学模式在学生掌握基础的理论知识的基础上，还注重对所学内容的使用，不仅促进了学生自主学习的能动性，而且为以后的化学学习打下了基础。

二、教师角色的转变

在互动教学模式中，化学教师要转变自身角色，积极地帮助学生提升自主学习能力。通过转变化学教师角色，可以获得以下三点好处：

第一，能够落实学生在学习中的主体地位。在化学教学中，学生是学习的主体。课堂上学生所呈现出来的是自主学习过程，教学过程中，教学方法的确定、教学内容的选择、教学过程的组织与评价，都是围绕学生因素来开展的。

第二，将知识建构与学生的学习活动联系起来。在学生的自主学习活动中包含着网络自主学习。在学生的自主学习活动中，学生要积极地参与学习的每个环节，在这一活动中获得学习中的体验与感受，不仅能够使学生生成与建构知识，同时在这一过程中，学生的价值也能够得以体现。

第三，在开放的教学环境中，促进课堂教学与学生的自主学习的融合。课堂教学与网络自主学习属于不同的范畴，但是网络自主学习是在课堂教学的基础之上发展的。这种教学模式不仅能够促进学生的自主学习，同时还能够使课堂教学的效果得到延伸。

在网络环境下，互动教学模式能够帮助加强学生的自主学习能力，教师在其中可以起到辅助作用。

在数字时代背景下，教师进行的角色转换主要分为三部分，即化学课程的开发者、教学活动的组织者、学生学习的指导者。具体内容如下。

（一）化学课程的开发者

在传统的高中化学教学模式中，教师所使用的化学教材多数为国家统一编订，教师只需要根据教材内容进行讲授与传播即可。但是在不同的学校、不同的专业中，学生的化学水平各不相同，不同学生的学习能力也各不相同。因此，传统的化学教学模式难以根据学生的实际情况展开化学课程，难以满足不同层次的学生需求。因此，在多元互动教学模式中，教师应将自己的角色转变为课程的开发者，体现学生在学习中的主体性，促进学生自主学习的积极性。

教师要想成为化学课程的开发者，需要注意以下两点：

首先，教师要紧跟时代发展，不仅要持续接受化学的学习内容，同时还要对学习理论以及现代语言理论等内容进行学习，并且要将自己的化学教学经验与相关理论结合起来，借鉴优秀教师的相关经验，对自己的教学活动进行反思，不断地促进自身化学教学能力的提升。

其次，在如今科学技术发展迅速的今天，教师应充分利用多媒体技术，将其融入课程活动中，提高学生的学习热情，教师在讲授完课堂知识外，要给学生一定的思考时间，使学生在课堂活动中发挥自身的主观能动性，提升化学学习能力。

（二）教学活动的组织者

随着互联网技术的快速发展，学习资源也开始互联网化。化学教师在教学过程中，可以借助互联网上的各种学习资源来组织教学活动，从而提高教学质量和学生的学习效果。在教学活动中，教师可以根据学生的实际情况制定合适的教学大纲，选择相应的化学教材，制定合适的教学目标与教学方案。如果学生有使用软件来辅助学习，教师应给予学生以正确的指导。同时，教师还可以将多媒体运用到课堂活动中，提高学生的学习热情与注意力，借助互联网资源拓宽学生化学学习的深度与广度，例如教师可以在课堂教学中播放合适的有关化学知识的科普视频，提高学生的学习水平与知识面。

（三）学生学习的指导者

随着互动教学模式的发展，教师应充分认识到学生在学习活动中的主体地位，而教师自己应该成为学生学习的指导者。化学教师在课堂活动中，应根据学生的实际情况，选择合适的教学方法，并帮助学生制定适宜的学习目标。在学生的学习过程中，应及时了解学生的学习情况并给予正确的指导。此外，还要给学生的学习情况以评价，提高学生的信心。

如今我国的互联网技术正处在快速发展中，教师在教学活动中应充分利用互联网技术，为学生搜集合适的学习资料，发挥自身的监督职能，利用互联网中多样的资源培养学生的学习兴趣与学习积极性。

三、学生角色的转变

在数字时代的化学互动教学模式中，教师需要转变自身的角色，学生也需要转变自身的角色。在课堂活动中，学生角色的转变受建构主义的影响，主要包括以下三种：

第一，自主学习的构建者。在多元互动教学模式中，学生由传统教学模式中被动的知识接收者转换为自主学习的建构者。随着互联网的发展，学生不仅能够从互联网中获取自己需要的学习资源，对自己的学习进度进行调整，还可以借助相关软件对自己的学习情况进行检测，针对性地制订学习计划，提高学习的效率。同时，学生在学习过程中，还可以根据自己的兴趣爱好，自主对学习内容以及学习方式进行选择，对自己的学习时间合理地进行分配。不仅能够提升学生的自主学习能力，还能够提高对化学的学习兴趣。

第二，学习的主体。在互动教学模式中，学生是学习的主体。在课堂活动中，不仅教师要根据学生的实际情况选择合适的教学方法，学生也可以在课堂活动中向教师提出要求，加强教学活动中教师与学生之间的互动交流与沟通，以便促进学生对化学知识的理解以及对化学知识的运用。

第三，学习活动的参与者。在互动教学模式中，学生是学习活动的积极参与者。快速发展的互联网环境为学生提供了丰富的学习资源，学生可以通过互联网获取自己需要的学习资源，对自己的学习方法进行完善，同时对自身的学习情况进行检测，根据自身的学习问题，选择合适的学习内容。学生可以通过网络来促进自己与其他同学之间的沟通、与社会的联系，在与他人的交流与沟通中，不断地提升自主学习能力，提高学习的效率。

在互动教学模式中，学生是学习活动的主体，学生要在学习活动中不断地提升自主学习能力，教师在教学活动中只是化学课程的开发者、教学活动的组织者、学生学习的指导者，这不仅表现在学生要自主地去学习，还表现在学生要根据自己的实际情况，为自己设计合适的学习方案与学习目标，并要自己主动地去实施。学生自主学习环节的设计分为多个流程。

互动式助学是互动教学模式中的重要特点，主要通过网上同步和异地助学、课堂助学、资源助学这三个方面，实现学生与教师、学生与学生、学生与教学平台之间的互助。

网上同步与异地助学主要是为了增加教师与学生之间的交流沟通，通过互联网的教学平台实现教师与学生之间的良性互动，弥补课堂的时间限制，提高学生的学习质量。

课堂助学表现为学生与学生之间的交流与沟通，是教学活动中的协助教学。在互联网环境下，学生在放学之后可以借助网络平台实现与同学之间的交流与沟通，提高学生的学习质量，提升自主学习能力。

资源助学是指教师在教学活动中，借助互联网获取书本以外的教学资源，根据学生的实际情况，整理出能够提升学生化学学习能力的知识，扩大学生化学学习的深度与广度，提高学生学习的兴趣，增强教师与学生之间的交流与沟通。

第二节　数字教育以学为主的高中化学互动教学模式

互动教学模式是基于数字背景下的一种教学模式，通过互联网技术扩大学生学习的时间和学习范围，将课上课下、线上线下联系起来，提高学生的自主学习能力，充分彰显了学生在学习活动中的主体性。本节将对互动教学模式的类型与实施特点进行分析。

互联网技术的发展使媒体与教学联系起来，化学教学中也开始出现媒体教学。这种教学模式打破了传统的教学方法与教学观念，提高了学生的学习效率。互动教学模式突破了传统教学模式的局限，打破了学生学习的时间与空间的限制，由以往教学活动中的以教师为中心转变为以学生为中心。与传统的教学活动相比，互动教学模式在教师角色、学生角色、教学方法、互动方式等方面都具有自身特有的特点。

一、互动教学模式的实施类型

在传统的化学教学模式中，互动主要表现在师生在课堂上的互动。而在互动教学模式中，通过网络环境将学习活动中的互动延伸，形成课上课下、线上线下的互动模式，不再局限于师生在课堂上的互动。在实施互动教学模式的过程中，常见的有三种实施类型，即师生互动、生生互动、生机多维互动。具体内容如下。

二、以学为主教学模式的特点

在互动教学模式中，不仅要关注教师在化学教学活动中如何“教”的问题，更要关注学生在化学教学活动中如何“学”的问题。在互动教学模式中，师生在教学中的活动，都要遵循“以学为主”这一基本原则，通过调动师生的主动性，形成彼此之间的和谐互动，提高化学教学的效果。与传统的化学教学模式相比，以学为主的互动教学模式主要有以下特点。

（一）交互性的教学方式

在互动教学模式中，教学中的方法、手段、内容、组织形式等内容是紧密联系在一起的，教学互动形式中的师生、生生、生机等内容也是相互关联的。交互性的教学方式能使学生全方位地对自己的学习进行分析总结，根据实际情况对自己的学习行为进行调整，实现教学活动中的多元互动，使教学活动呈现多变性、复杂性与丰富性。

（二）开放性的教学环境

快速发展的互联网使数字的传输与交流变得更为便捷和快速。在化学教学中，互联网拓宽了师生学习的渠道，丰富了学习资源。互联网的教学环境，使学生在学习活动中获得了更大的主动性与自主权。学生在学习活动中，可以根据自己的实际学习情况，对自己的学习进度以及学习内容进行适当的调整。同时，学生在互联网的教学环境中，需要自己去对数字进行搜集、整理、理解，要自己控制学习过程，提高了学生的自主学习能力。需要注意的是，在开放性的教学环境中，赋予学生在学习方面更大的自由，并不意味着让学生完全自己独自学习，教师应对学生的学习情况给予必要的监控与测评，保持互动教学模式中的师生互动关系，确保学生的学习方向正确。

（三）平等性的师生关系

在传统的高中化学教学模式中，教师是教学活动的主体，具有主导地位，学生往往是顺从教师的讲授，师生之间缺乏平等对话。而在互动教学模式中，教师与学生的角色发生了变化，教师不仅要传授知识，还应该根据学生的实际情况对自己的讲课内容进行调整。教师是教学活动中的组织者、开发者、指导者，与学生之间是平等的交流对话。在教学活动中，教师应积极地鼓励学生，给学生的学习活动以必要的指导，与学生形成良好的互动关系。此外，教师应促进学生在教学活动中的参与意识，极大地提高学生的参与积极性。

三、互联网环境下互动教学模式的实施策略

（一）教师导学，学生自学

教师导学，学生自学是在教师的指导下，学生制订自己的学习计划，通过互联网资源，将某一单元的内容与下一单元的内容串联起来，使学生的学习持续进行，保持循序渐进的过程。教师导学，学生自学的

互动式教学模式分为多个流程。

1. 制订学习计划

在每学期的化学学习开始之前，学生应根据教学大纲、教学的课程设置、教学目标等教学资源，了解本学期高中化学的教学要求与特点，根据自己的实际学习情况，制订适合自己的学习计划。教师应向学生提供教学大纲、教学课程设置、教学目标等资源，对学生的学习计划进行审核并对学习计划的实施进行跟踪。教师与学生可以通过在线平台来进行交流沟通，实现学生与教师之间的互动。

2. 利用网络平台资源学习

学生制订好学习计划后，应在教师的指导下，根据自己的实际情况，选择合适的平台以及网络资源进行学习。学生不仅可以选择网上优秀的网络资源学习，也可以选择具有一定针对性的教学平台来进行学习，同时还可以利用教学平台中的相关栏目来对自己的学习成果进行检测，进行有针对性的学习，实现学生的自主学习。

教师在这一过程中，应负责教学平台内的资源维护与更新，对学生的学习情况及时了解，给予学生一定的指导。教师可以借助网络交流平台对学生的学习情况进行了解，把握学生在学习过程中的重难点，提升学生自主学习的效果。教师有针对性地指导有助于学生理清学习知识，学生在学习中的条理也会更清楚、更系统化。

3. 导入下一单元

通过教师导学，学生自学这一阶段，学生对化学学习中的重难点有了一定程度的了解，为下一阶段的针对性学习奠定了基础。教师在这时仍需要对学生在下一阶段中的学习情况进行指导，提高学生的学习质量。教师可以借助教学平台以及交流情况掌握学生的学习情况，对学生在下一阶段的学习进行引导。

教师导学、学生自学是教学活动中教师与学生之间互动极强的环节。在这一阶段，学生如果在学习中遇到什么问题，都可以及时地借助网络平台与教师交流，提高学生的自学能力与学习兴趣。在这一阶段中，教师不仅要对学生的疑问进行解惑，而且还要引导学生将学习中的内容串联起来，形成属于自己的知识体系，构建一个较为完整的知识框架。

（二）教师助学，小组协作

教师助学，小组协作是指学生在学习的过程中，在教师的指导下，完成小组之间的交流协作。小组协作主要是对学习过程中遇到的重难点、学习案例、学习方法、学习经验等内容的协作学习。

1. 重难点交流

学生进行重难点交流就是对自己在学习过程中遇到的重难点在小组内进行交流，使学生在交流的过程中解决这一难题，而且还可以了解他人在学习中的重难点，及时查漏补缺。学生之间进行这种交流可以采用线下见面或者线上平台讨论，学生在交流的过程中，教师应给予一定的指导，促进学生之间的有效沟通，帮学生解决问题。

2. 案例交流

在教学过程中，为提高学生的学习兴趣，加深知识点的学习应用，教师在教学过程中，可以引用一些案例来辅助教学。教师可以借助网络为学生布置作业，让学生分组讨论。教师应对讨论的结果进行点评分析，增加学生的学习兴趣，加强同学之间的交流协作，进一步加强学生对知识点的运用。

3. 学习方法交流

学生在小组讨论中，可以分享自己的学习经验与学习方法，对自己在化学学习中的学习实践进行分享。在这一交流中，学生不仅可以了解更多的学习方法与学习经验，对自己的学习方法进行调整，还可以及时地发现自己在学习中的缺点并改正。在这一交流过程中，教师应对学生的学习经验与学习方法进行总结分析，将更好更适合的学习方法传递给同学，提高学生的化学学习效果与学习兴趣。

教师助学，小组协作这一环节注重学生与学生之间的交流沟通。通过小组之间的交流协作，不仅能够加强学生对知识的理解掌握，还能够提高学生的交际能力，提高学习兴趣。在一过程中，教师仍需要在其中扮演一定的角色，要与学生产生互动，对学生在交流中的难点及时解答，加强学生之间的交流效果，提供更多的学习方法，提高学生的学习效率。

（三）教师促学，学生考核

学生考核是对学生的学习效果进行检验的有效手段，也是对互动教学模式的效果进行考核的重要标准。通过考核，不仅能使教师对学生的真实学习情况进行了解，而且还能为学生的下一学习阶段给予一定的指导。学生考核主要分为三个环节：自检自测、形成性考核、终结性考核。

1. 自检自测

学生在完成一个阶段的学习任务后，应该对自己的学习情况进行检测，及时查漏补缺。学生可以借助网络教学平台中的自检自测题以及相关测试对自己的学习情况进行检测了解，同时还可以借助教师编写的自检自测题对自己的学习效果进行检测。教师在这一环节中，应根据自检自测题的答题情况，对学生的学习情况进行定时检查，督促学生各阶段的学习任务及时完成。

2. 形成性考核

形成性考核是对学生的学习情况进行考核，及时形成反馈数字，为下一阶段的学习提供一定的指导建议，加强学生的学习管理。通过形成性考核，能够帮助教师了解学生的学习情况，为学生提供有针对性地辅导。同时，这种考核方法还能够避免学生在期末时为应付考试而突击复习的做法，降低学生在期末考试中的压力。

3. 终结性考核

终结性考核能够将学生对化学课程中的学习水平反映出来，是对学生化学知识的掌握情况进行检验，考查学生对问题的分析、解决能力。教师在这一过程中，应根据学习内容，编写对应的练习材料，为学生提供对应的复习指南。学生应积极地利用这些材料，对自己的学习情况进行检验，降低自己在考核中的压力，反映自己真实的化学学习水平。

教师促学，学生考核是对学生的整个学习情况的综合评价，是对互动教学模式的效果进行检验的重要手段，不仅能够检查学生的综合学习情况，还能够反映教师的教学效果。

第三节　数字教育高中化学互动教学模式的实践创新

在数字时代背景下，互联网也开始在化学教学中普遍应用。在如今的新教学模式中，化学教学要充分利用互联网的优势，打破传统的教学模式，提高学生的学习积极性与学习效果。因此，在如今的化学教学改革中，要重视教学模式多样性的构建。

一、互动教学模式的实践创新

随着互联网技术的发展，数字资源的传递变得更为便捷。传统的化学教学模式已经无法满足现代的化学教学需求，需要将化学教学与互联网结合起来，采用互动教学模式，对高中化学的教学模式进行革新，进一步提高学生的化学学习效果与化学综合能力。如何在如今互联网环境下实现高中化学教学的发展成为高中化学教学发展的重要课题。经过大量的化学教学实践，笔者对互联网环境下，高中化学互动教学模式的实践创新提出了以下对策。

（一）自主探索，发挥教师指导作用

在互动教学模式中，教师与学生都要扮演好自己的角色。教师要做好自己的指导工作，扮演好组织者、开发者、指导者的角色；学生在教学活动中要充分发挥自身的积极性，提高自己的自主学习能力，积极地与他人建立互动关系。教师在教学活动中，要根据学生的实际情况，对学生提出不同的要求，选择不同的练习方法，帮助学生形成学习小组，调动学生的化学学习积极性。学生在回答问题或者表达自己的观点时，教师应积极地鼓励学生，增加学生的自信心。教师应参与进学生的交流活动中，加强与学生的互动。在互动过程中，教师应对学生的学习效果

以公正的评价，引导学生正确地使用互联网资源，为学生后续的学习打下基础。

此外，在互联网环境下，化学互动教学模式的实现要借助一定的软硬件设施，因此，化学教师不仅要具有一定的化学理论知识，还要能够使用教学设备，通过运用先进的教学设备，提高教学的质量。由于在互动化教学模式中，学生的学习交流活动不仅局限于课上，还可以发生在课下、互联网，具有一定的自由度，因此学生在学习的过程中要具有一定的自律。

（二）师生平等，提升学生主体地位

在数字时代的高中化学互动教学模式中，学生是教学活动的主体，学生在教学活动中要充分发挥自身的积极性与主动性。一方面，教师在教学活动中要适度放权，让学生成为课堂学习的主体，教师在教学设计中要对学生的兴趣爱好与学习能力进行分析，选择适合学生的学习资料，培养学生的自主学习能力。另一方面，教师要充分利用网络资源，选择学生有兴趣的化学教学资源，通过图文并茂或者视频、实践的方式，吸引学生的化学学习兴趣，提高学生的学习积极性。

（三）相互尊重，促进师生协同性

在数字时代高中化学教学互动模式中，师生之间的交流沟通逐渐增加，互动交流是该教学模式能否得以实现的基础。为加强师生之间的互动交流效率，要注意以下几点：首先，师生之间要根据实际学习情况，制定共同的学习目标，增加教学过程中双方目标的趋同性；其次，增加师生之间的双向交流，培养师生之间的共同认知；最后，相互尊重，改善师生间的关系，提高教学活动的有效性。

在化学互动教学模式中，互动是指教师与学生之间的双向互动过程，师生之间在教学活动中应加强对话。师生之间只有平等地进行对话，处于和谐的交流环境中，学生才能够与教师协同提高化学教学活动的效率。从教学活动的长期发展来看，师生之间只有建立和谐的交流氛围，平等地进行交流，学生的化学学习兴趣与学习热情才会不断地增加，从而获得较好的化学学习效果。

二、互动教学模式的积极作用与挑战

（一）互动教学模式的积极作用

多元互动教学模式中强调学生在教学活动中的主体作用，要激发学生的学习积极性与自主学习。在传统教学模式中，学生是被动地接受教师所传授的知识，教师是教学活动的主体，学生的化学学习兴趣较差。针对这些情况，在互动教学模式中，教师应鼓励学生积极地参与化学学习活动中，激发学生对化学的学习兴趣。同时还要给予学生足够的时间与空间，提高学生的交际能力与自主学习能力。

多元互动教学模式注重学生在化学教学活动中的主体作用，强调在化学教学活动中，教师应给予学生的讨论交流以充分的时间，要促进学生自学能力的提升，让学生在自主学习中，发现问题、解决问题，促进教师与学生、学生与学生之间的多元互动。在化学教学过程中，教师的“教”与学生的“学”需要通过师生之间的有效互动来实现。在互动教学模式中，学生应及时地对自己的学习效果进行监测、监督，及时地对自己的学习进度计划进行调整，提高学生化学学习的积极性，加强学生的交际能力与语言运用能力。

在如今的互联网时代，数字的快速传递与更新，使得课堂的书本学习已经无法满足学生的学习需求，难以跟上时代的潮流。在互动化教学中，更加注重学生的综合能力的发展，重视学生自主学习能力的提升。在互动教学模式中，学生可以借助网上资源与网上平台，及时地对自己的学习情况进行监测，对自己的学习计划进行调整，提高自主学习能力。

（二）互动教学模式的挑战

由于互动教学模式与传统的教学模式具有较大的差别，其赋予了学生更多的时间与空间，如果使用不当不仅不能够提升学生的自主学习能力，还会影响学生的化学学习效果。因此，在互动教学模式中，教师与学生要对该模式中可能遇到的问题作出应对。总的来讲，互动教学模式的实施主要带来了以下四个挑战：

首先，对教师的要求更高。教师应根据学生的实际情况，对网络资源进行筛选，选择适合学生的教学资源，对自己的教学设计进行及时优化。同时，教师还要对学生的自主学习情况进行了解与引导，避免学生处于放任自流的状态，对学生在学习中遇到的问题及时进行解答。

其次，对学生的自主学习能力要求更高。在互动教学模式中，学生拥有大量的时间与空间，是学习的主体，学生需要具有较强的学习积极性。有的学生化学基础较差，在自学的过程中会遇到较大的困难，如果不积极地面对这些困难，很有可能会因为困难就放弃了对化学的学习。因此，学生在互动教学模式中，需要不断地进行自我监督，及时与教师同学沟通，解决这些问题，掌握一定的学习方法与策略。

再次，对学校软硬件设施的要求更高。在互动教学模式中，师生之间的交流互动与学习，多数依托于一定的网络平台与设施。因此，要想保证互动教学模式的教学效果，学校就需要具有较为完善的设施。

最后，完善的评价体系。在互动教学模式中，和传统的注重学习结果的评价具有较大的差异，在互动教学模式中，更为注重学习过程的评价。因此，为保证互动教学模式的持续发展，需要具有完善的评价方式。教学模式的评价体系也应该多元，不仅要对学生的学习情况进行评价，还要对学生的学习过程进行评价；不仅教师要对学生进行评价，学生自己以及其他同学也要进行评价。

参考文献

[1]沈戮，彭兰贞，谭高亮. 高中化学微型实验[M]. 北京：化学工业出版社，2024.

[2]邹海龙，黄恭福，王晶. 高中化学教科书教学设计与指导[M]. 上海：华东师范大学出版社，2023.

[3]刘万强. 基于发展学生核心素养的高中化学课程教学设计案例[M]. 长沙：中南大学出版社 2023.

[4]宋国安，赵锋，厉凯. 高中化学概念教学建构与实践[M]. 长春：吉林出版集团股份有限公司，2023.

[5]李越. 高中化学教学方法与策略[M]. 北京：中国原子能出版社，2023.

[6]权正军. 中学化学实验设计与教学[M]. 北京：科学出版社，2023.

[7]林美凤. 高中化学教学评一体化的研究[M]. 上海：同济大学出版社，2023.

[8]杨万丽，焉砚，周全. 中学化学研究性教学实践[M]. 北京：化学工业出版社，2023.

[9]国庆. 深度学习视域下高中化学情境教学研究[M]. 西安：西安出版社，2023.

[10]黄红梅，严海林. 化学教学论实验课程思政教学案例[M]. 北京：化学工业出版社，2023.

[11]刘凯钊. 基于新课标的高中化学教学设计[M]. 北京：民主与建设出版社，2022.

[12]钱扬义；陈谦明. 高中新课程化学学科核心素养优秀教学设计[M]. 广州：广东高等教育出版社，2022.

[13]孙旭，王晶. 高中化学教科书教学设计与指导[M]. 上海：华东师范大学出版社，2022.
[14]邱德瑞. 高中化学有效教学理论与实践探究[M]. 长春：吉林人民出版社，2022.
[15]张莉. 高中化学学案导学实践研究[M]. 上海：上海交通大学出版社，2022.
[16]蒲生龙. 高中化学新课程课堂教学的创新与实践[M]. 辽宁：辽宁教育电子音像出版社，2022.
[17]赵长江. 课程改革背景下的创新教学设计[M]. 大连：辽宁师范大学出版社，2022.
[18]徐彦才. 高中化学教学艺术研讨[M]. 北京：中国原子能出版社，2022.
[19]占小红. 当代化学教材内容设计与特征研究[M]. 上海：华东师范大学出版社，2022.
[20]苏永平，杨涵雄. 核心素养视域下化学教学设计与实践[M]. 兰州：兰州大学出版社，2022.
[21]袁汀，傅晓健，陈鑫. 中学化学实验创新实践研究[M]. 成都：四川大学出版社，2022.
[22]赵春梅. 基于真实情境的微项目式化学教学实践[M]. 上海：华东师范大学出版社，2022.
[23]周青，蔡龙飞. 中学化学教学案例研究[M]. 陕西：陕西师范大学出版总社有限公司，2022.
[24]乔儒. 高中化学教学设计指导[M]. 杭州：浙江大学出版社，2021.
[25]袁志林. 基于核心素养的高中化学教学设计研究[M]. 广州：华南理工大学出版社，2021.
[26]叶跃娟. 指向深度学习的高中化学教学设计与实践[M]. 杭州：浙江教育出版社，2021.

[27]江合佩，王春，潘红. 核心素养下的化学单元整体教学设计[M]. 福州：福州教育出版社，2021.

[28]任红艳. 化学论证教学研究[M]. 北京：科学出版社，2021.

[29]姜晓峰，刘荣，盛美娟. 高中化学教学实践与实验设计[M]. 长春：吉林人民出版社，2020.

[30]郑光黔. 高中化学教学方法与实践[M]. 长春：吉林人民出版社，2020.